NIETZSCHE PENSADOR MEDITERRÂNEO

A RECEPÇÃO ITALIANA

Sendas & Veredas

propõe-se a atuar em três frentes distintas: apresentando títulos expressivos da produção brasileira sobre a filosofia nietzschiana, publicando traduções comentadas de escritos do filósofo ainda inexistentes em português e editando textos de pensadores contemporâneos seus, de sorte a recriar a atmosfera cultural da época em que viveu.

Coordenadora: Scarlett Marton.

Conselho Editorial: Ernildo Stein, Germán Meléndez, José Jara, Luis Enrique de Santiago Guervós, Mônica B. Cragnolini, Paulo Eduardo Arantes e Rubens Rodrigues Torres Filho.

Scarlett Marton (org.)

NIETZSCHE PENSADOR MEDITERRÂNEO
A RECEPÇÃO ITALIANA

São Paulo, 2007

Copyright © Discurso Editorial & Editora UNIJUÍ, 2007

Nenhuma parte desta publicação pode ser gravada, armazenada em sistemas eletrônicos, fotocopiada, reproduzida por meios mecânicos ou outros quaisquer sem a autorização prévia da editora.

Projeto editorial: Discurso Editorial
Direção editorial: Milton Meira do Nascimento
Projeto gráfico e editoração: Guilherme Rodrigues Neto
Capa: Camila Mesquita
Ilustração da capa: Caspar David Friedrich –
Blick auf Arkona mit aufgehendem Mond und Netzen, 1803.
Revisão: Luís Rubira
Tiragem: 1.000 exemplares

Dados Internacionais de Catalogação na Publicação (CIP)
(Câmara Brasileira do Livro, SP, Brasil)

Nietzsche pensador mediterrâneo : a recepção italiana / Scarlett Marton, (org.). São Paulo : Discurso Editorial ; Ijuí, RS : Editora UNIJUÍ, 2007. – (Sendas & Veredas / coordenadora Scarlet Marton)

Vários autores.
Bibliografia.
ISBN: 978-85-86590-70-2 (Discurso Editorial)

1. Filosofia – Itália 2. Nietzsche, Friedrich Wilhelm, 1844-1900 – Crítica e interpretação I. Marton, Scarlett II. Série.

07-7817 CDD-193

Índices para catálogo sistemático:
1. Estudos nietzschianos : Filosofia 193

discurso editorial
Av. Prof. Luciano Gualberto, 315 (sala 1033)
05508-900 – São Paulo – SP
Telefone: (11) 3814-5383
Telefax: (11) 3034-2733
E-mail: discurso@org.usp.br
Homepage: www.discurso.com.br

Editora UNIJUÍ
Rua do Comércio, 1364
Caixa Postal 560
98700-000 – Ijuí – RS
Telefone: (55) 3332-0217 e 3332-0612
Fax: (55) 332-9100
E-mail: editora@unijui.tche.br
Homepage: www.unijui.tche.br/unijui/editora

O presente trabalho foi realizado com apoio do CNPq, uma entidade do Governo Brasileiro voltada ao Desenvolvimento Científico e Tecnológico.

SUMÁRIO

13 PONTOS DE INFLEXÃO
ACERCA DA RECEPÇÃO DE NIETZSCHE
NA ITÁLIA
SCARLETT MARTON

69 INTERPRETAÇÕES NAZISTAS
MAZZINO MONTINARI

97 EQUÍVOCOS MARXISTAS
MAZZINO MONTINARI

119 NIETZSCHE:
DO AGONISMO EXTEMPORÂNEO
À CRÍTICA DA MORAL HERÓICA
GIULIANO CAMPIONI

193 COSMOLOGIA E FILOSOFIA
DO ETERNO RETORNO EM NIETZSCHE
PAOLO D'IORIO

265 RESSENTIMENTO E VONTADE DE NADA
MARCO BRUSOTTI

299 SOBRE OS AUTORES

NOTA LIMINAR

A Coleção *Sendas & Veredas*, assim como os *Cadernos Nietzsche*, adota a convenção proposta pela edição Colli/Montinari das Obras Completas de Nietzsche. Siglas em português acompanham, porém, as siglas alemãs, no intuito de facilitar o trabalho de leitores pouco familiarizados com os textos originais.

I. Siglas dos textos publicados por Nietzsche:

I. 1. Textos editados pelo próprio Nietzsche:

GT/NT – *Die Geburt der Tragödie* (*O nascimento da tragédia*)
DS/Co. Ext. I – *Unzeitgemässe Betrachtungen. Erstes Stück: David Strauss: Der Bekenner und der Schriftsteller* (*Considerações extemporâneas I: David Strauss, o devoto e o escritor*)
HL/Co. Ext. II – *Unzeitgemässe Betrachtungen. Zweites Stück: Vom Nutzen und Nachteil der Historie für das Leben* (*Considerações extemporâneas II: Da utilidade e desvantagem da história para a vida*)
SE/Co. Ext. III – *Unzeitgemässe Betrachtungen. Drittes Stück: Schopenhauer als Erzieher* (*Considerações extemporâneas III: Schopenhauer como educador*)
WB/Co. Ext. IV – *Unzeitgemässe Betrachtungen. Viertes Stück: Richard Wagner in Bayreuth* (*Considerações extemporâneas IV: Richard Wagner em Bayreuth*)
MA I/HH I – *Menschliches allzumenschliches* (vol. 1) (*Humano, demasiado humano* (vol. 1))
MA II/HH II – *Menschliches allzumenschliches* (vol. 2) (*Humano, demasiado humano* (vol. 2))
VM/OS – *Menschliches allzumenschliches* (vol. 2): *Vermischte Meinungen* (*Humano, demasiado humano* (vol. 2): *Miscelânea de opiniões e sentenças*)

WS/AS – *Menschliches Allzumenschliches* (vol. 2): *Der Wanderer und sein Schatten* (*Humano, demasiado humano* (vol. 2): *O andarilho e sua sombra*)
M/A – *Morgenröte* (*Aurora*)
IM/IM – *Idyllen aus Messina* (*Idílios de Messina*)
FW/GC – *Die fröhliche Wissenschaft* (*A gaia ciência*)
Za/ZA – *Also sprach Zarathustra* (*Assim falava Zaratustra*)
JGB/BM – *Jenseits von Gut und Böse* (*Para além de bem e mal*)
GM/GM – *Zur Genealogie der Moral* (*Genealogia da Moral*)
WA/CW – *Der Fall Wagner* (*O caso Wagner*)
GD/CI – *Götzen-Dämmerung* (*Crepúsculo dos Ídolos*)
NW/NW – *Nietzsche contra Wagner*

I. 2. Textos preparados por Nietzsche para edição:

AC/AC – *Der Antichrist* (*O anticristo*)
EH/EH – *Ecce homo*
DD/DD – *Dionysos-Dithyramben* (*Ditirambos de Dioniso*)

II. Siglas dos escritos inéditos inacabados:

GMD/DM – *Das griechische Musikdrama* (*O drama musical grego*)
ST/ST – *Socrates und die Tragödie* (*Sócrates e a Tragédia*)
DW/VD – *Die dionysische Weltanschauung* (*A visão dionisíaca do mundo*)
GG/NP – *Die Geburt des tragischen Gedankens* (*O nascimento do pensamento trágico*)
BA/EE – *Über die Zukunft unserer Bildungsanstalten* (*Sobre o futuro de nossos estabelecimentos de ensino*)
CV/CP – *Fünf Vorreden zu fünf ungeshriebenen Büchern* (*Cinco prefácios a cinco livros não escritos*)
PHG/FT – *Die Philosophie im tragischen Zeitalter der Griechen* (*A filosofia na época trágica dos gregos*)
WL/VM – *Über Wahrheit und Lüge im aussermoralischen Sinne* (*Sobre verdade e mentira no sentido extramoral*)

EDIÇÕES:

Salvo indicação contrária, utilizamos as edições das obras do filósofo e de sua correspondência organizadas por Giorgio Colli e Mazzino Montinari.
Werke. Kritische Studienausgabe (KSA). Berlim: Walter de Gruyter & Co., 1967/ 1978, 15V.
Sämtliche Briefe. Kritische Studienausgabe (KSB). Berlim: Walter de Gruyter & Co., 1975/ 1984, 8V.

PONTOS DE INFLEXÃO ACERCA DA RECEPÇÃO DE NIETZSCHE NA ITÁLIA

Scarlett Marton

Em diversos momentos da história da recepção das idéias de Nietzsche na Itália, presencia-se um movimento no sentido de fazer dele um italiano. No final da década de 20, com os prefácios às traduções italianas de suas obras e o lançamento de parte de sua biografia, Elizabeth Förster-Nietzsche em muito contribui nessa direção. Empenha-se em despertar o interesse pela vida do irmão, dando destaque às temporadas que ele passou no país assim como a admiração que por ele sentia[1]. Por essa época, Guy de Pourtalès publica em francês o seu *Nietzsche na Itália*, que só virá a ser traduzi-

---

[1] Cf. FÖRSTER-NIETZSCHE, Elisabeth. *Nietzsche giovane*. Trad. E. Rigutini Bulle. Florença: La Voce, 1924. Cf. também ANAGNINE, E. "Federico Nietzsche e l'Italia", in *Nuova Antologia*, n.1373, 1929, Roma: Bestetti e Tumminelli, p. 24 e FAGGI, A. "Nietzsche e l'Italia", in *Marzocco*, n.5, 1930.

do em italiano em 1945[2]. Nessa biografia romanceada, gênero literário então em voga, ele procura ser ao mesmo tempo inventivo e erudito. Baseando-se nos dados biográficos do filósofo, apresentados por Charles Andler em seu imponente trabalho[3], relata as viagens que fez à Itália e passa em revista as obras que lá concebeu, assim como os encontros, discussões e leituras que lá realizou.

Dez anos depois, durante a Segunda Grande Guerra, reaparece o tema. Enfatiza-se o fato de que a Itália teria exercido papel fundamental tanto na vida de Nietzsche quanto no desenvolvimento de seu pensamento[4]. Passados mais dez anos, por volta de 1950, insiste-se na idéia de que o filósofo adorava o país tanto em seus aspectos naturais quanto culturais[5].

Assim como outros alemães, a começar por Goethe, Nietzsche se deixou seduzir e fascinar pela Itália. Várias foram as ocasiões em que lá passou longos períodos. Vale mencionar algumas delas. No outono de 1876, ele parte em convalescença para Sorrento, onde de modo inesperado se dá seu último encontro com Wagner. Em fevereiro de 1880, deixa-se tomar de amor por Veneza, a cidade "construída por cem profundas solidões". Um ano depois, sob a luminosidade resplandecente de Gênova, conclui *Aurora – pensamentos sobre*

---

[2] POURTALÈS, Guy de. *Nietzsche en Italie*. Paris: Grasset, 1929; reeditado em Lausanne: Éditions l'Âge de l'homme, 1993; em italiano, *Nietzsche in Italia*. Trad. G. Monanni. Milão: Bompiani, 1945.

[3] ANDLER, Charles. *Nietzsche, sa vie et sa pensée*. 6V. Paris: Brossard, 1920-1931.

[4] Cf. por exemplo DI CARLO, E. "Federico Nietzsche e l'Italia", in *Il libro italiano nel mondo*, n.4, 1941, p. 29-43.

[5] Cf. dentre outros FERRATA, G. "Federico in Tauride (Nietzsche e l'Italia)", in *Il Pensiero critico*, n.3, 1951, p. 260-268.

os preconceitos morais. Mais um ano, de novo em Gênova, transportado, ouve pela primeira vez *Carmen* de Bizet. Em abril de 1882, passa uns dias na Sicília; em Roma conhece Lou Salomé. Num dia de janeiro de 1883, em Portofino, vilarejo da riviera italiana, concebe o seu Zaratustra. Alguns anos depois, em Turim, o primeiro lugar onde sente a sua existência possível, é vítima da crise que virá interromper suas atividades intelectuais.

Pensador mediterrâneo, Nietzsche estabelece com a Itália uma relação privilegiada. Não há dúvida quanto à importância que ela tem na sua vida e na sua obra; não carece sublinhá-la. Muitos já o fizeram[6].

* * *

Numa anotação datada de 3 de abril de 1872, Cosima Wagner menciona em seu diário uma resenha sobre *O Nascimento da Tragédia*, publicada na *Rivista europea* de Florença. Nietzsche também o faz, na carta de 29 de abril de 1872, que envia a Ernst Wilhelm Fritzsch[7]. Referindo-se ao fato, Anacleto Verrechia levanta a hipótese de que o próprio

---

[6] Cf. por exemplo ZWEIG, Stefan. *Le combat avec le démon*. Trad. Alzir Hella. Paris: Belfond, 1983, em particular p. 300-311. Cf. também FALLICA, Alfredo. "Nietzsche e la Sicilia". In: *Nietzsche und Italien. Ein Weg vom Logos zum Mythos?* Tübingen: Stauffenburg Verlag, 1990, p. 3-7; em particular, p. 4, onde o autor insiste no entusiasmo que o filósofo teria pela Sicília.

[7] WAGNER, Cosima. *Die Tagbücher 1869-1883*. 2V. Munique: R. Piper e Co., 1976. Vol. I, p. 507. NIETZSCHE. *Sämtliche Briefe*. Vol. 3, p. 312.

Wagner teria intercedido junto ao periódico para acolher a resenha. Talvez por intermédio de Schuré, que um mês antes publicara na revista um artigo elogiando o projeto de construção do *Festspielhaus* em Bayreuth; talvez através de Malwida de Meysenbug a quem Cosima teria enviado o livro de Nietzsche[8]. Mas tudo indica que o primeiro estudioso italiano a interessar-se espontaneamente pelos escritos do filósofo e a lê-los no original, teria sido o napolitano Antonio Tari. Em 1882, ele publica um texto "Sobre a essência da música segundo Schopenhauer e os wagnerianos"[9], em que pretende refutar a estética schopenhaueriana da música. Nele, inclui a tradução de um trecho do *Nascimento da Tragédia*.

É assim que o "mito Nietzsche", que passara da Alemanha à França, chega a Nápolis. E se expande por toda a Itália. Fontes dessa primeira recepção permitem reconstruir de que modo o pensamento nietzschiano ganha terreno, passando dos estreitos grupos wagnerianos a círculos cada vez mais amplos do público cultivado da época[10]. No início de 1890, o debate se dá antes de mais nada nas páginas de jornais e revistas. Artigos e conferências se sucedem rapidamente; modas proliferam em ritmo alucinante. Nietzsche é pre-

---

[8] VERRECCHIA, Anacleto. *La catastrofe di Nietzsche a Torino*. Turim: Einaudi, 1978, p. 290.

[9] TARI, Antonio. "Sull'essenza della musica secondo Schopenhauer ed I Wagneriani", in *Archivio Musicale*, anno I, p. 327-337. Cf. igualmente TARI, Antonio. *Saggi di estetica e metafisica*. Bari: 1911.

[10] Cf. FAZIO, Domenico M. "Nietzsche in Italien". Ein historischer Abriss der Nietzsche-Rezeption in Italien anhand der "Übersetzungen seiner Schriften (1872-1940)", in *Nietzsche-Studien* 22 (1993), p. 304-319. Como indica o título do ensaio, nele o autor pretende escrever um capítulo da recepção italiana do filósofo a partir das traduções de seus escritos.

sença constante nas conversas mundanas, tema inevitável nos salões de prestígio. Na passagem do século, ele se torna um fenômeno cultural, sintoma de determinado estado de espírito em voga em toda a Europa. Contudo, a especificidade da situação italiana reside no fato de que, como a Alemanha, o país, veio a ser unificado, quando o filósofo ainda estava em vida. E isso, sem dúvida, coloriu muito de sua recepção inicial. Não é por acaso que a fortuna de Nietzsche na Itália se acha ligada ao nome de Gabriele D'Annunzio. O poeta é um dos mais eficientes divulgadores de suas idéias. Patriota fanático, entra em contato com textos seus entre 1892 e 1894. Em 1892, publica um artigo num jornal napolitano, em que interpreta o além-do-homem no contexto de uma estética aristocrática própria de eleitos. Em 1894, escreve uma resenha de *O Caso Wagner*, discordando quanto aos juízos expressos no livro sobre a arte wagneriana e a decadência européia[11]. Nesse mesmo ano, conclui o *Triunfo da Morte*, um romance povoado de citações dos escritos do filósofo. Mas é sobretudo nos periódicos que expressa suas primeiras impressões acerca do pensamento nietzschiano, um pensamento que então aparece filtrado por um esteticismo decadente e morbidamente sensual.

As relações entre Nietzsche e D'Annunzio serão objeto de numerosos estudos. Um dos primeiros data de 1896; então, Dal Monte publica um artigo em que aproxima o escritor italiano e o filósofo alemão, fazendo ver que só depois da

---

[11] Cf. D'ANNUNZIO, Gabriele. *Su Nietzsche*. Catânia: De Martinis Editori, 1994. Organizado por Davide Valenti, o volume reúne os textos "La bestia elettiva", publicado em *Il Mattino* de Nápolis em 25 de setembro de 1892, e "Il caso Wagner", que apareceu na *Tribuna* de Roma em 23 de julho, 3 e 9 de agosto de 1894.

publicação de alguns romances de D'Annunzio se começou a difundir na Itália as idéias de Nietzsche[12].

É preciso notar, porém, que nessa época o filósofo se converte num campo de batalha. De acordo com Antimo Negri, tomando-o como pretexto, a tradição filosófica escolástica, o liberalismo conservador e a nova vanguarda nacionalista de direita se enfrentam[13]. Mas, na virada do século, também os socialistas acabam por descobri-lo. Em 1893, com a fundação do partido na Itália, vem a lume a revista "Crítica Sociale". Nela, toma-se posição quanto às aproximações entre Nietzsche e D'Annunzio, argumentando-se que, apesar de abrigar a noção de além-do-homem, a obra do filósofo não deve ser tida necessariamente por antidemocrática e anti-socialista. Em 1905, Giuseppe Rensi, por exemplo, publica um artigo em que, fazendo uso do conceito de vontade

---

[12] DAL MONTE, G. "Filosofia e letteratura fin de siècle. Federico Nietzsche e Gabriele D'Annunzio", in *Atti dell'Academia Olimpica di Vicenza*, Vol. XXX, 1896, p. 20-50.
Dentre os inúmeros trabalhos a propósito das relações entre os dois, cf. por exemplo OLGIATI, R. "Da Nietzsche a D'Annunzio: la morale del superuomo", in *Scuola Cattolica*, anno XLII, serie V, Vol. IV, 1 de fevereiro de 1914, p. 155-173; DE MICHELIS, F. "D'Annunzio e Nietzsche", in *L'osservatore politico letterario*, Vol. I, n.2, 1960, p. 31-47; MASINI, Ferruccio. "D'Annunzio e Nietzsche – interpreti della décadence". In: *Nietzsche und Italien. Ein Weg vom Logos zum Mythos?* Tübingen: Stauffenburg Verlag, 1990, p. 73-84.

[13] NEGRI, Antimo. *Nietzsche nella pianura. Gli uomini e la città*. Milão: Spirali/Vel, 1993, p. 222-223. No capítulo "Sobre as utilizações de Nietzsche na Itália" (p. 209-240), o autor defende a idéia de que se pode distinguir três momentos na recepção italiana: o da utilização estético-literária com D'Annunzio ainda no final do século XIX; o da utilização ético-política com os socialistas e os precursores do fascismo na virada do século; o da utilização teorética com o aparecimento de uma literatura crítica e historiográfica a partir de 1930.

de potência, quer mostrar que o socialismo é a força capaz de operar as transformações sociais. No ano seguinte, faz aparecer outro, em que advoga a idéia de que, ao contrário do que se supõe, Nietzsche é um pensador moralista, que não só admite as virtudes individuais mas permite que delas se passe às virtudes sociais[14].

Três anos depois, numa direção completamente diferente, Benito Mussolini torna público um texto, em que afirma ser Nietzsche o filósofo mais genial e relevante dos últimos tempos. Tomando o seu pensamento como o de um homem em revolta contra o teor de vida medíocre dos indivíduos disciplinados e obedientes ao código moral, destaca o além-do-homem como a sua mais importante criação[15]. Seguindo o caminho já preparado por D'Annunzio, não encontra dificuldade, a partir daí, em construir o fascismo como uma manifestação da vontade de potência.

Antes mesmo dos alemães e mais ainda dos italianos, os franceses entram em contato com os escritos de Nietzsche. O próprio D'Annunzio os conhece justamente através das edições francesas, que então circulam nos meios literários e mundanos. Se o poeta não possui credenciais acadêmicas, tampouco existem traduções das obras do filósofo na sua língua materna. Razões essas que contribuem para que o mundo acadêmico se mantenha afastado por algum tempo das idéias de Nietzsche.

---

[14] RENSI, G. "Il socialismo come 'volontà di potenza'", in *Critica Soziale* de 1º de março de 1905 e "L'immoralismo' di Federico Nietzsche", in *Riviste Ligure di Scienze Lettere ed Arti*, anno XXVIII, n.5, setembro-outubro de 1906, p. 287-322.

[15] MUSSOLINI, Benito. "La filosofia de la forza", in *Il pensiero romagnolo*, nn. 48-49-50, 29 de novembro, 6 e 13 de dezembro de 1908.

O primeiro livro a ser traduzido na Itália é *Para além de Bem e Mal* em 1898; a ele se segue *Assim falava Zaratustra* no ano seguinte. E, a partir de então, aparecem vários outros[16]. A editora Fratelli Bocca, de vanguarda, dedica-se a publicar obras de jovens autores, assim como traduções de filósofos e escritores estrangeiros, apresentados pela primeira vez ao público italiano.

Nesse momento, poucos são os que lêem os escritos de Nietzsche no original. Os filólogos, de modo geral, os ignoram. Nesse contexto, Tosi e Bignone constituem exceções. Em 1905, Tito Tosi escreve um ensaio sobre Nietzsche, Wagner e a tragédia grega. Partindo da análise do *Nascimento da tragédia,* ataca a maneira pela qual o autor se exerce na filologia. Propondo-se a examinar o conceito de trágico em toda a sua obra, julga que, dadas as suas concepções, ele só poderia vir a condenar, em 1888, a arte de Wagner como decadente e negadora da vida. Embora o acuse de ser excessivo, reconhece que uma de suas boas idéias diz respeito justamente à essência do trágico. Ettore Bignone, por sua vez, é um dos primeiros a se deixar influenciar pela maneira de fazer filologia proposta por Nietzsche no *Nascimento da Tragédia,* entendendo-a como um retorno à filologia do período do ro-

---

[16] *Al di là del bene e del male: preludio d'una filosofia dell'avvenire.* Trad. Edmondo Weisel. Turim: Fratelli Bocca, 1898. A segunda edição apareceu em 1902 e a terceira em 1907.
    Così parlò Zarathustra: un libro per tutti e per nessuno. Trad. Edmondo Weizel. Turim: Fratelli Bocca, 1899. A segunda edição veio a público em 1906; a terceira em 1910; a quarta em 1915; a quinta em 1921.
    Gaia Scienza. Trad. Antonio Cippico. Turim: Fratelli Bocca, 1901. A segunda edição apareceu em 1905; a terceira em 1921.
    Ecce Homo: come si diventa ciò che si è. Trad. Adolfo Oberdofer. Turim: Fratelli Bocca, 1910.

mantismo alemão. Com a revista *Empedocle*, ele inicia um trabalho de divulgação do classicismo grego e, em 1910, publica um trabalho sobre Nietzsche, Tolstoi e Kierkegaard, em que procura aproximar os três autores[17].

Tudo leva a crer que, com o *Nascimento da Tragédia*, o filósofo previra, vinte anos antes, a atmosfera cultural que viria a reinar numa Europa em fase de industrialização. No entender de Michelini, não se tratava, como queriam muitos, apenas de um livro fantasioso escrito por um jovem filólogo ainda mais fantasioso. Era um grito de alarme, alertando que algo na sociedade burguesa do final do século já não funcionava. Na Itália, o livro teria representado, antes de mais nada, um ato de acusação contra a tirania da ciência[18].

Na verdade, a última década do século XIX testemunha o ápice e o declínio do positivismo na cultura italiana. Desde 1861, ele adentra o país. Por essa época, pensadores, que se empenham na unificação da Itália, como Mazzini, Cattaneo, Rosmini, Gioberti, Guerrazzi, Mamiani, tomados pelas questões políticas, não chegam a desenvolver trabalhos filosóficos do mesmo nível que seus pares estrangeiros. Segundo Garin, frente ao espiritualismo católico, que reina no

---

[17] Cf. respectivamente TOSI, Tito. *F. Nietzsche, R. Wagner e la tragedia greca*. Florença-Roma: Tipografia Bencini, 1905, que havia sido publicado no ano anterior em cinco partes na revista *Atene e Roma*, e BIGNONE, Ettore. "Nietzsche, Tolstoi e Kierkegaard", in *Cronache letterarie*, n.4 e n.10, 1910.

[18] MICHELINI, Gaia. *Nietzsche nell'Italia di D'Annunzio*. Palermo: S. F. Flaccovio, 1978, p. 74. A autora tem por objetivo examinar a recepção de Nietzsche na cultura italiana entre 1890 e 1910. Escolhendo como data inicial do seu estudo 25 de setembro de 1892, momento da publicação do artigo de D'Annunzio "La bestia elettiva", concentra-se sobretudo no exame dos textos do escritor.

meio acadêmico, o positivismo se apresenta então como a única alternativa leiga e burguesa[19].

Não é por acaso que, em 1881, vem a público a *Rivista di filosofia scientifica*, dirigida por Morselli e Ardigò. Ela se torna porta-voz desse novo movimento filosófico; incita a que se leve em conta a observação experimental, de modo a evitar vôos metafísicos despropositais. Como bem indica o seu título, defende a tese de que a única filosofia verdadeira é a científica, de sorte que se faz premente fomentar uma cultura que se baseie na comunhão entre filosofia e ciência[20]. Dez anos depois, tais concepções já não satisfazem os espíritos; é quando se instala um sentimento geral de desconfiança em relação à ciência.

Surge, então, a revista *Pensiero italiano*, dirigida por Pino Aporti. Fundada em 1891, ela persegue o objetivo de contribuir para a melhoria da educação das massas, trazendo exposições de estudos que espelhem o movimento da cultura universal, cuja leitura seja acessível ao grande número[21].

Poucos anos depois, aparece a revista *Marzocco*. No prólogo ao primeiro número, publicado em 1896, D'Annunzio e Gargano anunciam o propósito de apresentar obras literárias e artísticas que adotam uma concepção aristocrática de beleza. Alinhados ao decadentismo europeu, abraçam o esteticismo da arte pela arte[22]. Para essa revista, que apregoa

---

[19] Cf. a propósito GARIN, E. *Cronache di filosofia italiana*. Bari: Laterza, 1955, Vol. I.

[20] Cf. MORSELLI, E. "Introduzione", in *La Rivista di filosofia scientifica,* anno I, Vol. I, junho de 1881.

[21] Cf. APORTI, Pino. "Introduzione", in *Il Pensiero italiano*, anno IV, 1894.

[22] Cf. D'ANNUNZIO e GARGANO. "Prologo", in *Marzocco*, anno I, 1896.

o nacionalismo e o antipositivismo, Nietzsche encarna a figura do intelectual *décadent*, cuja vida transcorreu na melancolia e na solidão e cuja infelicidade só fez aumentar com a doença mental.

Em 1903, nascem três outras revistas. Elas representam três das principais tendências da cultura italiana da época: *Leonardo* e o esteticismo, *Il Regno* e o nacionalismo, *Critica* e o idealismo. Embora com bases e intuitos diversos, manifestam o desejo de desprovincianizar-se e inserir-se na órbita européia, reagindo contra o positivismo e o cientificismo. Os "leonardianos" buscam um novo significado para a vida, o ser humano e o mundo ocidental; julgando quase proféticas a análise e crítica que Nietzsche faz da crise dos valores, acreditam que o seu irracionalismo reflete a desorientação do intelectual contemporâneo. Os nacionalistas, por sua vez, consideram que ele libertou a consciência moral, destruindo os valores morais do passado e abrindo espaço para a criação de novos valores, agora baseados no impulso instintivo do ser à vida. Os idealistas, por fim, entendem que a problemática por ele introduzida está muito distante das questões que os instigam.

Nessa atmosfera cultural, dificilmente poderiam surgir estudos sistemáticos ou trabalhos de conjunto sobre a filosofia nietzschiana. Não é por acaso, pois, que se depara na cena acadêmica com textos específicos que, por exemplo, procuram aproximar o filósofo de Stirner ou Kierkegaard, discutem suas concepções estéticas ou suas idéias políticas, continuam a privilegiar o exame de suas relações com Wagner[23].

---

[23] Assim é que Chilesotti faz considerações acerca do *Nascimento da Tragédia* e do *Caso Wagner*, com o intuito de mostrar que este último livro não estaria à altura dos anteriores. Reconhece, porém, a sua importância; ela não residiria na crítica de Nietzsche ao wagnerianismo, mas em

Mas a maior parte dos escritos condena o pensamento nietzschiano como perigoso fruto da loucura.

O positivista Morselli não tarda em se manifestar; publicando dois artigos a propósito de Nietzsche[24]. No primeiro deles, depois de uma breve exposição sobre sua obra, apresenta-o como um destruidor de ídolos, adepto da violência, cujas idéias estariam destinadas a se dissolver como a neve ao sol. No segundo, passa a introduzi-lo como um pensador aristocrático, que combate tudo o que impede a expansão da força, ou seja, o cristianismo, o cientificismo, a democracia. Está convencido de que se acha diante de um desequilibrado, tomado pela loucura, cujos livros testemunham uma total falta de coerência.

Fiel seguidor do kantismo, Tocco, por sua vez, não hesita em atacar Nietzsche e sair em defesa da ideologia burguesa[25]. Nos primeiros textos publicados a seu respeito, por entender que as questões éticas constituem a base mesma de todo filosofar, não poupa críticas à moral dos senhores e à moral dos escravos, sustentando a cada passo a importância do cristianismo como estímulo para o progresso social e humano.

---

suas atitudes contraditórias, que permitem compreender o ódio que sente pela música do "maestro". Cf. CHILESOTTI, O. "Nietzsche e Wagner. Il caso Wagner", in *Gazzetta musicale di Milano*, 1899, n. 28, 13 de julho, p. 343-346; n.29, 20 de julho, p. 357-358; n. 30, 27 de julho, p. 367-368.

[24] MORSELLI, E. "Federico Nietzsche", in *Gazzetta letteraria*, Turim, 10 de fevereiro de 1894, p. 63-64; "Federico Nietzsche", in *Il pensiero italiano*, Vol. X, 1894, p. 23-29.

[25] TOCCO, F. "Federico Nietzsche", in *L'Italia*, anno I, n.II, 1897, p. 219-244 e "Federico Nietzsche", in *Rivista italiana di filosofia*, 1897, p. 28.

Alfredo Panzini contesta que Nietzsche tenha qualquer originalidade[26]; em seus escritos, depara-se um retorno aos antigos, que, sem dúvida, são muito mais humanos. Perguntando-se se sua doutrina de anarquia aristocrática surge como reação ao excesso de igualdade pregado pelos seguidores de Marx, faz votos que os italianos não queiram imitar o espírito alemão mas procurem lançar mão dos próprios recursos.

Um tanto mais profundo, Paolo Orano conta mostrar que, no fim das contas, ainda que também sofra a influência do positivismo, o filósofo não passa de uma emanação de Schopenhauer[27]. Julga que seus melhores livros são os de juventude, em que se fazem tão presentes as idéias do velho mestre. Acredita que, ao renegá-lo, ambicioso, Nietzsche teve uma única idéia original, o além-do-homem, que não passa de uma esplêndida construção concebida para resolver as angústias do seu criador.

Ainda nessa direção caminha Giacomo Barzellotti. Professor em vários liceus de Florença, sua cidade natal, e nas universidades de Nápoles e Roma, ele pertence à corrente neo-kantiana. Afirma apreciar Nietzsche mais como artista que como pensador; seus textos estariam povoados de contradições e paradoxos[28]. E adverte os italianos para que se precavenham contra essa personalidade fascinante mas doentia, que propõe teorias perigosas e malsãs.

---

[26] PANZINI, Alfredo. "La dottrina di Federico Nietzsche e l'indole degli Italiani", in *La vita internazionale*, n.8, 1899, p. 231-234.

[27] ORANO, Paolo. "Friedrich Nietzsche (di lui e a proposito di lui)", in *Rivista politica e* letteraria, 12, n.3, setembro de 1900, p. 185-206.

[28] BARZELLOTTI, Giacomo. "La filosofia di F.G.Nietzsche", in *Nuova Antologia,* n.692, 16 de outubro de 1900, p. 598-616.

Morselli, Tocco, Panzini e Orano concordam em definir o pensamento nietzschiano como absurdo e incoerente. Tocco e Morselli acusam o filósofo de diletantismo ético. Barzelotti alerta contra a perigosa atração que ele exerce; Panzini declara ter confiança na típica moderação latina. Nesse fim de século, em sua defesa, levantam-se apenas umas poucas vozes, como as de Cortesi e Ortensi[29], que respectivamente ressaltam sua benevolência e extraordinária genialidade.

Leituras negativas da obra do filósofo também se encontram nos dois primeiros livros publicados a seu respeito: o de Ettore Zoccoli em 1898 e o de Francesco Orestano em 1903.

Federico Nietzsche. A filosofia religiosa – a moral – a estética[30], é assim que Zoccoli intitula a sua monografia. Ela se compõe de quatro partes: análise da doutrina, da personalidade e da vida de Nietzsche; filosofia religiosa: crítica do cristianismo; diletantismo ético: edificação da nova moral; estética. Importante na época, constitui uma das primeiras fontes de conhecimento do pensamento nietzschiano. Mas o autor insiste em comparar esse pensamento, que julga "diletante", com os sistemas de Kant e Hegel. Incansável em seus ataques, ele continua a publicar artigos em revistas e jornais[31]. Admi-

---

[29] CORTESI, Decio. "La storia morale di Federico Nietzsche", in *L'avvenire*, 20 de outubro de 1897, p. 402-414 e ORTENSI, Ulisse. "Letterati contemporanei. Friedrich Nietzsche", in *Emporium*, n. 41, maio de 1898, p. 339-352.

[30] ZOCCOLI, Ettore. *Federico Nietzsche, La filosofia religiosa – la morale – l'estetica*. Turim: Fratelli Bocca, 1898. Um ano antes, ele havia publicado o artigo "F. Nietzsche", in *Reviste per le signorine*, 1897.

[31] ZOCCOLI, Ettore. "Federico Nietzsche", in *La vita internazionale*, n.14, 1899, p. 40-44; "Zarathustra", in *Il Marzocco*, 30 de abril de 1899; "F. Nietzsche", in *Il Marzocco*, 9 de setembro de 1900; "Federico Nietzsche e l'avvenire delle sue idee", in *La vita internazionale*, n. 3, 1900, p. 613-615.

tindo o fascínio que Nietzsche exerce, alerta os italianos contra os perigos dessa doutrina de "destruição", "negação ética" e "individualismo anárquico".

Se as reservas de Zoccoli em relação à filosofia nietzschiana são nefastas, mais ainda é o entusiasmo que por ela manifesta Orestano. No livro sobre *As idéias fundamentais de Friedrich Nietzsche*[32], ele se recusa a classificá-lo como filósofo ou poeta; dele trata como pensador. Apresenta-o como aquele que, rejeitando a tradição, teorizou sobre o egoísmo individualista, o imoralismo e o além-do-homem. Recorrendo a uma periodização pouco sustentável de sua obra, advoga a idéia de que ela consistia numa continuação do método kantiano.

Como reação à tentativa de enquadrar Nietzsche em parâmetros rígidos, Giovanni Papini anuncia que com ele nasce um novo tipo de filosofia. Em 1904, ao publicar uma resenha do livro de Orestano na revista *Crítica*, observa que a maior fortuna de Nietzsche consiste na sua recepção. Então, deixa clara a profunda afinidade que sente com a busca que ele empreende pelo sentido da vida. Mas, já em 1906, no trabalho intitulado *O crepúsculo dos filósofos*, defende a tese de que a filosofia nietzschiana é extremamente débil, uma vez que o seu autor procurou compensar a própria doença com uma teoria da violência. Querendo reagir heroicamente contra o seu estado malsão, ele teria incorrido em banais ostentações. Deve-se apreciá-lo como poeta e condená-lo como filósofo[33]. Por vezes, Papini declara que Nietzsche, manifes-

---

[32] ORESTANO, Francesco. *Le idee fondamentali di Federico Nietzsche nel loro progressivo svolgimento. Exposizione e critica.* Palermo: Reber, 1903.

[33] PAPINI, G. *Il crepuscolo dei filosofi.* Milão: Libreria Editrice Lombarda, 1906. A segunda edição apareceu em 1914; a terceira em 1919.

tando uma contínua revolta interior, encarna um símbolo antiburguês por excelência; por outras, assegura que sua filosofia, derivada da loucura, é de uma superficialidade e mediocridade imperdoáveis. É que, no correr do tempo, o escritor italiano passa por conversões, tendo sido em diferentes momentos positivista, pragmatista, futurista e católico.

Em 1903, Morasso publica o ensaio intitulado *A arte pelo domínio e as idéias estéticas de F. Nietzsche*[34]. Parte do princípio de que, para bem compreender o filósofo, é preciso obedecer a dois critérios: lembrar que suas grandes intuições são as mais sutis, como "o método da transvaloração" e não o além-do-homem, e levar em conta suas contradições. Julga suas obras tardias as mais importantes, pois nelas ele teria encontrado coragem para combater os antigos valores e força para criar novos, baseados no instinto. Acredita que o seu único objetivo consiste em promover a expansão da vontade de potência, de sorte que, subordinada a fins de domínio, a arte se converte em mais um meio para celebrá-lo.

E, em 1905, Trojano afirma que o culto de Nietzsche já está entrando em decadência[35]. Um desejo que não se tornou realidade.

Na passagem do século XIX ao XX, o filósofo é celebrado nos círculos literários e mundanos. No meio acadêmico, porém, é visto com desconfiança. Não se acha dentre aqueles que merecem ser discutidos; se uns poucos por ele se interessam é sobretudo para depreciar suas idéias. Em jornais e revistas, estudiosos e jornalistas, críticos e artistas intervêm

---

[34] MORASSO, M. "L'arte per il dominio e le idee estetiche di F. Nietzsche", in *L'Imperialismo artistico*, 1903, p. 309-344.

[35] TROJANO, P. R. "Il tramonto d'un astro", in *Il Campo,* 19 e 26 de março de 1905.

de modo desordenado. Promovem debates superficiais; discutem questões irrelevantes. Em geral, não vão além das primeiras impressões: referem-se a Nietzsche como "destruidor dos ídolos", "pensador trágico", "poeta-filósofo", "pobre grande homem". Fazendo dele o filósofo da moda, interessam-se em particular por episódios da sua vida e peculiaridades do seu estilo. Nesse momento, ele representa antes de mais nada aquele que vem antecipar uma nova época. Incompreendido, constitui um fenômeno à parte; pertence a um tempo por vir.

Os primeiros anos do século XX, no entender de Stefani, caracterizam-se na Itália por dois acontecimentos determinantes: a polêmica fomentada por Papini e Prezzolini em torno da revista *Leonardo* e a crítica que Benedetto Croce faz das ciências morais[36]. Julgando que o positivismo se limitava a uma espécie de naturalismo metafísico que mutilava o ser humano, Giuseppe Prezzolini e Giovanni Papini saem em defesa do irracional; para tanto, apelam a Nietzsche, Kierkegaard e Dostoievski. Escrevendo em revistas literárias contra a sociedade burguesa de seu tempo, reclamam-se da palavra de Nietzsche "Deus está morto". Se, ao recorrer ao filósofo,

---

[36] STEFANI, M. A. *Nietzsche in Italia. Rassegna bibliografica 1893-1970*. Roma e Assis: B. Carrucci, 1975, p. 7-8. Nesse levantamento dos textos de autoria de Nietzsche e a respeito dele publicados na Itália durante quase oitenta anos, a autora passa em revista 542 títulos, entre livros, resenhas, artigos de jornais e revistas. Na introdução (p. 6-20), organiza a recepção da filosofia nietzschiana na Itália em oito fases: Nietzsche antecipador incompreendido de uma nova época (1890-1900); a defesa do irracionalismo em nome de Nietzsche (1900-1910); Nietzsche e a sublimação ética da guerra (1910-1920); Nietzsche entre as duas guerras (1920-1930); Nietzsche e o fascismo (1930-1940); Nietzsche no pós-guerra (1940-1950); Nietzsche e a filosofia da existência (1950-1960); a interpretação ontológica de Nietzsche (1960-1970).

os "leonardianos" se apresentam como irracionalistas no mais alto grau, os acadêmicos nele vêem um pensador que nada mais faz do que justificar toda espécie de violência.

Benedetto Croce, por sua vez, entra em contato com a obra de Nietzsche por intermédio de D'Annunzio. Num primeiro momento, por assumir posições liberais e não partilhar as idéias do poeta, não o leva em conta; depois, interessa-se pelo seu primeiro livro publicado; por fim, quando da apropriação do filósofo pelo fascismo, mantém um silêncio obstinado a seu respeito. Antes disso, porém, em 1907, não só patrocina a tradução italiana do *Nascimento da Tragédia* como escreve a seu propósito[37]. No ensaio que então publica, ressalta que se trata ao mesmo tempo de um escrito filológico, histórico e filosófico. Sublinhando as dificuldades de se compreendê-lo, sustenta que suas raízes se acham no período clássico da literatura e filosofia alemãs. Considerando-o um filho legítimo do período goethiano, procura trazer ao público italiano uma visão mais moderada de seu autor.

É bem verdade que, nesse momento, embora apareçam vários estudos que, a partir do exame do *Nascimento da Tragédia,* privilegiam Nietzsche enquanto esteta, o interesse predominante diz respeito aos aspectos éticos de sua filosofia. Não é raro tomá-la como uma doutrina que prega o individualismo e o anticristianismo, fazendo a apologia da violência. E aqui as opiniões se dividem: uns se empenham em descreditá-la, outros em enaltecê-la.

---

[37] Cf. NIETZSCHE. *Le origine della tragedia (Ellenismo e pessimismo).* Trad. Mario Corsi e Attilio Rinieri. Bari: Laterza, 1907. CROCE, Benedetto. "Le 'Origini della Tragedia' di F.Nietzsche", in *La Critica,* 1907, Vol. 5, p. 311-314; o texto foi retomado em *Saggi filosofici,* Vol. III, Bari: Laterza, 1913, p. 423-427.

Nos anos que precedem a Primeira Grande Guerra, tanto na França quanto na Itália o pensamento nietzschiano aparece associado ao irracionalismo. Mas, como observa Carol Diethe numa obra de caráter geral sobre a recepção da filosofia nietzschiana, neste país, há que se levar em conta também as campanhas militares que então têm lugar[38]. Com D'Annunzio, o *Superuomo* reveste caráter nacionalista e militar; com Orestano, ele expande o seu domínio. Assim se abre caminho para a recepção futurista das idéias de Nietzsche. Iconoclasta, Filippo Tommaso Marinetti admira o filósofo por questionar o *status quo*, mas o censura por apreciar a cultura grega. Embora nele se inspire ao introduzir o conceito de dinamismo e, de forma inadvertida, ao entusiasmar-se pela guerra, julga-o ultrapassado.

Contudo, o pensamento de Nietzsche continua a difundir-se rapidamente. Muitas traduções de suas obras e de sua correspondência vêm a público através das mais diversas casas editoriais[39]. Especial destaque ganham o conceito de

---

[38] DIETHE, Carol. *Historical Dictionary of Nietzscheanism.* Lanham: Scarecrow Press Inc., 1999, p. 20.

[39] *L'amore e la donna, aforismi.* Gênova: Libreria editrice Moderna, 1913. Reuniu textos extraídos de *Assim falava Zaratustra; Para além de bem e mal; A gaia ciência; Humano, demasiado Humano* e *O andarilho e sua sombra.*

L'anticristo – Studio critico sulla credenza cristiana. Trad. P. C. Milão: Casa editrice Sociale, 1913.

Contro Wagner. Nápolis: Ricciardi, 1914. A obra reúne *O caso Wagner* e *Nietzsche contra Wagner.*

Lettere scelte e frammenti epistolari. Trad. V.Benuzzi. Lanciano: Carabba, 1914.

Omero e la filologia classica (1869). Trad. E. Lo Gatto. Nápolis: Fratelli Treves, 1915.

vontade de potência e a noção de além-do-homem. Tratados no mais das vezes de forma superficial, ensejam elogios e críticas[40]. Enquanto os futuristas e D'Annunzio buscam no filósofo uma sublimação ética da guerra, estudiosos procuram analisar as relações entre suas idéias e a justiça ou o imperialismo. Nesse período, em que proliferam os ismos: irracionalismo, futurismo, nacionalismo, fascismo, intervencionismo, Nietzsche se presta a todo tipo de apropriação.

A essa efervescência vem contrapor-se, logo depois da Primeira Grande Guerra, uma debilitação geral que leva a um certo marasmo. Então, o idealismo continua sendo uma das abordagens especulativas predominantes. Um dos aspectos mais importantes da cultura italiana reside no contraste entre as posições políticas de dois de seus seguidores: Benedetto Croce e Giovanni Gentile. Croce, que define sua filosofia como um historicismo absoluto, para o qual o sentido da história nada mais é do que a afirmação progressiva da liberda-

---

Schopenhauer educatore. Trad. Vincenzo Arangio-Ruiz. Perugia: Bertelli e Verando, 1915.
Scriti minori. Trad. E. Lo Gatto. Nápolis: Ricciardi, 1916.
La filosofia nell'epoca tragica dei Greci. Trad. E.Sala. Milão: Athena, 1926.
É ainda dessa época a tradução italiana da biografia elaborada por Daniel Halevy. *La vita di Federico Nietzsche*. Trad. L.Ambrosini. Turim: Fratelli Bocca, 1912.

[40] Cf. a propósito PENZO, Giorgio. "Considerazioni inattuali su alcune interpretazioni italiane di Nietzsche". In: *Nietzsche und Italien. Ein Weg vom Logos zum Mythos?* Tübingen: Stauffenburg Verlag, 1990, p. 9-23. O autor julga que a noção de além-do-homem e o conceito de vontade de potência constituem os principais pontos da recepção de Nietzsche tanto na Itália quanto na Alemanha. Concentrando-se nas diferentes leituras da noção de além-do-homem, examina as principais interpretações italianas.

de e da atividade criadora do espírito, tem uma participação ativa na vida política do país, condenando o fascismo e abraçando posições liberais. Gentile, que desenvolve um pensamento idealista que tende ao subjetivismo, não hesita em assumir o Ministério da Educação Nacional no governo de Mussolini e se torna membro do conselho fascista[41].

Nessa direção, importa notar que, em 1927, são publicadas as traduções italianas das obras de Nietzsche, na edição organizada por sua irmã[42]. Além de nelas incluir tex-

---

[41] A propósito da relação entre Gentile e Nietzsche, cf. SEVERINO, Emmanuele. "Nietzsche e Gentile". In: *Nietzsche und Italien. Ein Weg vom Logos zum Mythos?* Tübingen: Stauffenburg Verlag, 1990, p. 155-167.

[42] *Aurora. Riflessioni sui pregiudizi morali.* Introdução e apêndice de Elisabeth Förster-Nietzsche. Primeira tradução italiana autorizada. Trad. P. Flores. Milão: Monanni, 1927.

Così parlò Zarathustra – un libro per tutti e per nessuno. Introdução e apêndice de Elisabeth Förster-Nietzsche. Trad. D. Ciampoli. Milão: Monanni, 1927.

Di là del bene e del male. Preludio di una filosofia dell'avvenire; La genealogia della morale. Un scrito polemico. Introdução e apêndice de Elisabeth Förster-Nietzsche. Trad. E. Sola. Milão: Monanni, 1927.

Ecce Homo. Come si diventa ciò che si è; Il caso Wagner; Nietzsche contro Wagner. Prefácio de Richard Oehler. Trad. A. Treves. Milão: Monanni, 1927.

La gaia scienza; L'eterno ritorno. Introdução e apêndice de Elisabeth Förster-Nietzsche. Trad. A. Treves. Milão: Monanni, 1927.

La Nascita della tragedia, ovvero ellenismo e pessimismo. Introdução e apêndice de Elisabeth Förster-Nietzsche. Trad. C. Baseggio. Milão: Monanni, 1927.

Trasmutazione di tutti i valori; Crepuscolo degli idoli; L'Anticrito; Ditirambi di Dionisio. Introdução e apêndice de Elisabeth Förster-Nietzsche. Trad. A. Treves. Milão: Monanni, 1927.

Umano, troppo umano. Introdução e apêndice de Elisabeth Förster-Nietzsche. Trad. G. Delaudi. Milão: Monanni, 1927.

tos da própria autoria à guisa de prefácios, ela traz ao público italiano parte da biografia intitulada *A vida de Friedrich Nietzsche*, que lançara na Alemanha em 1904[43]. Autora tida em alta conta, com o livro e os prefácios, difunde na Itália o interesse por episódios da vida do irmão e, ainda mais grave, favorece apropriações políticas de seu pensamento.

No período entre as duas guerras, de modo semelhante ao que se passa na Alemanha, propagandistas fascistas não vacilam em fazer uso do nome de Nietzsche. Mas também ocorre uma grande retomada de temas nietzschianos, que dizem respeito não só ao cristianismo, à moral e à violência, como ainda à estética. Em 1916, aparece, por exemplo, o ensaio intitulado *O poema heróico de Federico Nietzsche* de Castiglione[44], reeditado em 1924. Tomando como ponto de partida o exame do *Nascimento da Tragédia*, o autor analisa a obra do filósofo em seu conjunto, defendendo a idéia de que o seu pensamento se acha marcado pelo misticismo heróico.

La volontà di potenza. Saggio di una trasmutazione di tutti i valori. Introdução e apêndice de Elisabeth Förster-Nietzsche. Trad. A. Treves. Milão: Monanni, 1927.

Il viadante e la sua ombra. Un altro libro per spiriti liberi. Introdução e apêndice de Elisabeth Förster-Nietzsche. Trad. G. Delaudi. Milão: Monanni, 1927.

Considerazioni inattuali. Introdução e apêndice de Elisabeth Förster-Nietzsche. Trad. A. Treves. Milão: Monanni, 1926.

[43] Cf. FÖRSTER-NIETZSCHE, Elisabeth. *Nietzsche giovane. Idem, ibidem*. Na verdade, já em 1899, ela havia publicado "Le idee di Federico Nietzsche intorno alla donna, all'amore e al matrimonio", in *Minerva*, anno IX, Vol. XVIII, n. 22, 12 de novembro de 1899, p. 505-508. Nesse artigo, defendia o irmão das acusações de misoginia.

[44] CASTIGLIONI, M. *Il poema eroico de Federico Nietzsche*. Turim: Fratelli Bocca, 1916.

Mais importante, porém, é a ênfase que se começa a dar às relações entre Nietzsche e Leopardi. Há muito estimado na Alemanha, por sua vertente filológica, o escritor suscitou, com sua obra poética e moral, a admiração entusiasta tanto de Schopenhauer quanto de Nietzsche. Assim é que, na *Gaia Ciência* este o tem por um dos poucos homens "que alcançaram maestria na prosa" e, em *Para além de Bem e Mal*, por um dentre os "grandes criadores" (FW/GC § 92 e JGB/BM § 269). Surgem então vários estudos que buscam aproximar Giacomo Leopardi e Friedrich Nietzsche[45], seja para apontar as suas afinidades, seja para ressaltar o interesse do filósofo pelas idéias do escritor.

A partir de 1930, um número cada vez maior de intelectuais busca um engajamento político. Não é sem razão que Norberto Bobbio afirma que os anos 30 se caracterizam pelo fascismo e também por um paradoxo. Uma das ideologias mais marcantes da nossa época não se apresenta como tal, mas sim como praxis. É no ativismo que ela se manifesta enquan-

---

[45] Cf. por exemplo AA. "Nietzsche e Leopardi da carte edite e inedite di Nietzsche", in *La Ronda*, Roma, junho de 1922, p. 361-373 e GABETT, G. "Nietzsche e Leopardi", in *Il Convegno*, anno IV, n.10, 30 de outubro de 1923, p. 441-461; anno IV, n.11-12, novembro-dezembro de 1924, p. 513-531. Mais recentemente, foram publicados, dentre outros, RIGONI, M. A. "Nietzsche e Leopardi: alcuni rapporti e alcune considerazioni", in *Humanitas*, 1980, p. 103 e seguintes; SABATINI, A. G. "Nietzsche e Leopardi". In: FERRUCCI, C. (org.). *Leopardi e il pensiero moderno*. Milão: Feltrinelli, 1989, p. 173-181; JANOWSKI, Franca. "Nietzsche e Leopardi. La seduzione del nichilismo". In: *Nietzsche und Italien. Ein Weg vom Logos zum Mythos?* Tübingen: Stauffenburg Verlag, 1990, p. 59-72; NEGRI, Antimo. *Interminati Spazi ed eterno ritorno. Nietzsche e Leopardi*. Florença: Casa editrice Le Lettere, 1994.

to ideologia; e no irracionalismo, ponto de convergência das tendências antidemocráticas, enquanto filosofia[46].

Por essa época, publica-se um levantamento bibliográfico de estudos a respeito da vida e obra de Nietzsche[47]. Daí resulta que, enquanto na França predominam as abordagens biográficas, psicológicas e filológicas, na Alemanha, além das biografias do filósofo como as de Podach ou Möbius, aparecem trabalhos críticos sobre a sua obra. Ela "entrou diretamente na luta político-cultural do país". Lá se privilegiou, num primeiro momento, seus aspectos estetizantes e hedonísticos, para depois se aprofundar sua vertente ética e especulativa. Se ela suscitou as mais variadas reações nos mais diversos campos do saber humano, inspira agora interpretações que tendem a ressaltar seu lado positivo, procurando harmonizá-la com o nacional-socialismo. Não é por acaso, pois, que então se reeditem os livros do filósofo.

Mas, com os trabalhos de Tissi, Giusso, Banfi e Paci, opera-se na Itália uma reviravolta na abordagem da filosofia nietzschiana. Contrapondo-se a intérpretes anteriores, Tissi sustenta que o pensamento de Nietzsche se desenvolve com coerência em seus vários escritos[48]. Passando em revista toda a sua obra, defende a tese de que se deve ver até mesmo o niilismo de forma positiva, uma vez que ele constitui uma etapa necessária para a criação de novos valores.

---

[46] BOBBIO, Norberto. "Profilo ideológico Del novecento". In: CECCHI, E. e SAPEGNO, N. *Storia della letteratura italiana*. Vol. IX: *Il Novecento*. Milão: Garzanti, 1969, p. 119-228.

[47] ZAMBONI, G. "Rassegna di libri su Nietzsche", in *La nuova Italia*, fascículo 1, janeiro de 1934, p. 16-19.

[48] TISSI, S. *Nietzsche*. Milão: Edizioni Athena, 1926.

Giusso, por sua vez, publica dois livros[49]. No primeiro deles, confrontando posições de Leopardi, Stendhal e Nietzsche, afirma que este último, ao suprimir os sistemas de valores, não pretende anunciar uma nova ordem, mas um novo modo de ser humano. Graças à Itália e à música de Beethoven e Wagner, ele teria construído um ideal trágico, similar ao de Stendhal e Goethe. Sua missão consistiria em buscar libertar a humanidade do peso do transcendente para devolver a ela a juventude. No segundo livro, Giusso entende o romantismo alemão como uma reavaliação da vida às custas da sabedoria, mesmo porque a mentalidade alemã, inclinada ao misticismo, seria refratária ao conceito de *humanitas*. Encara assim o romantismo como uma ruptura em relação à ética racionalista e cristã e ao ideal humanista. Nietzsche viria sistematizar um segundo romantismo que, em vez de reabsorver os sentidos no pensamento e na arte, tentaria fundir a arte e o pensamento nos sentidos. Incitaria os homens a participar dionisiacamente da vida, procurando afastá-los do mundo das idéias. Com isso, abriria espaço para o ideal do "herói individualista deificador das paixões". Mas, rebelando-se contra o romantismo, a que aderira, acabaria por voltar-se para o homem do Renascimento.

Em 1934, Antonio Banfi faz uma das primeiras tentativas na Itália no sentido de elaborar uma visão de conjunto do pensamento nietzschiano[50]. Fazendo ver que ele parte das posições dos romancistas russos e acolhe tanto a herança rea-

---

[49] GIUSSO, Lorenzo. *Leopardi, Stendhal, Nietzsche*. Nápolis: Guida, 1933; *Nietzsche*. Nápolis: Guida, 1936.
[50] BANFI, A. *Federico Nietzsche*. Milão: Ravazzani, 1934. Cf. ainda FORMAGGIO, D. (org.) *Introduzione a Nietzsche. Lezioni 1933-1934 de Antonio Banfi*. Milão: ISEDI, 1975.

lista quanto a idealista, considera-o uma expressão da superabundante força vital. Lendo-o à luz da filosofia da vida, julga que se constrói com base na própria experiência e, por isso, se apresenta como assistemático. Ao dar ênfase ao estilo fragmentário pelo qual se exprime, entende que essa forma de expressão resulta justamente do esforço de encarar a realidade sob todos os seus aspectos. E termina por afirmar que Nietzsche foi talvez o primeiro a refletir profundamente sobre o problema dos valores, entendendo que o valor absoluto reside na vida, que se manifesta em cada indivíduo como vontade de potência.

Em continuidade aos trabalhos críticos e historiográficos, Enzo Paci lança depois da guerra o seu *F. Nietzsche*[51]. Já sob a influência do existencialismo de Kierkegaard, Jaspers e Heideigger, vê ressurgir na filosofia nietzschiana uma corrente de pensamento contrária à perfeição abstrata do sistematismo hegeliano. Expondo a vida e a obra do filósofo de modo similar, ainda que bem mais sucinto, ao de Andler, advoga a idéia de que em seus textos reina a lógica do mistério e do enigma. Ao tentar dar conta do irracional que habita o ser humano, ela encontraria a mais completa expressão no estilo aforismático.

Se em 1934 Banfi julga que o além-do-homem nada tem a ver com o *superuomo* de D'Annunzio, pois se trata do homem que, radicalmente transformado, regula a própria força de vida e se propõe a criar valores, durante a guerra Minici defenderá outra tese. Ao publicar em 1942 um estudo comparado sobre Nietzsche e D'Annunzio[52], sustenta que

---

[51] PACI, Enzo. *F. Nietzsche*. Milão: Garzanti, 1946.
[52] MINICI, M. *Meilensteinmensch – Nietzsche – D'Annunzio*. Roma: Tipografia Regionale, 1942.

o poeta encarnaria o além-do-homem tal como concebido pelo filósofo, a ponto de parecer uma criação sua. Mas tanto um quanto o outro teriam uma exaltação psíquica particular, que lhes permitiria reagir contra o vazio idealista e viver imersos no vir-a-ser. Minici exorta os italianos a ter coragem, como Nietzsche, para destruir os velhos dogmas, de modo a se perderem nos abismos do inapreensível e abrirem novas possiblidades para o futuro. Entende que a guerra não foi um erro, pois despertou e revigorou as forças da nação.

Vive-se, então, um momento em que se busca sublinhar a admiração de Nietzsche pela Itália ou se tenta enfatizar suas idéias estéticas. Dentre os que se empenham nesta última direção, há que se mencionar Della Volpe[53]. Ressaltando os ataques que o filósofo dirige contra Kant e os românticos, quer mostrar que, com sua teoria do pessimismo artístico, ele vê na arte um meio para enfrentar o trágico da existência. Mas, inconsistente, sua estética anti-romântica não se revelaria eficiente; ele se aproximou da natureza da arte, justamente quando, recusando-se a tratar do problema estético como específico, inscreveu-o no contexto das questões éticas.

Depois da Segunda Grande Guerra, torna-se prioritário para os estudiosos italianos reabilitar o nome de Nietzsche. Vindo do meio cultural e político do marxismo, Cantoni protesta contra o abuso da noção de além-do-homem; faz ver que dela lançaram mão no correr do tempo as mais variadas forças políticas e sociais[54]. Enquanto os reacionários viram no

---

[53] DELLA VOLPE, G. *Nietzsche e i problemi di una estetica antiromantica*. Messina: Casa editrice D'Anna, 1941.

[54] CANTONI, R. "Nietzsche oggi", in *Il Pensiero critico*, n. 3, 1951, p. 209-232 e "La figura del 'Freigeist' nella filosofia di Nietzsche", in *Archivio di filosofia*, n. 2, 1953, p. 209-240.

combate de Nietzsche à democracia o endosso das próprias posições, os românticos, intelectuais burgueses mas rebeldes, apoiaram-se nas idéias estéticas do filósofo para defender as próprias teses. Cantoni publica ainda outros artigos, dentre eles "Nietzsche hoje", em que procura mostrar os pontos que o filósofo teria em comum com Marx. A vitalidade de seu pensamento consistiria na riqueza de sentido histórico. No seu entender, Nietzsche é um verdadeiro *Kulturphilosoph*, capaz de analisar a fundo a nossa época marcada pelo niilismo, que não passa de um aspecto do decadentismo europeu.

Mas há também quem se mostre hostil ao pensamento nietzschiano. Scardaoni, por exemplo, traz a público no estudo *Nietzsche e o espírito do futuro* uma interpretação brutal do além-do-homem[55]. Romeo Masini, por sua vez, toma o filósofo pelo verdadeiro inspirador do fascismo e do nazismo. A ele Mussolini e Hitler deveriam praticamente tudo. Caso patológico, em todos os seus livros, até mesmo os de juventude, daria mostras de estar embriagado pela crueldade e desmedida[56]. Outros críticos como Solmi culpam D'Annunzio pelos horrores da guerra. Enfatizando a noção de além-do-homem, ele teria contribuído para o advento do fascismo[57].

Seja para exorcizar o pensamento nietzschiano seja para reivindicá-lo, o fato é que, entre 1943, momento em que os aliados entram na Itália, e os anos 50, chega a 90 o número de livros e artigos publicados a seu respeito[58].

---

[55] SCARDAONI, F. *Nietzsche e lo spirito dell'avvenire*. Milão: A. Mondadori, 1945.

[56] MASINI, Romeo. "Federico Nietzsche e il programma", in *I rapporti fra la cultura e la decadenza dell'Europa. Da Hegel a Spengler*. Florença: Casa editrice Barbèra, 1948, p. 17-46.

[57] SOLMI, S. "Nietzsche e D'Annunzio", in *Il Pensiero critico*, n.3, 1950, p. 269-275.

De acordo com Eduard Sturm, na década de 50 se impõe a pergunta acerca das possíveis relações entre as idéias de Nietzsche, de um lado, e o nazismo e o fascismo, de outro[59]. Várias são as tentativas para superar a imagem negativa que se difundira do filósofo no país, tentativas essas que vêm se contrapor à interpretação de Lukács, cuja obra *A Destruição da Razão* aparece numa tradução italiana em 1959[60].

Stefani, por sua vez, ressalta que o pós-guerra põe em causa as soluções do idealismo, da ciência e da religião, julgadas demasiado simplistas. É em seu contexto histórico que se procura inscrever os acontecimentos, de forma a elucidá-los[61]. Espera-se dos intelectuais que intervenham e participem da construção da nova sociedade, deixando de ser as figuras isoladas que sempre foram. Questionando-se o idealismo, busca-se em Kierkegaard e Feuerbach pontos de apoio

---

[58] Vale a pena destacar o levantamento bibliográfico realizado por Rossi, que elenca as principais obras de Nietzsche e acerca de suas idéias, que haviam sido publicadas, na sua maioria, em alemão, francês e italiano até os anos 50. ROSSI, P. "Bibliografia Nietzscheana", in *Il Pensiero critico*, n. 3, 1950, p. 269-275.

[59] Cf. STURM, Eduard. *Die Nietzsche-Renaissance in Italien*. Viena: VWGÖ, 1991. O autor ressalta três capítulos da recepção italiana: o primeiro, do final do século XIX até a Segunda Grande Guerra, estaria marcado pela interpretação de Gabriele d'Annunzio, que toma Nietzsche por profeta poético da decadência e Zaratustra por superhomem aristocrático; o segundo, a partir do fim da guerra, seria o momento em que se aprofundam os estudos sobre as obras do filósofo; o terceiro, desde a década de 60, testemunharia uma renovação das interpretações filosóficas do pensamento nietzschiano. É sobretudo no exame deste último período que o autor se dedica.

[60] LUKÁCS, G. *La distruzione della ragione*. Trad. E. Arnaud. Turim: Einaudi, 1959.

[61] STEFANI, M. A. *Op. cit.*, p. 13.

para se voltar contra a razão hegeliana. E de Nietzsche se lê a *Segunda Consideração Extemporânea: Da utilidade e desvantagem da história para a vida*. Mas ainda falta uma linha interpretativa clara de seu pensamento. Embora muito vivo, o interesse que ele suscita permanece difuso.

Na década de 50, o existencialismo faz sua aparição na Itália. Defrontando-se com o idealismo, prega o retorno ao ser concreto do homem no mundo, a necessidade de adesão à praxis expressa de modo particular no marxismo, a ênfase no caráter revolucionário da filosofia. Com sua força liberadora, promove o questionamento de concepções dogmáticas, mitos otimistas, crenças no progresso e na razão, em suma, tudo o que fora posto à prova pelos acontecimentos históricos. Mas é através de Kierkegaard e Nietzsche que ele conquista a cultura italiana. À pretensa racionalidade do mundo apregoada por Hegel, Kierkegaard contrapõe a imagem de um homem separado de Deus e Nietzsche, a de um mundo dominado pelo irracional.

Marcados pelo existencialismo, os estudos sobre o pensamento nietzschiano começam, então, a ganhar uma fisionomia mais nítida. Acabam por polarizar-se em torno de duas interpretações precisas: a de Jaspers e a de Löwith, publicados na Itália respectivamente em 1948 e 1949[62]. Muito bem

---

[62] JASPERS, Karl. "La maniera d'intendere dipende dalla natura di chi intende", "Quel che Nietzsche è per se stesso", "Il Nietzsche e il nuovo filosofare", "L'assimilazione del Nietzsche". In: *La mia filosofia*. Trad. Renato De Rosa. Turim: Einaudi, 1948, p. 49-88.

LÖWITH, Karl. "Nietzsche come filosofo della nostra epoca e dell'eternità". In: *Da Hegel a Nietzsche. La frattura rivoluzionaria nel pensiero del secolo XIX*. Trad. G. Colli. Turim: Einaudi, 1949, p. 287-336. Novas edições do livro foram publicadas em 1964 e 1969.

recebidas, as traduções italianas de suas obras ensejam diversos artigos e resenhas.

Ensejam também atitudes dignas de nota: enquanto a leitura de Löwith leva pensadores de esquerda a tomarem posições ambíguas frente ao existencialismo, a de Jaspers inspira uma corrente católica que insiste nas raízes cristãs da filosofia nietzschiana. Moretti-Costanzi, por exemplo, lê o além-do-homem à luz de uma mística agostiniano-franciscana[63]. Partindo da análise de *Nietzsche e o cristianismo* de Jaspers, sustenta que o filósofo tem por propósito ressacralizar a terra, de modo a justificar sua nova concepção do mundo e do homem. Linha hermenêutica análoga é a que segue Mirri[64]. Insistindo na superficialidade das interpretações que sublinham os aspectos políticos e sociais do pensamento nietzschiano, julga que, embora se volte para a destruição dos valores tradicionais, sua força crítica visa à realização de uma forma mais elevada de existência. Nessa medida, a obra do filósofo nada mais seria do que a confissão de uma incessante busca do sublime.

Na década de 60, aparecem traduções italianas de outros trabalhos de Löwith sobre a filosofia nietzschiana, como "Il 'Discorso della Montagna' anticristiano di Nietzsche", in *Archivio di filosofia*, n.3, 1962, p. 107-120; "L'interpretazione nietzscheana dalla teoria dell'eterno ritorno". In: *Significato e fine della storia*. Trad. F. Tedeschi Negri. Milão: Edizione di Comunità, 1963, p. 285-292; "Il tentativo di Nietzsche di riconquistare il mondo". In: *Dio, uomo e mondo da Cartesio a Nietzsche*. Nápolis: Morano editore, 1966, p. 101-136; "Nietzsche, sessant'anni dopo". In: *Critica della esistenza storica*. Trad. Anna Lucia Künckler-Giavotto. Nápolis : Morano editore, 1967, p. 163-198.

[63] MORETTI-COSTANZI, T. "Il cristianesimo in Nietzsche", in *Archivio di filosofia*, n.2, 1953, p. 201-208.

[64] MIRRI, E. *La metafisica nel Nietzsche*. Bologna: Edizioni Alfa, 1961.

A década de 60, como bem observa Stefani, abre-se como um período bastante rico na história da recepção italiana de Nietzsche[65]. Nele se passa a ver o pensador que abriu caminho para o homem reencontrar sua originária autenticidade. Embora ainda não exista tradução italiana dos trabalhos de Heidegger, não são poucos os que se empenham em divulgá-los; dentre eles, encontram-se Vattimo, De Feo e Penzo[66]. Estudiosos ocupam-se em explorar a doutrina do eterno retorno e o conceito de vontade de potência; dedicam-se a examinar a questão do ateísmo e os problemas estéticos; empenham-se em investigar as relações de Nietzsche com Wagner, mas também com Rousseau e Pascal, com Rilke e a tragédia, com os judeus e a moral. E a Itália acolhe as interpretações estrangeiras da filosofia nietzschiana[67], em particular as francesas[68].

---

[65] STEFANI, M.A. *Op. cit.*, p. 19.

[66] Cf. VATTIMO, Gianni. "Chi è il Nietzsche di Heidegger", in *Filosofia*, n. 1, 1966, p. 3-37; DE FEO, N. M. *Analitica e dialettica in Nietzsche.* Bari: Adriatica, 1965; PENZO, G. *L'interpretazione ontologica di Nietzsche.* Florença: G.C.Sansoni, 1967.

[67] Cf. por exemplo HELLER, E. "Lo spirito tedesco moderno: L'eredità di Nietzsche", in *Inventario*, n. 2, anno 17, 1962, p. 17-30; HELLER, E. *Lo spirito diseredato.* Trad. G. Gozzini Calsecchi Onesti. Milão: Adelphi, 1965; KOHN, H. "I tedeschi", traduzido por Amerigo Guadagnin, Milão, Edizione di Comunità, 1963, p. 237-255; HOLLINGDALE, R. G. *Nietzsche. L'uomo e la sua filosofia.* Trad. Giuseppe Sardelli. Roma: Ubaldini, 1966.

[68] Surgem traduções italianas de textos de CAMUS, Albert. *L'uomo in rivolta.* Trad. L. Magrini. Milão: Bompini, 1968 e BATAILLE, Georges. *Nietzsche. Il culmine e il possibile.* Trad. A. Zanzotto. Milão: Rizzoli, 1970.
  Aparecem também artigos de Birault: "Démystification de la pensée et démystification de la foi: la critique de la théologie chez Nietzsche", in *Archivio di filosofia*, n. 1-2, 1961, p. 231-242 e "Nietzsche et le pari de Pascal", in: *Archivio di filosofia*, n.3, 1962, p. 67-90.

Fenômeno cultural análogo ao que ocorre na Alemanha, a interpretação ontológica que Heidegger empreende do pensamento de Nietzsche será determinante na Itália[69]. Grande parte dos estudos que então se publicam serão por ela influenciados. Entende-se que ela corresponde bem mais às exigências de recuperação do irracional nos tempos modernos do que a leitura de Löwith ou Jaspers. Depois de Hegel, tais exigências foram se tornando cada vez mais claras, até ganharem contornos especulativos bem precisos com Heidegger. Não é do ponto de vista histórico-filosófico que ele se interessa pelo pensamento nietzschiano, mas sim como pretexto para esclarecer a sua própria visão do real.

O renascimento dos estudos sobre Nietzsche aparece intimamente relacionado com a situação cultural européia. Se a filosofia está em crise, isso se deve antes de mais nada à crise do próprio conceito de racionalidade. Nesse contexto, Nietzsche se torna uma parada obrigatória para quem quer adotar uma posição crítica em face da cultura ocidental. É nisso que consiste a sua "atualidade". Pois, com ele se aprende que a filosofia tem por tarefa colocar permanentemente em discussão não só os critérios metodológicos de que se serve, mas sobretudo os valores que acolhe. Radical, a crítica que ele promove não visa a eliminar a reflexão filosófica, mas resgatá-la. Para bem compreender esse pensador, que é o espelhamento mesmo de sua época, não basta levar a sério o conteúdo de suas obras; é preciso historicizar suas posições.

Na esteira da leitura heideggeriana, De Feo acredita que o resgate do irracional constitui o resgate da própria fi-

---

[69] É quando vem a público uma das primeiras traduções italianas de seus trabalhos. HEIDEGGER, Martin. "La sentenza di Nietzsche: 'Dio è morto'". In: *Sentieri interrotti*. Trad. P. Chiodi. Florença: La Nuova Italia, 1968, p. 191-246.

losofia[70]. Considera Nietzsche o filósofo que, pela primeira vez na idade moderna, tentou recuperar o pensamento especulativo ocidental, passando pelo niilismo, refutando a lógica e pondo em crise o primado da razão iluminista. Não é por acaso que, para ele, a loucura, vista em geral como negatividade, representa uma libertação. Questionando os valores tradicionais, a ontologia fundamental tentaria transformar o velho homem num novo homem, capaz de viver no nível existencial o problema do ser.

Vattimo, por sua vez, vem esclarecer que Nietzsche não apresenta um sistema acabado; ele procede como um moralista, que se preocupa tão-somente em analisar a situação cultural de sua época. Num dos primeiros trabalhos sobre o pensamento nietzschiano[71], ainda bastante próximo de Heidegger e Gadamer, Vattimo busca ressaltar a sua atualidade: teorizando sobre as conclusões últimas do historicismo moderno, Nietzsche teria aberto espaço para uma nova especulação ontológica. Em textos posteriores[72], assumindo uma posição mais independente, ele procura fazer ver que, se a filosofia nietzschiana se apresenta como a expressão mais radical da crítica ao pensamento do fundamento, ela também se abre a novas perspectivas éticas de transformação social e mate-

---

[70] DE FEO, N. M. *Kierkegaard, Nietzsche, Heidegger. L'ontologia fondamentale.* Milão: Silva, 1964.

[71] VATTIMO, Gianni. *Ipotesi su Nietzsche.* Turim: Giappichelli, 1965. Antes disso, ele já havia publicado "Nichilismo e problema del tempo in Nietzsche", in *Archivio di filosofia*, n. 3, 1962, p. 143-165; "Nietzsche e la filosofia come esercizio ontologico", in *Filosofia*, n. 3, 1966, p. 287-317; "Gli studi su Nietzsche dal 1945 ad oggi", in *Cultura e scuola*, n. 19, 1966, p. 167-179.

[72] VATTIMO, Gianni. *Il soggeto e la maschera.* Milão: Bompiani, 1974 e *Le avventure della differenza.* Milão: Garzanti, 1980.

rial. Não se trataria aqui de um conceito de liberação entendida enquanto liberdade do mundo dos indivíduos, mas de uma liberação mais substancial, porque concreta e histórica.

Essa necessidade de tornar Nietzsche atual no contexto da crítica à cultura, sem abandonar o terreno heideggeriano, é perseguida por Cacciari. Pensador político, em quem a influência de Heidegger se faz notar sobretudo nas reflexões acerca da linguagem, ele defende a tese de que a filosofia nietzschiana fornece valores para uma nova epistemologia[73]. Ao Nietzsche da liberação proposto por Vattimo, vem opor o da razão calculadora. Tomando-o como um pensador neo-racionalista que deixa lugar para a técnica, está convencido de que ele tem algo a dizer para o nosso tempo.

Por outro lado, Masini, que também sofre a influência heideggeriana, relaciona o pensamento de Nietzsche com a crise da sociedade burguesa[74]. Fazendo do filósofo um pensador de transição, advoga a idéia de que ele não estaria encerrado na sociedade burguesa, mas tampouco indicaria vias para sair da crise atual.

Diversa é a posição de Emmanuelle Severino. Embora também influenciado por Heidegger, ele se sente mais próximo dos antigos e, em particular, de Parmênides. Aborda o pensamento nietzschiano no contexto do niilismo, que, a seu ver, constitui a essência mais profunda de toda a civilização ocidental[75]. Giorgio Penzo, por sua vez, embora permaneça

---

[73] CACCIARI, M. *Krisis. Saggio sulla crisi del pensiero negativo da Nietzsche a Wittgenstein.* Milão: Feltrinelli, 1976.

[74] MASINI, F. *Lo scriba del caos. Interpretazione di Nietzsche.* Bologna: Il Mulino, 1978.

[75] SEVERINO, E. *La struttura originaria.* Brescia: La Scuola, 1958; *Essenza del nichilismo.* Brescia: Paideia, 1972; *Il parricidio mancato.* Milão: Adelphi, 1985.

no horizonte heideggeriano, não interpreta a filosofia de Nietzsche como um discurso místico-cristão nem a aproxima do momento político[76]. Tanto é que considera que, inatual, o além-do-homem é a determinação da finitude humana em qualquer tempo ou cultura em que se encontre.

Lugar à parte ocupa Bispuri. Julgando que as relações entre racional e irracional caracterizam não só a filosofia de Nietzsche como a cultura de modo geral, acredita que ele estaria aberto às interrogações de fundo da saberdoria oriental[77]. Mas há ainda estudiosos influenciados por Heidegger, que pretendem sublinhar a dimensão política do pensamento nietzschiano. Magris, por exemplo, opondo à aliança entre Freud e Nietzsche aquela outra entre Marx e Nietzsche, observa que tanto na França quanto na Itália, a esquerda se acha dominada pelo confronto com o filósofo[78].

De acordo com Carol Diethe, o estado atual na Itália é similar ao da França: ao mesmo tempo em que surge um "Novo Nietzsche" através de leituras críticas e historiográficas, continua a existir um enorme interesse pela vida do filósofo[79]. Ao lado de comentadores acadêmicos, como Gianni Vattimo em Turim, Alfredo Fallica em Palermo, Giorgio Penzo em Pádua, Vincenzo Vitiello em Salerno e Massimo

---

[76] PENZO, G. *F. Nietzsche. Il divino come polarità.* Bologna: Pàtron, 1983; *Nietzsche nell'interpretazione heideggeriana.* Bologna: Pàtron, 1982; *Invito al pensiero di Nietzsche.* Milão: Mursia, 1990.

[77] BISPURI, E. *Nietzsche. Il volto nascosto dell'Oriente.* Roma: Edicoop, 1980.

[78] MAGRIS, C. "Nietzsche e la nuova sinistra". In: *F. Nietzsche o verità come problema*, 1983, p. 23-28.

[79] DIETHE, Carol. *Op. Cit.*, p. 29-32.

Cacciari em Veneza, escritores como Umberto Eco e Ítalo Calvino contruibuem para uma discussão bem informada sobre a relevância de suas idéias.

* * *

Pontos de inflexão marcam a recepção italiana de Nietzsche. Assim é que, ligada de início ao nome de Gabriele D'Annunzio, a fortuna de sua obra toma outra direção com Benedetto Croce, para ser uma vez mais redirecionada com Giovanni Gentile. Os socialistas, porém, para ela abrem um novo caminho, que os fascistas se empenham rapidamente em desviar. Na cena acadêmica, a partir do final dos anos 20, trabalhos vêm operar uma reviravolta na abordagem do pensamento nietzschiano, abordagem essa que, na década de 60, será outra vez revista com a interpretação heideggeriana.

Ponto de inflexão maior, porém, constitui a edição crítica das obras completas do filósofo. E isto porque seus efeitos não se limitam à Itália mas se fazem sentir nos estudos nietzschianos de maneira geral. Não há dúvida de que os esforços de Giorgio Colli e Mazzino Montinari serão cruciais para trazer a pesquisa internacional sobre a filosofia de Nietzsche ao ponto em que se encontra hoje.

Publicada simultaneamente na Alemanha, na França, na Itália e no Japão, esta edição possui méritos inquestionáveis: tornou acessível aos estudiosos a totalidade dos escritos do filósofo; buscou recuperar os textos de acordo com os manuscritos originais ordenados cronologicamente; pôs em causa a existência de um livro fundamental que teria por título *A vontade de potência*; procurou depurar das deformações e falsificações que sofreram a obra publicada, as anotações inéditas e a correspondência; incluiu imenso aparato histórico-filológico de valor inestimável. Contribuiu assim para elucidar graves equívocos gerados pelas edições que a antecederam, equívocos esses que concorreram para as diferentes apropriações ideológicas das idéias do autor de *Zaratustra*.

No entender de Colli e Montinari, decisivo para esta nova edição deveria ser o modo de tratar o conjunto dos inéditos de Nietzsche[80]. Três vezes mais volumosos do que a obra por ele publicada, incluem esboços preparatórios de trabalhos publicados, paráfrases de textos já concluídos, projetos de empreendimentos futuros. Por isso mesmo, teriam de ser apresentados tal como foram redigidos; daí, a necessidade de trazer a público cada um dos cadernos de notas do filósofo seguindo a ordem de sua redação.

Como se não bastasse esse trabalho de fôlego, desenvolvido ao longo de anos com extremo cuidado e rigor, Colli e Montinari, em colaboração com Wolfgang Müller-Lauter, fundaram os *Nietzsche-Studien*, publicação anual, que visa a constituir um fórum internacional de debates em torno das múltiplas questões colocadas acerca e a partir do pensamento nietzschiano. Desnecessário enfatizar a relevância dos dois empreendimentos.

Num texto em homenagem a Giorgio Colli, Mazzino Montinari afirma que não era na escrita que seu antigo mestre via a realização da sua vida, mas na ação[81]. E a ação à qual

---

[80] Cf. a propósito COLLI, Giorgio e MONTINARI, Mazzino. "État des textes de Nietzsche". In: *Nietzsche. Colloque de Royaumont*. Paris: Minuit, 1967, p. 127-140.

[81] MONTINARI, Mazzino. "Souvenir de Giorgio Colli". In : COLLI, Giorgio. *Philosophie de l'expression*. Trad. Marie-José Tramuta. Paris: Éditions de l'Éclat, 1988, p. 219-231.

ele aspirava não era a política, nem mesmo no sentido mais nobre que se poderia atribuir à palavra, mas a de formar uma comunidade. Dela participariam os que se achassem reunidos sob o signo da cultura, entendida como uma vida filosófica segundo o modelo antigo.

Filólogo e historiador, Colli elege como temas principais de sua leitura de Nietzsche os que se relacionam com o mundo grego. Prova disso é o livro intitulado *Depois de Nietzsche*[82], em que retoma esses temas, avaliando os méritos e deméritos da interpretação nietzschiana. A partir daí, não só resolve muitas das questões que o filósofo levantou como ataca de modo devastador os ídolos da modernidade, dentre eles, a razão separada do logos que a engendrou. É sempre nas origens do pensamento grego que se situa. Tanto é que, no trabalho sobre *O Nascimento da Filosofia*[83], procura trazer à luz o período áureo da Grécia através de uma reversão de perspectivas. Não é com os olhos do presente que considera os séculos VII, VI e V a.C. nem mesmo com os de Aristóteles, mas com os dos deuses homéricos e pré-homéricos. Não é por acaso que possui essa capacidade, eminentemente nietzschiana, de falar ao presente com verdadeira dureza.

A perspectiva extemporânea que Colli adota é, sem dúvida, cúmplice da extemporaneidade que ele faz questão de sublinhar nos escritos de Nietzsche[84]. A seu ver, embora o filósofo tivesse condições de realizar uma obra madura sobre os gregos, não o fez, tiranizado que estava pela disciplina rí-

---

[82] COLLI, Giorgio. *Dopo Nietzsche*. Milão: Adelphi, 1974.

[83] COLLI, Giorgio. *La Nascita della Filosofia*. Milão: Adelphi, 1975.

[84] Montinari, aliás, sempre insistiu nesse aspecto da reflexão de Giorgio Colli. Cf. por exemplo MONTINARI, Mazzino. *Nietzsche lesen*. Berlim: Walter de Gruyter, 1982.

gida de Pforta e pelo fascínio por Wagner. Ao libertar-se dessa dupla tirania, não sentiu mais necessidade de discorrer em termos históricos sobre a Grécia. A partir de então, tudo o que diz é "uma ilustração, uma exegese, uma transposição em chave moderna" da sua maneira de compreender os gregos, esses homens que estavam longe de ser decadentes; é enquanto grego que ele passa a julgar o mundo atual.

Essa concepção se fará presente no momento em que surge o projeto de publicar na íntegra as obras de Nietzsche. Evocando a pré-história da edição crítica, Montinari lembra a que ponto reivindicar a extemporaneidade do filósofo se tornara imprescindível para salvá-lo de toda interpretação contaminadora ou atualizante e, em particular, de sua identificação com o fascismo. É nesse contexto, aliás, que se situam os trabalhos que ele elaborou sobre as apropriações ideológicas do pensamento nietzschiano.

Dois deles, que com satisfação trouxe pela primeira vez a nosso país, integram este livro. Publicados nos *Cadernos Nietzsche*, os ensaios "Interpretações nazistas" e "Equívocos marxistas" tratam de leituras equivocadas[85], feitas por ingenuidade ou má fé. No primeiro, Montinari discute a associação, ainda hoje recorrente em alguns círculos intelectuais, entre Nietzsche e o nacional-socialismo; no último, desfaz a assimilação do pensamento nietzschiano à ideologia imperialista, apontando os equívocos da interpretação de Lukács. Há ainda que se mencionar o livro publicado em 1975[86], em

---

[85] Encontram-se ambos em MONTINARI, Mazzino. *Su Nietzsche*. Roma: Editori Riuniti, 1981. "Interpretações nazistas" veio a público nos *Cadernos Nietzsche* 7 (setembro de 1999), p. 55-77 e "Equívocos marxistas" nos *Cadernos Nietzsche* 12 (maio de 2002), p. 33-52.

[86] Cf. MONTINARI, Mazzino. *Che cosa ha veramente detto Nietzsche*. Roma: Ubaldini, 1975.

que submete a uma apreciação crítica todos os críticos, a partir de Lou Andréas Salomé, que se serviram de Nietzsche para dizer o que queriam sem permitir a ele falar por si mesmo.

O "historicismo histórico" de Montinari e o "antihistoricismo radical" de Colli, como bem lembra Sandro Barbera, confluiram no sentido de preservar os escritos do filósofo de eventuais contaminações[87]. É bem verdade que, no curso da edição crítica das obras de Nietzsche, as divergências cada vez maiores dos editores se fizeram sentir. De diferente maneira, encaravam os propósitos culturais e a própria natureza do trabalho que estavam a realizar. Embora uma reconstrução precisa do surgimento e história dessa edição, que veio determinar em escala planetária os novos rumos dos estudos nietzschianos, ainda permaneça um desiderato, grande tem sido a contribuição de Giuliano Campioni nessa direção. Diretor do centro de pesquisa "Colli/Montinari" sobre Nietzsche e a cultura européia, ele tem publicado estudos nessa direção[88].

É justamente na linhagem do trabalho realizado por Montinari que se situam os de Campioni e daqueles que ele formou. Convencidos de que a análise dos manuscritos do filósofo é imprescindível para a compreensão de sua obra, julgam todos eles que a leitura filológica constitui o primeiro

---

[87] BARBERA, Sandro. "Le Nietzsche 'grec' de Giorgio Colli". In: COLLI, Giorgio. *Nietzsche. Cahiers posthumes III*. Trad. Patricia Farazzi. Paris: Éditions de l'Éclat, 2000, p. 190-191.

[88] Sobre as discussões entre os dois editores, cf. CAMPIONI, Giuliano. *Leggere Nietzsche. Alle origini dell'edizione critica Colli/Montinari*. Pisa: ETS, 1992. Sobre o itinerário intelectual de Montinari entre os anos de 1943 a 1963, cf. CAMPIONI, Giuliano. "Mazzino Montinari in den Jahren von 1943 bis 1963", in *Nietzsche-Studien* 17 (1988), p. XV-LX.

passo para apontar e dirimir os equívocos que ainda proliferam. Mais ainda, entendem que a reflexão filosófica e a pesquisa histórica devem caminhar de mãos dadas.

Ao lado dos ensaios de Montinari, a que me referi acima, neste volume se acham reunidos textos de Giuliano Campioni, Paolo D'Iorio e Marco Brusotti. São trabalhos de pesquisadores experimentados que, em circunstâncias diversas, eu tive o privilégio de publicar pela primeira vez no Brasil[89].

---

[89] De Giuliano Campioni, publiquei a versão reduzida do trabalho intitulado "Friedrich Nietzsche: paixão e crítica da moral heróica" nos *Cadernos Nietzsche* 22 (maio de 2007); de Paolo D'Iorio, a do estudo que tem por título "O eterno retorno. Gênese e Interpretação" nos *Cadernos Nietzsche* 20 (maio de 2006). Ambos se acham aqui retomados em versão integral. De Marco Brusotti, publiquei o texto então inédito "Ressentimento e Vontade de Nada" nos *Cadernos Nietzsche* 8 (maio de 2000), que apareceu no ano seguinte numa versão ulterior nos *Nietzsche Studien* ("Ressentiment, Wille zum Nichts, Hypnose. 'Aktiv' und 'reaktiv' in Nietzsches Genealogie der Moral", in *Nietzsche-Studien* 30 (2001), p. 107-132).

REFERÊNCIAS BIBLIOGRÁFICAS

1. AA. "Nietzsche e Leopardi da carte edite e inedite di Nietzsche", in *La Ronda*, Roma, junho de 1922, p. 361-373.
2. ANAGNINE, E. "Federico Nietzsche e l'Italia", in *Nuova Antologia*, n. 1373, 1929, Roma: Bestetti e Tumminelli, p. 24.
3. ANDLER, Charles. *Nietzsche, sa vie et sa pensée*. 6V. Paris: Brossard, 1920-1931.
4. APORTI, Pino. "Prologo", in *Il Pensiero italiano*, anno IV, 1894.
5. BANFI, A. *Federico Nietzsche*. Milão: Ravazzani, 1934.
6. BARBERA, Sandro. "Le Nietzsche 'grec' de Giorgio Colli". In: COLLI, Giorgio. *Nietzsche. Cahiers posthumes III*. Trad. Patricia Farazzi. Paris: Éditions de l'Éclat, 2000.
7. BARZELLOTTI, Giacomo. "La filosofia di F. G. Nietzsche", in *Nuova Antologia*, n. 692, 16 de outubro de 1900, p. 598-616.
8. BATAILLE, Georges. *Nietzsche. Il culmine e il possibile*. Trad. A. Zanzotto. Milão: Rizzoli, 1970.
9. BIGNONE, Ettore. "Nietzsche, Tolstoi e Kierkegaard", in *Cronache letterarie*, n. 4 e n. 10, 1910.
10. BIRAULT, Henri. "Démystification de la pensée et démystification de la foi: la critique de la théologie chez Nietzsche", in *Archivio di filosofia*, n. 1-2, 1961, p. 231-242.
11. _____. "Nietzsche et le pari de Pascal", in: *Archivio di filosofia*, n. 3, 1962, p. 67-90.
12. BISPURI, E. *Nietzsche. Il volto nascosto dell'Oriente*. Roma: Edicoop, 1980.

13. BOBBIO, Norberto. "Profilo ideológico Del novecento". In: CECCHI, E. e SAPEGNO, N. *Storia della letteratura italiana*. Vol. IX: *Il Novecento*. Milão: Garzanti, 1969, p. 119-228.
14. BRUSOTTI, Marco. "Ressentimento e Vontade de Nada", traduzido por Ernani Chaves, in *Cadernos Nietzsche* 8 (maio de 2000), p. 3-34.
15. _____. "Ressentiment, Wille zum Nichts, Hypnose. 'Aktiv' und 'reaktiv' in Nietzsches Genealogie der Moral", in *Nietzsche-Studien* 30 (2001), p. 107-132.
16. CACCIARI, M. *Krisis. Saggio sulla crisi del pensiero negativo da Nietzsche a Wittgenstein*. Milão: Feltrinelli, 1976.
17. CAMPIONI, Giuliano. "Mazzino Montinari in den Jahren von 1943 bis 1963", in *Nietzsche-Studien* 17 (1988), p. XV-LX.
18. _____. *Leggere Nietzsche. Alle origini dell'edizione critica Colli/Montinari*. Pisa: ETS, 1992.
19. _____. "Friedrich Nietzsche: paixão e crítica da moral heróica", traduzido por Carlos Sartori, in *Cadernos Nietzsche* 22 (maio de 2007), p. . . . . .
20. CAMUS, Albert. *L'uomo in rivolta*. Trad. L. Magrini. Milão: Bompini, 1968.
21. CANTONI, R. "Nietzsche oggi", in *Il Pensiero critico*, n. 3, 1951, p. 209-232.
22. _____. "La figura del 'Freigeist' nella filosofia di Nietzsche", in *Archivio di filosofia*, n. 2, 1953, p. 209-240.
23. CASTIGLIONI, M. *Il poema eroico de Federico Nietzsche*. Turim: Fratelli Bocca, 1916.
24. CHILESOTTI, O. "Nietzsche e Wagner. Il caso Wagner", in *Gazzetta musicale di Milano*, 1899, n. 28, 13 de

julho, p. 343-346; n. 29, 20 de julho, p. 357-358; n. 30, 27 de julho, p. 367-368.
25. COLLI, Giorgio. *Dopo Nietzsche*. Milão: Adelphi, 1974.
26. _____. *La Nascita della Filosofia*. Milão: Adelphi, 1975.
27. _____. *Scritti su Nietzsche*. Milão: Adelphi, 1980.
28. COLLI, Giorgio e MONTINARI, Mazzino. "État des textes de Nietzsche". In: *Nietzsche. Colloque de Royaumont*. Paris: Minuit, 1967, p. 127-140.
29. CORTESI, Decio. "La storia morale di Federico Nietzsche", in *L'avvenire*, 20 de outubro de 1897, p. 402-414.
30. CROCE, Benedetto. "Le 'Origini della Tragedia' di F. Nietzsche", in *La Critica*, 1907, Vol. 5, p. 311-314.
31. _____. *Saggi filosofici*, vol. III, Bari: Laterza, 1913, p. 423-427.
32. DAL MONTE, G. "Filosofia e letteratura fin de siècle. Federico Nietzsche e Gabriele D'Annunzio", in *Atti dell' Academia Olimpica di Vicenza*, vol. XXX, 1896, p. 20-50.
33. D'ANNUNZIO, Gabriele. *Su Nietzsche*. Catânia: De Martinis Editori, 1994.
34. D'ANNUNZIO e GARGANO. "Introduzione", in *Marzocco*, anno I, 1896.
35. DE FEO, N. M. *Kierkegaard, Nietzsche, Heidegger. L'ontologia fondamentale*. Milão: Silva, 1964.
36. _____. *Analitica e dialettica in Nietzsche*. Bari: Adriatica, 1965.
37. DE MICHELIS, F. "D'Annunzio e Nietzsche", in *L'osservatore politico letterario*, vol. I, n. 2, 1960, p. 31-47.

38. DELLA VOLPE, G. *Nietzsche e i problemi di una estetica antiromantica*. Messina: Casa editrice D'Anna, 1941.
39. DI CARLO, E. "Federico Nietzsche e l'Italia", in *Il libro italiano nel mondo*, n. 4, 1941, p. 29-43.
40. D'IORIO, Paolo. "O eterno retorno. Gênese e interpretação", traduzido por Ernani Chaves, in *Cadernos Nietzsche* 20 (maio de 2006), p. 69-114.
41. DIETHE, Carol. *Historical Dictionary of Nietzscheanism*. Lanham: Scarecrow Press Inc. , 1999.
42. FAGGI, A. "Nietzsche e l'Italia", in *Marzocco*, n. 5, 1930.
43. FALLICA, Alfredo. "Nietzsche e la Sicilia". In: *Nietzsche und Italien. Ein Weg vom Logos zum Mythos?* Tübingen: Stauffenburg Verlag, 1990, p. 3-7.
44. FAZIO, Domenico M. *Il caso Nietzsche. La cultura italiana di fronte a Nietzsche 1872-1940*. Settimo Milanese: Marzorati, 1988.
45. _____. "Nietzsche in Italien". Ein historischer Abriss der Nietzsche-Rezeption in Italien anhand der "Ubersetzungen seiner Schriften (1872-1940), in *Nietzsche-Studien* 22 (1993), p. 304-319.
46. FERRATA, G. "Federico in Tauride (Nietzsche e l'Italia)", in *Il Pensiero critico*, n. 3, 1951, p. 260-268.
47. FORMAGGIO, D. (org.) *Introduzione a Nietzsche. Lezioni 1933-1934 de Antonio Banfi*. Milão: ISEDI, 1975.
48. FÖRSTER-NIETZSCHE, Elisabeth. "Le idee di Federico Nietzsche intorno alla donna, all'amore e al matrimonio", in *Minerva*, anno IX, vol. XVIII, n. 22, 12 de novembro de 1899, p. 505-508.
49. _____. *Nietzsche giovane*. Trad. E. Rigutini Bulle. Florença: La Voce, 1924.

50. GABETT, G. "Nietzsche e Leopardi", in *Il Convegno*, anno IV, n. 10, 30 de outubro de 1923, p. 441-461; anno IV, n. 11-12, novembro-dezembro de 1924, p. 513-531.
51. GARIN, Eugenio. *Cronache di filosofia italiana*. Bari: Laterza, 1955, Vol. I.
52. _____. "Nietzsche in Italia", in *Rivista critica di storia della filosofia*, 30 (1975), p. 104-108.
53. GIUSSO, Lorenzo. *Leopardi, Stendhal, Nietzsche*. Nápolis: Guida, 1933.
54. _____. *Nietzsche*. Nápolis: Guida, 1936.
55. HALÉVY, Daniel. *La vita di Federico Nietzsche*. Trad. L. Ambrosini. Turim: Fratelli Bocca, 1912.
56. HEIDEGGER, Martin. "La sentenza di Nietzsche: 'Dio è morto'". In: *Sentieri interrotti*. Trad. P. Chiodi. Florença: La Nuova Italia, 1968, p. 191-246.
57. HELLER, E. "Lo spirito tedesco moderno: L'eredità di Nietzsche", in *Inventario*, n. 2, anno 17, 1962, p. 17-30.
58. _____. *Lo spirito diseredato*. Trad. G. Gozzini Calsecchi Onesti. Milão: Adelphi, 1965.
59. HOLLINGDALE, R. G. *Nietzsche. L'uomo e la sua filosofia*. Trad. Giuseppe Sardelli. Roma: Ubaldini, 1966.
60. JANOWSKI, Franca. "Nietzsche e Leopardi. La seduzione del nichilismo". In: *Nietzsche und Italien. Ein Weg vom Logos zum Mythos?* Tübingen: Stauffenburg Verlag, 1990, p. 59-72.
61. JASPERS, Karl. "La maniera d'intendere dipende dalla natura di chi intende", "Quel che Nietzsche è per se stesso", "Il Nietzsche e il nuovo filosofare", "L'assimilazione del Nietzsche". In: *La mia filosofia*. Trad. Renato De Rosa. Turim: Einaudi, 1948, p. 49-88.

62. KOHN, H. "I tedeschi", traduzido por Amerigo Guadagnin, Milão, Edizione di Comunità, 1963, p. 237-255.
63. LÖWITH, Karl. "Nietzsche come filosofo della nostra epoca e dell'eternità". In: *Da Hegel a Nietzsche. La frattura rivoluzionaria nel pensiero del secolo XIX.* Trad. G. Colli. Turim: Einaudi, 1949, p. 287-336.
64. _____. "Il 'Discorso della Montagna' anticristiano di Nietzsche", in *Archivio di filosofia,* n. 3, 1962, p. 107-120.
65. _____. "L'interpretazione nietzscheana dalla teoria dell'eterno ritorno". In: *Significato e fine della storia.* Trad. F. Tedeschi Negri. Milão: Edizione di Comunità, 1963, p. 285-292.
66. _____. "Il tentativo di Nietzsche di riconquistare il mondo". In: *Dio, uomo e mondo da Cartesio a Nietzsche.* Nápolis: Morano editore, 1966, p. 101-136.
67. _____. "Nietzsche, sessant'anni dopo". In: *Critica della esistenza storica.* Trad. Anna Lucia Künckler-Giavotto. Nápolis : Morano editore, 1967, p. 163-198.
68. LUKÁCS, G. *La distruzione della ragione.* Trad. E. Arnaud. Turim: Einaudi, 1959.
69. MAGRIS, C. "Nietzsche e la nuova sinistra". In: *F. Nietzsche o verità come problema,* 1983, p. 23-28.
70. MASINI, Romeo. "Federico Nietzsche e il programma", in *I rapporti fra la cultura e la decadenza dell'Europa. Da Hegel a Spengler.* Florença: Casa editrice Barbèra, 1948, p. 17-46.
71. MASINI, Ferruccio. *Lo scriba del caos. Interpretazione di Nietzsche.* Bologna: Il Mulino, 1978.
72. _____. "D'Annunzio e Nietzsche – interpreti della décadence". In: *Nietzsche und Italien. Ein Weg vom Logos zum Mythos?* Tübingen: Stauffenburg Verlag, 1990, p. 73-84.

73. MICHELINI, Gaia. *Nietzsche nell'Italia di D'Annunzio*. Palermo: S. F. Flaccovio, 1978.
74. MINICI, M. *Meilensteinmensch – Nietzsche – D'Annunzio*. Roma: Tipografia Regionale, 1942.
75. MIRRI, E. *La metafisica nel Nietzsche*. Bologna: Edizioni Alfa, 1961.
76. MONTINARI, Mazzino. *Che cosa ha veramente detto Nietzsche*. Roma: Ubaldini, 1975.
77. _____. *Su Nietzsche*. Roma: Editori Riuniti, 1981.
78. _____. *Nietzsche lesen*. Berlim: Walter de Gruyter, 1982.
79. _____. "Souvenir de Giorgio Colli". In: COLLI, Giorgio. *Philosophie de l'expression*. Trad. Marie-José Tramuta. Paris: Éditions de l'Éclat, 1988, p. 219-231.
80. _____. "Interpretações nazistas", traduzido por Dion Davi Macedo, in *Cadernos Nietzsche* 7 (setembro de 1999), p. 55-77.
81. _____. "Equívocos marxistas", traduzido por Dion Davi Macedo, in *Cadernos Nietzsche* 12 (maio de 2002), p. 33-52.
82. MORASSO, M. "L'arte per il dominio e le idee estetiche di F. Nietzsche", in *L'Imperialismo artistico*, 1903, p. 309-344.
83. MORETTI-COSTANZI, T. "Il cristianesimo in Nietzsche", in *Archivio di filosofia*, n. 2, 1953, p. 201-208.
84. MORSELLI, E. "Introduzione", in *La Rivista di filosofia scientifica*, anno I, vol. I, junho de 1881.
85. _____. "Federico Nietzsche", in *Gazzetta letteraria*, Turim, 10 de fevereiro de 1894, p. 63-64.

86. _____. "Federico Nietzsche", in *Il pensiero italiano*, vol. X, 1894, p. 23-29.
87. MUSSOLINI, Benito. "La filosofia de la forza", in *Il pensiero romagnolo*, nn. 48-49-50, 29 de novembro, 6 e 13 de dezembro de 1908.
88. NEGRI, Antimo. *Nietzsche nella pianura. Gli uomini e la città*. Milão: Spirali/Vel, 1993.
89. _____. *Interminati Spazi ed eterno ritorno. Nietzsche e Leopardi*. Florença: Casa editrice Le Lettere, 1994.
90. NIETZSCHE. *Al di là del bene e del male: preludio d'una filosofia dell'avvenire*. Trad. Edmondo Weisel. Turim: Fratelli Bocca, 1898.
91. _____. *Così parlò Zarathustra: un libro per tutti e per nessuno*. Trad. Edmondo Weizel. Turim: Fratelli Bocca, 1899.
92. _____. *Gaia Scienza*. Trad. Antonio Cippico. Turim: Fratelli Bocca, 1901.
93. _____. *Le origine della tragedia (Ellenismo e pessimismo)*. Trad. Mario Corsi e Attilio Rinieri. Bari: Laterza, 1907.
94. _____. *Ecce Homo: come si diventa ciò che si è*. Trad. Adolfo Oberdofer. Turim: Fratelli Bocca, 1910.
95. _____. *L'amore e la donna, aforismi*. Gênova: Libreria editrice Moderna, 1913.
96. _____. *L'anticristo – Studio critico sulla credenza cristiana*. Trad. P. C. Milão: Casa editrice Sociale, 1913.
97. _____. *Contro Wagner*. Nápolis: Ricciardi, 1914. A obra reúne *O caso Wagner* e *Nietzsche contra Wagner*.
98. _____. *Lettere scelte e frammenti epistolari*. Trad. V. Benuzzi. Lanciano: Carabba, 1914.

99. _____. *Omero e la filologia classica (1869)*. Trad. E. Lo Gatto. Nápolis: Fratelli Treves, 1915.

100. _____. *Schopenhauer educatore*. Trad. Vincenzo Arangio-Ruiz. Perugia: Bertelli e Verando, 1915.

101. _____. *Scriti minori*. Trad. E. Lo Gatto. Nápolis: Ricciardi, 1916.

102. _____. *La filosofia nell'epoca tragica dei Greci*. Trad. E. Sala. Milão: Athena, 1926.

103. _____. *Aurora. Riflessioni sui pregiudizi morali*. Introdução e apêndice de Elisabeth Förster-Nietzsche. Trad. P. Flores. Milão: Monanni, 1927.

104. _____. *Così parlò Zarathustra – un libro per tutti e per nessuno*. Introdução e apêndice de Elisabeth Förster-Nietzsche. Trad. D. Ciampoli. Milão: Monanni, 1927.

105. _____. *Di là del bene e del male. Preludio di una filosofia dell'avvenire; La genealogia della morale. Un scrito polemico*. Introdução e apêndice de Elisabeth Förster-Nietzsche. Trad. E. Sola. Milão: Monanni, 1927.

106. _____. *Ecce Homo. Come si diventa ciò che si è; Il caso Wagner; Nietzsche contro Wagner*. Prefácio de Richard Oehler. Trad. A. Treves. Milão: Monanni, 1927.

107. _____. *La gaia scienza; L'eterno ritorno*. Introdução e apêndice de Elisabeth Förster-Nietzsche. Trad. A. Treves. Milão: Monanni, 1927.

108. _____. *La Nascita della tragedia, ovvero ellenismo e pessimismo*. Introdução e apêndice de Elisabeth Förster-Nietzsche. Trad. C. Baseggio. Milão: Monanni, 1927.

109. _____. *Trasmutazione di tutti i valori; Crepuscolo degli idoli; L'Anticrito; Ditirambi di Dionisio*. Introdução e apêndice de Elisabeth Förster-Nietzsche. Trad. A. Treves. Milão: Monanni, 1927.

110. _____. *Umano, troppo umano*. Introdução e apêndice de Elisabeth Förster-Nietzsche. Trad. G. Delaudi. Milão: Monanni, 1927.

111. _____. *La volontà di potenza. Saggio di una trasmutazione di tutti i valori*. Introdução e apêndice de Elisabeth Förster-Nietzsche. Trad. A. Treves. Milão: Monanni, 1927.

112. _____. *Il viadante e la sua ombra. Un altro libro per spiriti liberi*. Introdução e apêndice de Elisabeth Förster-Nietzsche. Trad. G. Delaudi. Milão: Monanni, 1927.

113. _____. *Considerazioni inattuali*. Introdução e apêndice de Elisabeth Förster-Nietzsche. Trad. A. Treves. Milão: Monanni, 1926.

114. _____. *Werke. Kritische Studienausgabe* (KSA). Berlim: Walter de Gruyter & Co., 1967/ 1978, 15V.

115. _____. *Sämtliche Briefe. Kritische Studienausgabe* (KSB). Berlim: Walter de Gruyter & Co., 1975/ 1984, 8V.

116. OLGIATI, R. "Da Nietzsche a D'Annunzio: la morale del superuomo", in *Scuola Cattolica*, anno XLII, serie V, vol. IV, 1 de fevereiro de 1914, p. 155-173.

117. ORANO, Paolo. "Friedrich Nietzsche (di lui e a proposito di lui)", in *Rivista politica e letteraria*, 12, n. 3, setembro de 1900, p. 185-206.

118. ORESTANO, Francesco. *Le idee fondamentali di Federico Nietzsche nel loro progressivo svolgimento. Exposizione e critica*. Palermo: Reber, 1903.

119. ORTENSI, Ulisse. "Letterati contemporanei. Friedrich Nietzsche", in *Emporium*, n. 41, maio de 1898, p. 339-52.

120. PACI, Enzo. *F. Nietzsche*. Milão: Ganzanti, 1946.

121. PANZINI, Alfredo. "La dottrina di Federico Nietzsche e l'indole degli Italiani", in *La vita internazionale*, n. 8, 1899, p. 231-234.

122. PAPINI, G. *Il crepuscolo dei filosofi*. Milão: Libreria Editrice Lombarda, 1906.

123. PENZO, Giorgio. *L'interpretazione ontologica di Nietzsche*. Florença: G. C. Sansoni, 1967.

124. _____. *F. Nietzsche. Il divino come polarità*. Bologna: Pàtron, 1983.

125. _____. *Nietzsche nell'interpretazione heideggeriana*. Bologna: Pàtron, 1982.

126. _____. *Invito al pensiero di Nietzsche*. Milão: Mursia, 1990.

127. _____. "Considerazioni inattuali su alcune interpretazioni italiane di Nietzsche". In: *Nietzsche und Italien. Ein Weg vom Logos zum Mythos?* Tübingen: Stauffenburg Verlag, 1990, p. 9-23.

128. POURTALÈS, Guy de. *Nietzsche en Italie*. Paris: Grasset, 1929; reeditado em Lausanne: Éditions l'Âge de l'homme, 1993; em italiano, *Nietzsche in Italia*. Trad. G. Monanni. Milão: Bompiani, 1945.

129. RENSI, G. "Il socialismo come 'volontà di potenza'", in *Critica Soziale* de 1º de março de 1905.

130. _____. "L'immoralismo' di Federico Nietzsche", in *Riviste Ligure di Scienze Lettere ed Arti*, anno XXVIII, n. 5, setembro-outubro de 1906, p. 287-322.

131. RIGONI, M. A. "Nietzsche e Leopardi: alcuni rapporti e alcune considerazioni", in *Humanitas,* 1980, p. 103 e seguintes.

132. ROSSI, P. "Bibliografia Nietzscheana", in *Il Pensiero critico*, n. 3, 1950, p. 269-275.
133. SABATINI, A. G. "Nietzsche e Leopardi". In: FERRUCCI, C. (org.). *Leopardi e il pensiero moderno*. Milão: Feltrinelli, 1989, p. 173-181.
134. SCARDAONI, F. *Nietzsche e lo spirito dell'avvenire*. Milão: A. Mondadori, 1945.
135. SEVERINO, Emmanuele. *La struttura originaria*. Brescia: La Scuola, 1958; *Essenza del nichilismo*. Brescia: Paideia, 1972.
136. _____. *Il parricidio mancato*. Milão: Adelphi, 1985.
137. _____. "Nietzsche e Gentile". In: *Nietzsche und Italien. Ein Weg vom Logos zum Mythos?* Tübingen: Stauffenburg Verlag, 1990, p. 155-167.
138. STEFANI, M. A. *Nietzsche in Italia. Rassegna bibliografica 1893-1970*. Roma e Assis: B. Carrucci, 1975.
139. SOLMI, S. "Nietzsche e D'Annunzio", in *Il Pensiero critico*, n. 3, 1950, p. 269-275.
140. STURM, Eduard. *Die Nietzsche-Renaissance in Italien*. Viena: VWGÖ, 1991.
141. TARI, Antonio. "Sull'essenza della musica secondo Schopenhauer ed I Wagneriani", in *Archivio Musicale*, anno I, p. 327-337.

_____. *Saggi di estetica e metafisica*. Bari: 1911.
142. TISSI, S. *Nietzsche*. Milão: Edizioni Athena, 1926.
143. TOCCO, F. "Federico Nietzsche", in *L'Italia*, anno I, n. II, 1897, p. 219-244.
144. _____. "Federico Nietzsche", in *Rivista italiana di filosofia*, 1897, p. 28.

145. TOSI, Tito. *F. Nietzsche, R. Wagner e la tragedia greca*. Florença-Roma: Tipografia Bencini, 1905.

146. TROJANO, P. R. "Il tramonto d'un astro", in *Il Campo*, 19 e 26 de março de 1905.

147. VATTIMO, Gianni. *Ipotesi su Nietzsche*. Turim: Giappichelli, 1965.

148. _____. "Nichilismo e problema del tempo in Nietzsche", in *Archivio di filosofia*, n. 3, 1962, p. 143-165.

149. _____. "Chi è il Nietzsche di Heidegger", in: *Filosofia*, n. 1, 1966, p. 3-37.

150. _____. "Nietzsche e la filosofia come esercizio ontologico", in *Filosofia*, n. 3, 1966, p. 287-317.

151. _____. "Gli studi su Nietzsche dal 1945 ad oggi", in *Cultura e scuola*, n. 19, 1966, p. 167-179.

152. _____. *Il soggeto e la maschera*. Milão: Bompiani, 1974.

153. _____. *Le avventure della differenza*. Milão: Garzanti, 1980.

154. VERRECCHIA, Anacleto. *La catastrofe di Nietzsche a Torino*. Turim: Einaudi, 1978.

155. WAGNER, Cosima. *Die Tagbücher 1869-1883*. 2V. Munique: R. Piper e Co. , 1976.

156. ZAMBONI, G. "Rassegna di libri su Nietzsche", in *La nuova Italia*, fascículo 1, janeiro de 1934, p. 16-19.

157. ZOCCOLI, Ettore. "F. Nietzsche", in *Reviste per le signorine*, 1897.

158. _____. *Federico Nietzsche, La filosofia religiosa – la morale – l'estetica*. Turim: Fratelli Bocca, 1898.

159. _____. "Federico Nietzsche", in *La vita internazionale*, n. 14, 1899, p. 40-44.

160. _____. "Zarathustra", in *Il Marzocco*, 30 de abril de 1899.
161. _____. "F. Nietzsche", in *Il Marzocco*, 9 de setembro de 1900.
162. "Federico Nietzsche e l'avvenire delle sue idee", in *La vita internazionale*, n. 3, 1900, p. 613-615.
163. ZWEIG, Stefan. *Le combat avec le démon*. Trad. Alzir Hella. Paris: Belfond, 1983.

INTERPRETAÇÕES NAZISTAS*

Mazzino Montinari

1. O tema "Nietzsche e o nacional-socialismo" corresponde seguramente a uma associação de idéias instintivas, pela qual ainda hoje o intelectual médio italiano, que supomos com sentimentos progressistas, liga ao nome de Nietzsche a ideologia dos sombrios doze anos na Alemanha, a ideologia de Hitler e do seu movimento. Mas se desta formulação genérica nos deslocamos para uma consideração crítica, isto é, se passamos a utilizar os instrumentos da ciência histórica, mesmo sem pretendermos chegar até as particularidades mais concretas, logo percebemos o que fazer com representações vagas que, no melhor dos casos, se servem de conceitos como "violência do além-do-homem", "vontade de potência", "besta loira" e assim por diante, que pretendem e, do mesmo modo como são jogados ali, se deixam assimilar a uma não melhor determinada "ideologia" do nacional-socia-

---

* Artigo publicado em *Cadernos Nietzsche*, n. 7, 1999, p. 55-77. Originalmente editado em *Su Nietzsche,* Roma, Riuniti, 1981. Tradução: Dion Davi Macedo. Agradecimento a João Silvério Trevisan e a Ivo da Silva Jr.

lismo, da qual Nietzsche teria sido o precursor: "... quando a economia capitalista jogou fora as aparências liberais, ele apareceu como um precursor do fascismo. E certamente, queira-se ou não, ele foi *também* isto"; assim se exprime Cesare Cases em um ensaio recente, que de resto oferece algumas considerações muito importantes para aprofundar a compreensão da atitude de Nietzsche com o seu próprio tempo.

Ora, se a tarefa de reconstruir – com os instrumentos da crítica histórica, isto é, fixando-se nos documentos e nos fatos – alguma coisa que possa chamar-se "ideologia nacional-socialista" já é por si mesma muito difícil, pela quantidade mal digerida de mitos e representações de que a "falsa consciência da realidade" se serve para a sua ação política, é igualmente impossível falar seriamente, desde que se permaneça no terreno sólido da história, de uma real assimilação de Nietzsche, como ele realmente foi e pensou, por parte do nacional-socialismo. E este esclarecimento da nossa tarefa parece-me essencial se quisermos começar a refletir criticamente sobre a associação instintiva de idéias de que falei. Os estudiosos do nacional-socialismo que não liquidaram apressadamente o capítulo "ideologia" daquele movimento, os historiadores, tiveram que constatar, com efeito, que Nietzsche era praticamente estranho à esfera ideal, por assim dizer, dos fundadores do nazismo. Rosenberg, que, no *Mito do século XX*, reivindica Nietzsche entre os precursores do movimento, o coloca na companhia bastante discutível de Paul de Lagarde (que foi profundamente desprezado pelo Nietzsche autêntico, quero dizer, pelo Nietzsche pós-wagneriano) e de Houston Stewart Chamberlain (o qual era certamente e com plena legitimidade enumerado entre os seus precursores, mas que, por sua vez, sempre havia combatido Nietzsche a partir de um ponto de vista wagneriano-bayreuthiano e racista). Hitler, por sua conta, certamente não se formou a partir das obras de Nietzsche (cito, para todas, uma das últimas monografias, a de J. Fest), e é até discutível que ele a tenha realmente lido algum dia. Toda a teoria da raça, a base das concepções hitlerianas, era profundamente estranha a Nietzsche e igualmente inclusive o princípio do *Führer*[1]. Gostaria de dizer que seria uma tarefa interminável, caso quiséssemos passar a citar os trechos inumeráveis nos quais Nietzsche ataca a teoria da raça, o mito da raça ariana e, em particular, polemiza com o anti-semitismo. Mas me seja permitido citar um exemplo, talvez particularmente significativo. Uma vez Nietzsche, na primavera de 1887, teve oportunidade de entabular correspondência com um dos mais destacados expoentes do anti-semitismo de seu tempo, que posteriormente – creio que em 1924 – tornou-se inclusive deputado nacional-socialista. Pretendo falar de Theodor Fritsch, que viveu de 1852 a 1933. Citarei uma das duas cartas que Nietzsche lhe responde para persuadi-lo a parar de mandar-lhe o *Antisemitische Correspondez*, do qual Fritsch era redator (lembro ainda que Fritsch foi o autor de um *Catecismo anti-semita*, que teve uma enorme difusão e em 1923 chegou à 29ª edição). Nietzsche escrevia a Fritsch em 29 de março de 1887: "Acredite-me: esta desagradável invasão de enfadonhos diletantes que pretendem dizer a eles sobre o 'valor' dos homens e das raças, esta submissão às 'autoridades' que todas as pessoas sensatas condenam com frio desprezo ('autoridades' como: Eugen Dühring, Richard Wagner, Ebrard, Wahrmund, Paul de Lagarde – quem deles é o menos autorizado e o mais injusto nas questões da moral e da história?), estas contínuas e absurdas falsificações e distorções de conceitos tão vagos como 'germânico', 'semítico',

---

[1] Líder, chefe.

'ariano', 'cristão', 'alemão' – tudo isto poderia enfim realmente encolerizar-me e me fazer perder a indulgência irônica com a qual até agora assisti as veleidades virtuosas e os fariseísmos dos alemães de hoje. – E, para terminar, o que o Senhor acredita que eu sinto quando alguns anti-semitas se permitem pronunciar o nome de *Zaratustra*?". Nietzsche não diz o que sentia quando escreve esta carta, mas pouco depois, em uma nota que se encontrou entre as suas cartas póstumas: "Há algum tempo um certo Theodor Fritsch de Leipzig me escreveu. Não existe na Alemanha um grupo mais cínico e cretino do que estes anti-semitas. Eu lhe desferi, como sinal de agradecimento, um belo pontapé como carta. Esta canalha ousa pronunciar o nome de *Zaratustra*. Nojo! Nojo! Nojo!".

De sua parte, de resto, o mencionado Fritsch aventurou-se, pouco depois da breve correspondência, em uma resenha de *Para além de bem e mal*, a obra de Nietzsche que havia saído um ano antes. Ele encontrou ali, e com boas razões, uma "exaltação dos judeus" e uma "áspera condenação do anti-semitismo". E então liquidava Nietzsche como "filósofo superficial", que não nutria "nenhuma compreensão pela essência da nação" e que, em *Para além de bem e mal*, não fazia outra coisa além de cultivar "tagarelices filosóficas de velhas comadres". As afirmações de Nietzsche a propósito dos judeus não eram para Fritsch outra coisa além de "espirituosidades superficiais de um pobre estudioso de meia-tigela, corrompido pelos judeus". "Por sorte" – concluía – "os livros de Nietzsche são lidos apenas por um par de dezena de pessoas". Foram estas, portanto, as relações reais, concretas, atestadas por documentos, de Nietzsche com o anti-semitismo e com o germanismo, enquanto viveu. Apesar disto os nazistas, como dissemos, o reivindicaram para si, e ainda hoje vale para muitos a frase de Lukács que via em Nietzsche um "precursor intelectual do nacional-socialismo". Voltemos então aos fatos, e desta vez no que se refere às relações dos nacional-socialistas com Nietzsche.

2. É mérito de Hans Langreder, um jovem estudioso alemão, ter iniciado a investigação histórica empírica sobre "a discussão sobre (e com) Nietzsche no Terceiro Reich" com uma dissertação apresentada em 1970 à Universidade de Kiel. Ele pôde, deste modo, constatar que no Terceiro Reich não existia em absoluto um juízo unânime sobre Nietzsche. Ele fala de um *Nietzsche-Bild*[2] positivo (no sentido da ideologia nacional-socialista) e de um negativo. Entre os ideólogos do nacional-socialismo, portanto, havia alguns que procuravam incorporá-lo à sua concepção de mundo, outros para os quais o incômodo, cosmopolita, individualista e impolítico Nietzsche permanecia totalmente inaceitável, outros ainda que procuravam um tipo de mediação entre estas duas posições. Oficialmente foi dada preferência ao *Nietzsche-Bild* positivo, e este *Nietzsche-Bild*, esta imagem de Nietzsche como um dos numes tutelares do nacional-socialismo, ainda hoje tem larga difusão. A figura-chave – no campo dos ideólogos do Terceiro Reich – para esta anexação de Nietzsche ao hitlerismo é, segundo Langreder, um personagem da assim chamada "revolução conservadora", Alfred Bäumler. "No início e no centro do desenvolvimento de um *Nietzsche-Bild* positivo na época nacional-socialista está Alfred Bäumler", lemos na dissertação de Langreder.

Antes mesmo de tornar-se nacional-socialista, Bäumler foi nietzschiano. Após a tomada do poder pelos nazistas, Bäumler, que havia participado na primeira fila da queima de livros "não alemães", não arianos, foi chamado para uma

---

[2] Imagem de Nietzsche.

cátedra convenientemente fundada para ele, a cátedra de Pedagogia Política na Universidade de Berlim; logo depois tornou-se diretor da Seção de Ciência no escritório do "Representante do *Führer* para a fiscalização da formação e educação do Partido Nacional-socialista"[3], como se chamava por extenso o Escritório Rosenberg, sobre o qual um jovem historiador da Universidade de Trier, Reinhard Bollmus[4], escreveu uma precisa e excelente história. Na realidade, Rosenberg foi colocado à parte da esfera do poder efetivo com a instituição desse escritório; os motivos pelos quais ele foi posteriormente justiçado em Nurembergue como criminoso de guerra são, em primeira instância, atinentes ao seu cargo posterior de Ministro para os territórios orientais ocupados pela Alemanha nazista, de 1941 a 1945. Mas voltemos a Bäumler. No início dos anos trinta, Bäumler, que era professor de filosofia e também havia publicado entre outras uma obra sobre a crítica kantiana do juízo, começou a tornar-se conhecido como editor e intérprete da obra de Nietzsche. Primeiramente ele fez sair na biblioteca Reclam duas coletâneas de textos, extraídos basicamente da assim chamada principal obra póstuma de Nietzsche, *A Vontade de Potência*. As duas coletâneas tinham por título *Nietzsches Philosophie in Selbstzeugnissen. Erster Teil: "Das System". Zweiter Teil: "Die Krisis Europas"*[5]. Logo depois,

---

[3] Em alemão: "*Dienststelle des Beauftragten des Führers für dir Ueberwachung der gesamten geistigen und weltanschaulichen Schulung und Erziehung der Nsdap*".

[4] *Das Amt Rosenberg und seine Gegner. Zum Machtkampf im nationalsozialistischen Herrschaftssystem*. Stuttgart, dva, 1970.

[5] Isto é: *A filosofia de Nietzsche exposta tendo por base os textos e testemunhos do próprio Nietzsche. Primeira Parte: "O sistema". Segunda Parte: "A crise da Europa"*.

em 1931, saiu, sempre na biblioteca Reclam, a verdadeira interpretação da filosofia de Nietzsche de Bäumler, com um título que correspondia exatamente à bipartição da precedente seleção de textos: *Nietzsche der Philosoph und Politiker*[6].

Aquele do início dos anos trinta era um período de discussões vivazes sobre Nietzsche. A causa ocasional, por assim dizer, da discussão havia sido fornecida pelo fato de que as obras de Nietzsche a partir de 1930 não estavam mais protegidas pelos direitos autorais (segundo a legislação daquele tempo, 30 anos a partir da data da morte eram o período de tutela dos direitos de um autor: Nietzsche morrera em 25 de agosto de 1900). "Quando as obras de um gênio, trinta anos após a sua morte, tornam-se livre propriedade de seu povo e de todo o mundo intelectual – observa Hans Prinzhorn em 1932 na *Deutsche Rundschau* –, é compreensível que se coloquem em movimento os cérebros e as mãos que vivem no e do mundo da cultura. Quantas oportunidades se oferecem então para que se exponham noções, capacidades, mediações – mas também ambições e malignidades privadas, e simultaneamente para que se produzam negócios e que se reforcem *tendências ocultas da política cultural*".

Foi precisamente naquele período que Erich F. Podach publicou pela primeira vez o laudo médico do manicômio de Jena, onde Nietzsche fora internado nos primeiros dois anos de sua doença (1889-1890). O documento causou sensação no público e desencadeou infinitas discussões, e a irmã de Nietzsche, que tinha mais de oitenta anos, ainda procurou salvar a honra do irmão, dominado pela infecção sifilítica da qual se falava claramente no laudo médico, fazendo sair a campo os amigos do Arquivo Nietzsche e literatos mais ou

---

[6] *Nietzsche filósofo e político*.

menos servis e dispostos a aceitar cegamente as suas recordações ou, pior ainda, os documentos que ela própria fabricava. Depois de vinte anos de silêncio, Josef Hofmiller, redator dos *Süddeutsche Monatshefte* e um dos mais notáveis conhecedores da obra de Nietzsche, retomou nas mãos a pena para dar vazão ao seu mal-estar em relação ao filósofo amado há algum tempo: ele condenava Nietzsche (inclusive na sua polêmica anti-wagneriana) e – expressamente contra Bäumler – queria salvar Nietzsche somente como moralista e escritor. A vida privada de Nietzsche tornou-se alvo de um esforço de desmitização, com a qual se reagia à imagem do "santo" leigo, que sempre fora propagada pelo arquivo weimariano: basta recordar, em relação a isto, o interessante mas nem sempre equilibrado livro de Helmut Brann sobre *Nietzsche e as mulheres*.

Todavia, quem tivesse sabido interpretar os sintomas da época teria chegado à conclusão de que naquele momento se estava realizando uma posterior evolução na história, tão rica de vicissitudes sucessivas, da recepção de Nietzsche na Alemanha. Com efeito, ainda que justamente naquele momento se estivessem formando as interpretações filosóficas de Nietzsche por parte de Karl Jaspers e de Karl Löwith, interpretações que conservam ainda hoje o seu valor[7] (pelo que de modo algum havia necessidade de um Bäumler para que Nietzsche fosse "levado a sério" como filósofo), a intensa discussão sobre a doença de Nietzsche e sobre a sua vida privada certamente não tinha a "assinatura da época", mas justamente a adaptação de Nietzsche às "demandas do dia", às "ten-

---

[7] Agrada-me recordar que o jovem Löwith escreveu em 1927 a sua severa crítica do livro de Klages, um livro no qual se procurava colocar em primeiro plano a assim chamada filosofia vitalista de Nietzsche em total detrimento de seu "intelectualismo".

dências" realmente não demasiadamente "ocultas de política cultural" que surgiam naqueles anos fatais do terreno em fermentação da moribunda democracia de Weimar. E foi justamente este o significado da interpretação bäumleriana de Nietzsche, que muitos naquele momento consideraram como nova. Bäumler, de resto, estava bem consciente da sua tarefa quando respondia a Josef Hofmiller (que, no fundo, era um bávaro conservador): "O que é fatal na influência de Nietzsche sobre o espírito alemão é o fato de que a gigantesca obra contida em suas cartas póstumas não tenha tido influência até hoje de modo correspondente à sua importância. (Os seus únicos e melhores leitores são ainda Klages e Spengler). Para a grande massa Nietzsche continuou a ser ainda o poeta de Zaratustra; sobre as mentes mais sutis ele teve influência mediante duas máscaras suas: 'Dioniso' (*O nascimento da tragédia*) e o 'espírito livre' (os *livros dos aforismos*). Este 'espírito livre' se havia tornado o mestre de um gênero literário praticamente inexistente na Alemanha, o do ensaio moral, psicológico. Como virtuoso de um estilo profundo e ao mesmo tempo conciso, Nietzsche conquistou a geração que entrou na cena literária pública da Alemanha após a sua morte. Naquele tempo ele teve influência como poeta e escritor, e ainda hoje é amado como tal. Donde deriva que as suas obras médias e mais pessoais[8] sejam particularmente apreciadas... Nós constatamos que a esta apreciação se liga necessariamente uma subavaliação dos trabalhos tardios de Nietzsche e dos seus textos póstumos". Até aqui Bäumler.

---

[8] Bäumler refere-se à obras publicadas por Nietzsche entre 1878 e 1882: *Humano, demasiado humano* (1878), *Miscelânea de opiniões e sentenças* (1879), *O andarilho e sua sombra* (1880), *Aurora* (1881), *A gaia ciência* (1882).

Quanto a nós, constatamos, como fato histórico-cultural preciso, que a politização extrema de Nietzsche, como pensador germânico, a sua *Aufnordung* ou nordificação – como seria dito em pouco tempo – era uma novidade para o público intelectual dos primeiros anos trinta: escritores e literatos (como observava ironicamente Bäumler) se viram confrontados com uma imagem de Nietzsche que eles até aquele momento ignoravam. A evolução até este ponto, certo, remontava – ainda em Bäumler – a alguns anos antes, quando ele escreveu o seu ensaio sobre Nietzsche e Bachofen. E, de resto, não faltavam sequer advertências contra a "politização germânica" de Nietzsche: a mais notável de todas está contida no *Balanço parisiense*[9] de Thomas Mann, escrito em 1926; nesse livro se encontram estas memoráveis palavras dirigidas justamente contra o ensaio de Bäumler sobre Nietzsche e Bachofen: "O germanismo elevado e formativo de Nietzsche conhecia, como o de Goethe, outras vias para exprimir-se que não aquelas do grande retorno à matriz mítico-histórico-romântica". E ainda, com um aceno explícito à política quotidiana: "A ficção professoral, para a qual o atual momento da história do espírito pertenceria a uma mera reação romântica contra o idealismo e o racionalismo, contra o iluminismo dos séculos passados, como se hoje, do mesmo modo que no início do século XIX, a 'nacionalidade' se contrapusesse com pleno direito revolucionário à 'humanidade'[10] visto que a primeira seria o elemento novo, pleno de juventude e desejado pela época: esta ficção professoral deve ser determinada por aquilo que realmente é, exatamente uma ficção plena de

---

[9] Em alemão: *Pariser Rechenschaft*. Berlin: Fischer Verlag, 1926. (N.T.)

[10] Em alemão: *Nationalität* e *Humanität*.

tendências dos nossos dias, para a qual importa não tanto o espírito de Heidelberg [isto é, o espírito do romantismo heidelbergiano, que Bäumler havia chamado em causa para a sua interpretação de Nietzsche-Bachofen] quanto o espírito de Munique [isto é, o espírito da cidade alemã que era, naquele momento, o centro do movimento hitlerista]. Não é a Bachofen e ao seu simbolismo dos sepulcros que se refere o que é realmente novo e que quer tornar-se realidade, mas àquele acontecimento e espetáculo na história do espírito alemão que é digno da mais alta admiração pelo seu heroísmo, a saber, o acontecimento e espetáculo da auto-superação do romantismo em Nietzsche e mediante Nietzsche; e nada é mais seguro do fato de que no humanismo [*Humanität*] de amanhã, que deverá ser não somente um além da democracia, mas também um além do fascismo, entrarão elementos de neo-idealismo, suficientemente robustos para contrabalançar o ingrediente do nacionalismo [*Nationalität*] romântico". Até aqui Thomas Mann em 1926: infelizmente o humanismo de amanhã profetizado por Mann ainda deveria se fazer esperar; para o momento – um momento terrível de doze anos de duração que mudariam a face da Europa – teria sobrevindo a insurreição dos pequenos burgueses filisteus contra o espírito e contra o humanismo.

A interpretação de Nietzsche proposta e posteriormente imposta por Bäumler (até aos antifascistas e aos marxistas, que a fizeram justamente em negativo) baseia-se em dois pressupostos metodológicos: 1. A verdadeira filosofia de Nietzsche encontra-se nas suas anotações póstumas (do mesmo modo como foram publicadas até aquele momento pelo Arquivo Nietzsche). 2. Para julgar a obra de Nietzsche é necessário fazer o que ele – segundo Bäumler – não teve tempo de fazer, isto é, é preciso "assumir o trabalho da conexão lógica" na obra de Nietzsche.

O que principalmente importa a Bäumler é: forçar a filosofia de Nietzsche para fazer dela a premissa de uma concepção política, "germânica", que ele pretende "descobrir" em Nietzsche.

De tudo isto derivam duas perguntas, às quais devemos responder: 1. Bäumler soube colher o significado exato dos textos póstumos de Nietzsche? 2. O que aconteceu com Nietzsche em relação à "conexão lógica" que o próprio Bäumler encarregou-se de realizar?

O que nos importa, sobretudo, é indicar, em seguida, se a politização do pensamento de Nietzsche operada por Bäumler é sustentável.

3. Bäumler aceita sem a mínima crítica (à diferença, por exemplo, do próprio Heidegger, para não falar de Jaspers) a compilação que fez história sob o nome de *Vontade de potência*. Ele continuou a fazê-lo mesmo depois da Segunda Guerra mundial, quando foi ativo editor, mesmo que não mais como nazista, mas ainda como editor das obras de Nietzsche junto ao editor Kröner de Stuttgart. Seria interessante, ainda que deprimente, confrontar entre eles os acréscimos de Bäumler à *Vontade de potência* antes e depois da Segunda Guerra mundial. Poder-se-ia, por exemplo, constatar o desaparecimento de frases como esta: "O jovem Nietzsche havia distinguido entre um conceito romanesco, 'decorativo' de cultura, e um conceito de cultura greco-germânico, como *phýsis* potencializada. A sua última obra filosófica, na qual transcreve as sumas, faz deste conceito educativo greco-germânico uma realidade de pensamento".

Todavia, não cabe a mim deter-me sobre as possíveis evoluções pós-bélicas de Bäumler. Ele deve estar, ao contrário, ante os nossos olhos como o nietzschiano convicto, conservador-revolucionário, que naquele momento era um homem na plenitude das suas energias intelectuais, com a idade de 44 anos. Mas eu não gostaria deixar de ressaltar uma diferença de caráter filológico.

Em 1930 ele escrevia: "Na forma pela qual *A vontade de potência* foi conservada podemos reconhecer um grandioso curso de pensamentos, podemos distinguir também breves seções desenvolvidas profundamente, mas não devemos nos esquecer nunca de que não temos diante de nós um livro concluído de Nietzsche. Mesmo que fosse possível, tendo em vista uma futura edição crítica, realizar alguma correção nesta obra, não se chegaria ao que Nietzsche se propunha e àquilo que ele estaria em condições de fazer".

O setentão escrevia, ao contrário, em 1964: "*A vontade de potência* que Gast nos deixou é um documento histórico, que conservará o seu valor mesmo quando todos os manuscritos de Nietzsche forem decifrados e publicados. Quem viveu assim muito tempo e com tanta participação no ambiente de Nietzsche, como Peter Gast, nos fornece algo que permanecerá indispensável para entender e reconstruir *A vontade de potência*".

O Bäumler de 1930 não se recusava, exatamente como o de 1964, a considerar a compilação como uma obra, talvez como a principal obra de Nietzsche, mesmo com a limitação segundo a qual Nietzsche não havia "terminado" aquele livro. Em 1964 o instrumento inerte de Elisabeth Förster-Nietzsche, Peter Gast, um bom homem, fraco e sem nenhuma capacidade filosófica, tornava-se para Bäumler o mediador indispensável para reconstruir a principal obra de Nietzsche. Lamentavelmente até mesmo a irmã de Nietzsche escreveu a um conselheiro seu em 1915, com a ingratidão que a distinguia em relação a quem a havia ajudado, que "Peter Gast não era um estudioso" e "faltava-lhe a consciensiosidade do filólogo" e que, por isto, logo seria necessária uma nova edição dos textos póstumos de Nietzsche! É lamentável também que o próprio Gast reconhecesse que uma edição que publicasse os manuscritos de Nietzsche tal qual estavam teria agradado o especialista, mas que o grande público tinha necessidade de uma compilação. Esta confissão de Gast encontra-se em uma nota a um livro de 1906 no qual August Horneffer (50 anos antes de Karl Schlechta) revelava a insustentabilidade filológica da compilação saída no mesmo ano sob os nomes de Peter Gast e Elisabeth Förster-Nietzsche!

Na realidade, os fragmentos póstumos incompletos, sobretudo os da *Vontade de potência* enquanto *obra*, mesmo que incompleta, tinham para Bäumler uma espécie de valor esotérico: nas anotações póstumas Nietzsche teria dito realmente aquilo que pensava, e Bäumler se sentiu confirmado nesta sua opinião da sistematicidade artificial da *Vontade de potência*: uma obra que permaneceu sinuosa, mas sempre uma obra, que continha o Nietzsche autêntico. Mas justamente esta ótica é errada e causa de falsificações do pensamento de Nietzsche.

Eis as razões.

Os manuscritos de Nietzsche, lidos segundo a sua sucessão cronológica, fornecem uma representação autêntica, praticamente sem lacunas, da sua produção e das suas intenções. Os fragmentos póstumos, publicados segundo a sua cronologia nos manuscritos, encontram-se em uma relação de esclarecimento e de complemento no que se refere às obras terminadas. Isto vale em maior medida para as anotações póstumas dos últimos anos de atividade intelectual de Nietzsche, anotações das quais foi extraída *A vontade de potência*. Por isto é necessário habituar-se a distinguir nitidamente dois modos de considerar a massa de manuscritos que Nietzsche deixou. O primeiro modo consiste em entender todo o conjunto das suas anotações – deixando de lado a sua utilização – como a expressão unitária, em devir, do pensamento de Nietzsche.

O segundo modo consiste em especificar naquele conjunto as intenções literárias de Nietzsche, os seus planos de publicação e – no caso das publicações realmente realizadas – o que deve ser considerado como trabalho preparatório, o que foi descartado e por quê, o que permaneceu no estádio mais ou menos elaborado de fragmento, ainda aberto a eventuais utilizações sucessivas indicadas em eventuais planos, ou – inclusive – totalmente ligado a planos claramente descartados e superados por Nietzsche no decorrer das suas meditações.

Entende-se que, para uma interpretação do pensamento de Nietzsche, os dois modos de considerar o conjunto das suas anotações não podem ser elevados – um em exclusão do outro – como única norma válida. Eles representam, ao contrário, momentos complementares de uma mesma investigação, que é dever do leitor crítico e do intérprete desenvolver[11].

Esta é a única via, descrita no modo mais conciso possível, para aproximar-se de modo crítico dos manuscritos de um autor múltiplo e aparentemente polissêmico como Nietzsche. Mas uma tal maneira certamente não teria atraído o sistemático Bäumler, que se dedicou principalmente a difundir com zelo a presumida obra principal de Nietzsche e a transformou em um *best-seller*, à qual o editor Kröner, mesmo depois da polêmica suscitada pela edição Schlechta em 1956-1958, não quis renunciar.

Vejamos agora o que aconteceu a Nietzsche, uma vez que outros assumiram a tarefa de estabelecer a "conexão lógica" dos seus pensamentos (aquela tarefa para a qual ele não teve, no dizer de Bäumler, o tempo necessário), isto é, vejamos aquilo que Bäumler chama o "sistema Nietzsche".

---

[11] Cf. F. Nietzsche. *Opere*. A cura di G. Colli e M. Montinari, v. VI, tomo III. Milano, 1970, p. 461 e ss.

4. "É igualmente mortal para o espírito ter um sistema ou não ter sistema algum. Ele terá, portanto, de se decidir por uma combinação de ambos", assim escrevia Friedrich Schlegel[12] em um fragmento que também poderia ser de Nietzsche, o qual, de resto, teve com os românticos um relacionamento não somente negativo (recordemo-nos do que disse Thomas Mann a propósito da auto-superação em Nietzsche e mediante Nietzsche). No verão de 1888 Nietzsche escreveu um dos tantos prefácios para o livro que pouco depois renunciaria definitivamente a escrever, *A vontade de potência*. O texto autêntico desse prefácio fragmentário tornou-se conhecido recentemente, seja na nossa edição crítica alemã ou na italiana; nele Nietzsche escreve entre outras coisas: "Desconfio de todos os sistemas e dos sistemáticos e me afasto deles: talvez por trás deste livro se possa descobrir o sistema que eu *evitei*... A vontade de sistema em um filósofo, em termos morais, é uma corrupção mais sutil, uma doença de caráter, e em termos não morais é a sua vontade de apresentar-se como mais tolo do que realmente é. – Mais tolo significa: mais forte, mais simples, mais dominador, mais inculto, mais imperioso, mais tirânico...".

Não se encontra no "sistema Nietzsche" nenhum traço da tensão intelectual que as palavras de Schlegel manifestam ("igualmente mortal para o espírito ter um sistema ou não ter sistema algum") e que podemos ouvir claramente na frase de Nietzsche: "talvez por trás deste livro se possa descobrir o sistema que eu *evitei*".

---

[12] Extraio esta citação do importante livro de Wolfgang Müller-Lauter. *Nietzsche, Seine Philosophie der Gegensätze und die Gegensätze seiner Philosophie*. Berlin, 1971, p. 1. (N.T.: em língua portuguesa ver: SCHLEGEL, Friedrich. *Conversa sobre a poesia e outros fragmentos*. Tradução de Victor-Pierre Stirnimann. São Paulo: Iluminuras, 1994, fragmento A 53.)

O que Bäumler precisa é de um Nietzsche que se apresente "como mais tolo do que realmente é", quer dizer, "mais forte, mais simples, mais dominador, mais inculto, mais imperioso, mais tirânico". Um Nietzsche que não se consegue encontrar precisamente nas últimas anotações póstumas, desde que se decida não a reconstruir um certo Nietzsche, mas a procurar o Nietzsche inteiro do mesmo modo que era, nas suas anotações íntimas, mas também em seus livros e em suas cartas. Bäumler, ao contrário, quis um Nietzsche sem problemas, um Nietzsche reduzido à metade, não o Nietzsche que escreveu: "Profunda repulsa a repousar de uma vez por todas em qualquer consideração totalizante do mundo. Fascínio pelo modo de pensar oposto: não deixar que tirem o estímulo do caráter enigmático".

Sob a fórmula de um "realismo heróico", Bäumler constrói o seu Nietzsche. Ele evidencia os aspectos que mais se ajustam às suas intenções, que são – em última análise, como veremos – sobretudo políticas e extremamente voltadas a atualizá-lo, como já havia salientado Thomas Mann (alguém que também havia lido o seu Nietzsche e o assimilara de modo muito mais criativo do que Bäumler). Nietzsche é, para Bäumler, o ateu radical, apaixonado; à diferença de filósofos como Platão, ele tem a coragem da realidade; como Heráclito, Nietzsche seria um filósofo do devir e da luta, da vontade de potência. Bäumler conhece as obras de Nietzsche e por isto está em condições de expor com uma certa exatidão, por exemplo, os pensamentos essenciais de Nietzsche sobre a teoria do conhecimento. Mas aqui escapa totalmente a Bäumler a problemática das ciências naturais, das quais Nietzsche partiu.

Enunciemos um único nome: se se lê Bäumler, parece que Ernst Mach, um contemporâneo de Nietzsche, nunca existiu e nunca escreveu uma *Análise das sensações* e que

Nietzsche não leu esse livro. E, ao contrário, o cientista e filósofo Mach, que Nietzsche conhecia muito bem (e do qual se conservam ainda hoje na biblioteca de Weimar os livros que Nietzsche possuía) foi naquela época o representante da crítica científica mais radical do causalismo, da concepção mecanicista da física em geral.

O Nietzsche que em 1884 escrevia: "Se penso na minha genealogia filosófica, sinto que me encontro em conexão com o movimento antiteleológico, isto é, espinosista, do nosso tempo, mas com a diferença de que considero uma ilusão inclusive o 'escopo' e a 'vontade' *dentro de nós*; assim também com o movimento mecanicista (redução de todas as questões morais e estéticas a questões fisiológicas, de todas as fisiológicas a químicas, de todas as químicas a mecânicas), mas com a diferença de que não creio na 'matéria' e considero Boscovich como um dos grandes momentos de reviravolta, exatamente como foi Copérnico; de que considero estéril toda partida da auto-reflexão do espírito e que não se pode fazer uma boa investigação sem seguir o fio condutor do corpo. Não uma filosofia como *dogma*, mas como conjunto de elementos que regulam provisoriamente a *investigação*". Este Nietzsche não existe para Bäumler. Exemplos como o de Mach poderiam ser multiplicados à vontade. O "bom europeu" Nietzsche não vive, para Bäumler, na Europa do século XIX. Ele tem muito pouco a compartilhar com intelectos como Stendhal, Baudelaire, Dostoiévski, Tolstói e sequer com outros escritores, poetas e filósofos como Mérimée e Taine, os Goncourt e Renan, Sainte-Beuve e Flaubert, Guyau e Paul Rée, Bourget e Turgenev. É como se Nietzsche nunca tivesse dito aquela frase de *Ecce homo*, tão digna de ser meditada: "Pois, sem contar que sou um *décadent*, sou também seu oposto"[13].

Bäumler fala ainda de uma luta de Nietzsche contra a consciência [*Bewusstsein*] e contra o Espírito [*Geist*], que

Nietzsche teria conduzido tanto na esfera teorética quanto na prática, a favor da vida e seguindo o "fio condutor do corpo" (vimos anteriormente um exemplo do uso desta expressão em Nietzsche). O que Bäumler procura eliminar de seu "sistema Nietzsche" (como, de resto, antes dele Klages) é a tensão global que domina toda a filosofia de Nietzsche entre os dois pólos "espírito" e "vida" (novamente como melhor lia Mann o seu Nietzsche). Do mesmo modo quando Nietzsche, em um aforismo de *Aurora*, fala da paixão do conhecimento cuja felicidade inconsciente da barbárie é odiosa, ou quando em *Assim falava Zaratustra* proclama a incindível unidade de "vida" e "sabedoria", de "espírito" e "vida". Este filósofo intelectualizado ao extremo não existe para Bäumler. Que Nietzsche se considere o herdeiro de uma dissecação moralista que durou dois mil anos, parece igualmente ignorado. Contudo, o próprio Nietzsche escreveu no seu prefácio à segunda edição da *Gaia ciência*: "Um filósofo que passou por muitas saúdes, e que sempre passa de novo por elas, também atravessou outras tantas filosofias: nem pode ele fazer de outro modo, senão transpor cada vez seu estado para a forma e distância mais espirituais – essa arte de transfiguração é justamente filosofia. Nós filósofos não temos a liberdade de separar entre alma e corpo, como o povo separa, e menos ainda temos a liberdade de separar entre alma e espírito"[14].

---

[13] *Ecce homo*. 4a edição. Tradução e notas de Rubens Rodrigues Torres Filho. São Paulo: Nova Cultural, 1987, § 2 (Col. Os Pensadores); *Ecce homo*. Tradução, notas e posfácio de Paulo César de Souza. São Paulo: Companhia das Letras, 1999. Vali-me da tradução de Rubens Rodrigues Torres Filho. (N.T.)

[14] *A Gaia ciência*. 5a edição. Tradução e notas de Rubens Rodrigues Torres Filho. São Paulo: Nova Cultural, 1991, § 3. (N.T.)

Enfim, Bäumler é igualmente constrangido a fazer desaparecer da sua sistematização do pensamento de Nietzsche o conhecimento fundamental sobre o qual se rege *Assim falava Zaratustra*: a teoria do eterno retorno do mesmo, ainda que Nietzsche reservasse, nos planos para *A vontade de potência*, justamente a esta teoria o ponto culminante do último livro. Bäumler rebela-se contra esta teoria e, na medida em que identifica o sistema construído *por ele* ao presumido sistema de Nietzsche, escreve: "Não há nada em seu sistema filosófico com a qual possa ser harmonizada esta eternização daquilo que vem a ser – o pensamento do eterno retorno está solitário na *Vontade de potência* como um bloco errático".

Talvez isto também pudesse ser justo, se explicitamente existisse o "sistema Nietzsche" de que fala Bäumler e o livro que o contém: mas não existe nem o sistema nem o livro. E assim como nos interessa o que Nietzsche disse e não o que Bäumler gostaria que Nietzsche *não* dissesse, somos levados a duvidar do talento interpretativo de Bäumler. Tanto mais que o próprio Nietzsche afirma em um fragmento seu que a "vontade de potência" máxima é "querer o eterno retorno"!

Mas justamente na base dos arbítrios e das mutilações aos quais chamamos a atenção, Bäumler pode preparar o Nietzsche decapitado (segundo uma feliz definição de Löwith), do qual precisa para a segunda parte da sua operação: uma filosofia política pseudo-revolucionária, um "assalto de Siegfried" – como disse Bäumler – "contra a urbanidade do Ocidente". Em síntese, Nietzsche poderá tornar-se um "Siegfried com chifres"; toda ironia, toda ambigüidade, toda espécie de espírito, todo tipo de *esprit* terá sido afastada dele: Nietzsche se tornará guerreiro e igualmente se tornará germânico.

5. Eis que chegamos à última parte, que é também a mais desagradável da nossa reflexão. Com efeito, se já a interpretação filosófica de Nietzsche que Bäumler nos oferece é unilateral, como mostramos, o pensador político que ele procura nos impor não é senão um representante do germanismo, compreensível apenas sobre o confuso fundo do *Mito do século XX*. Se antes Bäumler esforçava-se pelo menos para demonstrar alguma coisa quando se dedicava ao pensamento de Nietzsche, na segunda parte de seu livro todo traço de "honestidade intelectual" – para falar com Nietzsche – é perdido.

O germanismo de Nietzsche é simplesmente afirmado em tom apodíctico. Eis alguns ensaios: "A imanência da filosofia de Nietzsche é vista unida à meta heróica que ela se põe. Nisto consiste o germanismo de Nietzsche".

"Nada era mais odioso à natureza nordicamente-firme [!, exatamente assim: *nordisch-gespannt*] da representação oriental de uma quietude inclinada às delícias... A sua teoria da vontade é a expressão mais completa do seu germanismo".

"Do pensamento central da metafísica greco-germânica nasce a sua grande teoria: que não há uma moral única, mas somente uma moral dos *senhores* e dos *escravos*" (não acreditávamos que para falar de uma moral das classes dominantes diferente daquela das classes dominadas fosse necessário recorrer no século XX a uma metafísica, e mais ainda a uma metafísica "greco-germânica").

"Qual sentimento autenticamente germânico fala da diferença que Zaratustra faz do povo contra o Estado... Nietzsche exprime inconscientemente todo o segredo da história alemã": eis, portanto, que temos Nietzsche como um "alemão inconsciente".

"A mesma aversão em relação ao universalismo do Estado, que observamos entre os alemães, reencontramos entre o povo afim por estirpe aos alemães, a saber, os gregos" (permitamo-nos aqui observar como no curso de um centena de anos entre os alemães a nostalgia de Ifigênia pelo país dos gregos se tenha transformado em uma caricatura bárbara e presunçosa).

Bäumler coloca os gregos contra os romanos e gostaria que Nietzsche também fizesse o seu jogo, porquanto os romanos são, para ele, os fundadores daquela coisa não-alemã que é o Estado (e não se esqueça aqui da atualidade política de um ataque ao Estado não-alemão como era a república de Weimar). Infelizmente não se pode realizar esta operação sem uma "confiável reconstrução" do pensamento político de Nietzsche.

Se Nietzsche escreve, no *Crepúsculo dos ídolos* (1888): "Reconhecer-se-á em mim, mesmo no meu *Zaratustra*, a ambição muito séria de atingir um estilo romano, o '*aere perennius*' no estilo... Não devo aos gregos nenhuma impressão de intensidade análoga; e para dizer isso francamente eles não *podem* ser para nós o que os romanos são. Não se *aprende* com os gregos – o seu estilo é demasiado estranho e demasiado fluído para ter um efeito imperativo, um efeito clássico! Quem é que aprendeu alguma vez a escrever com os gregos? E quem alguma vez teria *aprendido* sem os romanos?".

Bäumler não perde o ânimo e distingue entre a forma pela qual Nietzsche teria aprendido coisas essenciais dos romanos e o conteúdo da sua teoria que, ao contrário, seria "anti-romano". Esquecendo assim que o próprio Nietzsche disse uma vez que quem não entendeu que conteúdo e forma são a mesma coisa não sabe o que é escrever.

Bäumler não se deixa embaraçar sequer com a seguinte passagem do *Anticristo*: "Aquilo que se erguia *aere perennius*, o *imperium Romanum*, a mais grandiosa forma de organização sob condições difíceis que até agora foi alcançada, em comparação à qual todo o antes, todo o depois, é fragmento, remendo, diletantismo – aqueles santos anarquistas se fizeram uma 'devoção', de destruir 'o mundo', isto é, o *imperium Romanum*, até que não restasse pedra sobre pedra – até que mesmo os germanos e outros rústicos puderam tornar-se senhores sobre ele..."[15]. Bäumler comenta deste modo: "Diante dos judeus e dos cristãos, os gregos e os romanos se encontram no mesmo nível. Diante de um adversário mais forte ainda, os antigos inimigos devem se colocar de acordo". Por conseguinte, uma espécie de frente popular – dir-se-ia em alemão *Volksfront*, mas neste caso seria melhor dizer *völkische Front* – contra o cristianismo e o judaísmo! E se o "alemão inconsciente" Nietzsche fala de "alemães e outros rústicos" ou de "alemães e outros atrasados", apesar de tudo o seu ataque ao cristianismo continua a ser um ataque de Siegfried: "O paganismo nórdico é incomensurável, fundo tenebroso, do qual o combatente temerário emerge contra a Europa cristã". Isto certamente é dito de modo muito mítico e tenebroso, mas nem por isto as coisas mudam em relação ao que disse Nietzsche.

Poderíamos ainda dizer como Bäumler se esforça para demonstrar que Nietzsche não deve nada à cultura francesa, que Nietzsche, por isto, não é um psicólogo; que o culto do Renascimento italiano por parte de Nietzsche não significa

---

[15] *O Anticristo*. 4a edição. Tradução e notas de Rubens Rodrigues Torres Filho. São Paulo: Nova Cultural, 1987, § 58. (N.T.)

que ele tenha realmente tomado partido da Igreja romana contra a Reforma (e de resto, observa o germânico Bäumler, sem sombra de ironia, é extremamente provável que a maior parte das famílias nobres que fez o Renascimento fosse de origem germânica!!!).

Mas preferimos encerrar esta deprimente enumeração de citações com a última palavra dita por Nietzsche a propósito das suas relações com os alemães, com os franceses e com a psicologia. Ela se encontra em *Ecce homo*: "Os alemães... jamais terão a honra de ver associado ao espírito alemão o primeiro espírito *reto* da história do espírito [Nietzsche fala de si mesmo], o espírito no qual a verdade leva a julgamento a falsificação de quatro milênios. O 'espírito alemão' é o *meu* ar ruim: respiro com dificuldade na vizinhança dessa impureza *in psychologicis* tornada instinto, que cada palavra e cada gesto de um alemão revelam. Eles nunca passaram por um século XVII de duro exame de si mesmo, como os franceses – um La Rochefoucauld, um Descartes são cem vezes superiores em retidão aos primeiros alemães –, até hoje jamais tiveram um psicólogo. Mas a psicologia é quase que a medida do *asseio* ou *desasseio* de uma raça... E quando não se é sequer asseado, como se poderia ser *profundo*? ... E se ocasionalmente elogio Stendhal como profundo psicólogo, ocorreu-me encontrar catedráticos alemães que me fizeram soletrar seu nome..."[16].

---

[16] *Ecce homo*. Tradução, notas e posfácio de Paulo César de Souza. São Paulo: Companhia das Letras, 1999. (EH/EH, "O caso Wagner", § 3). (N.T.)

6. "Ai de mim, eu sou uma dinamite", exclama Nietzsche em seu testamento, no *Ecce homo*, apresentando muito bem os grosseiros equívocos aos quais sua obra era destinada em meio aos alemães. Quanto a nós, após termos constatado a insustentabilidade da anexação ideológica de Nietzsche ao nacional-socialismo no caso específico de Bäumler, procuraremos precisamente não admitir a existência de um problema histórico, o das razões que induziram os expoentes da política "cultural" e da propaganda nazista a servir-se de Nietzsche. Esta investigação, no entanto, deveria finalmente deixar de lado o método partenogenético-ideológico e passar ao terreno dos fatos: analisar, por exemplo, os artigos (inclusive os dos jornais) nos quais se falava de Nietzsche ao povo alemão durante o Terceiro Reich, ou fazer uma investigação sobre quais foram as obras de Nietzsche mais freqüentemente publicadas e popularizadas naqueles dozes anos, e assim por diante. Disso se extrairia certamente um interessante quadro de violência ideológica e propagandística, sequer demasiado hábil, de "terrível simplificação", de um Nietzsche muito diferente de uma "dinamite".

Eu quero observar ainda, para terminar, que o que Cesare Cases definiu muito espirituosamente "desorrorização" de Nietzsche não tem absolutamente nada a ver com este tipo de trabalho histórico, que consiste em distinguir a recepção de Nietzsche no Terceiro Reich, por um lado, e a interpretação do que Nietzsche disse na sua própria época, por outro. Com efeito, o Nietzsche "falsificado" da famigerada "irmã" é *até o momento um outro problema*: ele tem a ver – além de com os problemas pessoais do "Lama" e a sua obtusidade mental fundamental – muito mais com a Alemanha de Guilherme II do que com a de Hitler. Eu gostaria, ao contrário, de ousar esta afirmação: o telegrama da decrépita

Elisabeth (que nasceu em 1846) a Mussolini-Hitler, por ocasião de seu encontro em Veneza em junho de 1934 ("*Die Manen Friedrich Nietzsches umschweben das Zwiegespräch der beiden grössten Staatsmänner Europas*")[17], não é suficiente para transformá-la em uma nacional-socialista (com efeito "retroativo" sobre a sua edição das obras e das cartas, que se concretiza totalmente entre 1894 e 1909), como não são suficientes, a meu ver, nem as visitas que Hitler fez a ela no mesmo ano (20 de julho e 02 de outubro), nem a coroa de flores que o assim chamado *Führer* enviou a Weimar, quando Elisabeth morreu, um ano depois. Seja-me permitido citar, a este respeito, do meu comentário a *Ecce homo*: "Notemos... que... também se deixou de 'culpabilizar' Elisabeth Förster-Nietzsche por todos os abusos vinculados ao nome de Nietzsche enquanto 'filósofo do nacional-socialismo'; mas esta é uma simplificação inadmissível e uma nova lenda. Os Bäumler (e também os Lukács) e todos aqueles que mutilaram 'ideologicamente' Nietzsche fizeram isto por sua conta e não precisaram 'ser iludidos' pela irmã mais do que octagenária. Compreender o pensamento de Nietzsche e interpretá-lo sem deformações ideológicas era possível mesmo sob o 'império' de Förster-Nietzsche em Weimar".[18]

---

[17] "A força de Nietzsche paira sobre o diálogo dos dois maiores homens políticos da Europa".

[18] Cf. F. Nietzsche, *Opere*, cit., v. VI, tomo III, p. 566.

REFERÊNCIAS BIBLIOGRÁFICAS

1. BÄUMLER, Alfred. *Nietzsche der Philosoph und Politiker*. Biblioteca Reclam, 1931.
2. BOLLMUS, Reinhard. *Das Amt Rosenberg und seine Gegner. Zum Machtkampf im nationalsozialistischen Herrschaftssystem*. Stuttgart: dva, 1970.
3. MANN, Thomas. *Pariser Rechenschaft*. Berlin: Fischer Verlag, 1926.
4. MÜLLER-LAUTER, Wolfgang. *Nietzsche, Seine Philosophie der Gegensätze und die Gegensätze seiner Philosophie*. Berlin: W. de Gruyter, 1971.
5. NIETZSCHE. F. *Sämtliche Werke – Kritische Studienausgabe*. Berlin: W. de Gruyter, 1980.
6. _____. *Opere*. A cura di G. Colli e M. Montinari, Milano, 1970.
7. _____. *Obras incompletas*. Tradução e notas de Rubens Rodrigues Torres Filho. São Paulo: Nova Cultural, 1987 (Os Pensadores).
8. _____. *Ecce homo*. Tradução, notas e posfácio de Paulo César de Souza. São Paulo: Companhia das Letras, 1999.
9. SCHLEGEL, Friedrich. *Conversa sobre a poesia e outros fragmentos*. Tradução de Victor-Pierre Stirnimann. São Paulo: Iluminuras, 1994.

EQUÍVOCOS MARXISTAS*

Mazzino Montinari

Que me seja permitido, antes de tudo, constatar uma coisa que já está presente na consciência de todos aqueles que decidiram, inclusive na Itália, ocupar-se criticamente de Nietzsche. Quer dizer, parece-me que hoje não se volta mais às obras desse filósofo para delas extrair, aqui e ali, alguma inspiração circunscrita, por exemplo, a respeito de algumas questões de história da literatura alemã (como fazia com incontestável fineza Vittorio Santoli em sua *Storia*) e que também não se limita somente a considerar Nietzsche um esplêndido artista ou como "o grande e pérfido agressor da palavra" (Gramsci), ou, quem sabe, investigar a importância de sua crítica à civilização burguesa. Tudo isto não é mais suficiente para nós hoje. Na realidade, inclusive na Itália, busca-se uma nova medida que permita aproximar-se dessa figura complexa e ainda carregada de um fascínio demoníaco, que simultaneamente atrai e afasta. Quer-se, em suma, na maioria das

---

* Artigo publicado em *Cadernos Nietzsche*, n. 12, 2002, p. 33-52. Originalmente editado em *Su Nietzsche,* Roma, ed. Riuniti, 1981, p. 90-103. Tradução: Dion Davi Macedo.

vezes, fazer justiça a Nietzsche, recriar uma imagem, um *Nietzsche-Bild* – como dizem os alemães – que o situe em uma nova luz.

No grande "infortúnio" que é a assim chamada "fortuna" de Nietzsche, são sempre mais estimulantes para uma nova reelaboração crítica não os seus vulgarizadores fascistas ou estetizantes (como Mussolini e d'Annunzio, ou, para apresentar nomes "mais sérios", Alfred Bäumler e Ernst Bertram), mas os escritores, filósofos, romancistas, os grandes intelectuais, em suma, os que sempre reconheceram seu débito em relação a Nietzsche e que certamente não se encontram ao lado de seus utilizadores fascistas: pensamos, em primeiro lugar, em Heinrich, Thomas Mann, Robert Musil, Karl Jaspers, Edgar Salin e em Karl Löwith, para o mundo alemão, em Gide, Camus, Sartre e Valéry para o francês. E outros nomes poderiam ser apresentados nessa linha, que é a linha da assimilação original e fértil da problemática nietzschiana. Sem contar o fato de que praticamente não há hoje autor ou corrente literária, artística e filosófica dos primeiros 50 anos do século XX que não seja examinado em sua relação com o "fenômeno" Nietzsche.

Na Itália é sintomático que vários estudiosos próximos ao marxismo, como Paolo Chiarini e Ferruccio Masini, sintam a mesma exigência de um reexame crítico da herança de Nietzsche. Tudo isto explica, entre outras coisas – se é lícito já interpretar "historicamente" a própria atividade –, porque se sentiu a necessidade de uma nova edição crítica das obras de Nietzsche. Decerto, há uma dezena de anos, quando se começou a falar da edição italiana das obras de Nietzsche, esta não foi geralmente sentida como um fato, não dizemos positivo, mas ao menos novo para a nossa cultura: viu-se nisto antes de tudo o perigo de um reflorescimento de velhos vícios da cultura, ou melhor, da subcultura italiana. Temia-se um perigoso retorno ao assim chamado irracionalismo de que a edição das obras de Nietzsche seria um sintoma. Já naquele momento, Delio Cantimori tomou posição quanto aos temores expressos por Cesare Vasoli em relação a isto, ressaltando, ao contrário, a necessidade de uma boa edição italiana das obras de Nietzsche e o valor libertador de um conhecimento filologicamente adequado de seu pensamento. Que se tratava de uma exigência atual e reconhecida, demonstrou-o ainda mais posteriormente a transformação daquela que deveria ser simplesmente uma boa edição italiana em uma edição crítica do texto original.

No confronto crítico com Nietzsche de que tanto se falou, assume uma particular importância a interpretação que deu deste pensador um dos máximos críticos marxistas do nosso tempo: Georg Lukács. E isso pelas seguintes razões: 1) antes de tudo pela própria importância que o marxismo, enquanto filosofia ou concepção de mundo, tem no nosso presente, no mundo inteiro; 2) porque a interpretação de Lukács influenciou profundamente estudiosos marxistas e não marxistas, e, em geral, porque as agudas aplicações lukacsianas do método marxista ao terreno da história da cultura (pense-se em sua interpretação de Goethe ou Thomas Mann e, mais geralmente, em sua visão da história da literatura alemã) são ainda hoje largamente aceitas e utilizadas, até lá onde – na seqüência dos acontecimentos políticos húngaros de 1956 – se evita proferir o nome de Lukács, quer dizer, na maior parte daqueles países que costumamos chamar de socialistas.

As dificuldades intrínsecas da aplicação do método marxista aos fatos pertinentes à superestrutura são conhecidas. Uma discussão de princípio sobre o modo estabelecido por Lukács para interpretar a literatura, a filosofia e a arte em geral não deve ser anteposta às nossas considerações, talvez, ao contrário, delas possam derivar alguns elementos que esclareçam a questão geral de método. Além disso, seja-me permitido uma especificação de caráter pessoal, no modo menos convencional possível: eu não me considero marxista e naturalmente sequer nietzschiano, mas, de maneira bem diferente, um estudioso de Nietzsche e também de Marx e de Engels.

Se deixarmos de lado as freqüentes referências ocasionais a Nietzsche que se encontram em todas as obras de Lukács, inclusive a partir dos ensaios "pré-marxistas" de *Die Seele und die Formen,* referências que testemunham um conhecimento aprofundado e um debate contínuo – que valeria a pena reconstruir por inteiro –, os escritos nos quais Lukács dedica-se à interpretação de Nietzsche são três: o primeiro, agora incluído nas *Contribuições à história da estética,* foi escrito em 1934 sob o título de *Nietzsche como precursor da estética fascista*; o segundo, escrito durante a guerra em 1943, tinha por título *O fascismo alemão e Nietzsche* e reapareceu, por sua vez, na coletânea *Schicksalswende* ("Reviravolta do destino"), uma série de ensaios que deveriam ser – como diz o subtítulo dessa coletânea em 1948 – "contribuições para uma nova ideologia alemã"; a nova "ideologia alemã", no sentido atualizado da obra homônima de Marx e de Engels, converteu-se em seguida, em 1952, na grande obra intitulada *A destruição da razão* que, um pouco repetindo o título de uma obra de Peter Viereck, *Dos românticos a Hitler,* tinha como subtítulo "O caminho do irracionalismo de Schelling a Hitler"; nesta obra, o capítulo central é o terceiro, cujo título é "Nietzsche como fundador do irracionalismo do período imperialista". Os três trabalhos sobre Nietzsche são igualmente etapas de um requisitório contra o próprio Nietzsche, que se torna sempre mais rígida e conseqüencial. Se, especialmente no terceiro ensaio, Lukács procurava conservar as diferenças entre Nietzsche e a ideologia fascista, personalizada particularmente não tanto por Hitler quanto por Alfred

Rosenberg e ainda mais por Alfred Bäumler, é justamente porque ele admitia que, tudo somado, a incorporação da herança espiritual de Nietzsche ao Terceiro Reich era, se não totalmente ilegítima, pelo menos grosseira. No capítulo mencionado de *A destruição da razão,* a condenação era global na mesma medida em que o pensamento de Nietzsche era praticamente assimilado à ideologia do fascismo e do imperialismo, enquanto antecipação ideal, no sentido da apologia indireta do capitalismo, desses dois fenômenos políticos do nosso tempo.

Em certos casos, ao contrário, como a propósito da aversão de Bäumler a uma das idéias fundamentais de Nietzsche, a saber, em relação à idéia do eterno retorno do mesmo, Lukács era solícito em esclarecer ao próprio Bäumler que, na realidade, essa teoria pseudo-religiosa e pseudo-científica harmonizava-se muitíssimo bem com a teoria da vontade de potência – naturalmente muito apreciada por Bäumler. A ser assim, o Nietzsche de Lukács tornava-se, sem dúvida, mais fascista do que o Nietzsche de Bäumler.

Ao Nietzsche de *A destruição da razão* pretendemos voltar, portanto, a nossa atenção, justamente porque aqui o ajuste de contas é o mais radical possível e porque esta interpretação nos parece ser a última palavra que Lukács deu sobre Nietzsche. Posso também testemunhar que, tendo sido convidado para colaborar com um periódico internacional dedicado ao estudo de Nietzsche, os *Nietzsche-Studien,* Lukács fez saber aos meus colegas redatores e a mim que não sentia nenhuma necessidade de acrescentar nada mais àquilo que já havia dito a respeito.

Dados os limites inerentes a uma intervenção como esta, não poderei fornecer senão alguns elementos – que deverão ser os mais concretos possíveis – e, simplesmente, encaminhar uma discussão sobre as interpretações marxistas de

Nietzsche. O tema, com efeito, é muito mais vasto do que nos parece à primeira vista, já que ele não apenas propõe em termos gerais – como já indicamos – o problema das relações entre a base econômica-social e a superestrutura, mas – e em conexão com isto – o problema ainda mais geral das relações entre filosofia e concepção materialista da história, isto é, aquele problema que era vislumbrado por Gramsci quando escrevia, a propósito da "historicidade" do materialismo histórico ou da filosofia da *práxis,* que esta, "nascida como manifestação das íntimas contradições que dilaceram a nossa sociedade..., não pode subtrair-se ao atual terreno das contradições", todavia, é também provisória, graças à "historicidade de toda concepção de mundo e de vida". Ou melhor, "pode-se até chegar a afirmar" – escrevia ainda Gramsci – "que, enquanto todo o sistema da filosofia da *práxis* pode tornar-se caduco em um mundo unificado, muitas concepções idealistas, ou pelo menos alguns aspectos dessas concepções, que são utópicas no reino da necessidade, poderão tornar-se verdade".

Uma das estruturas indicadoras da interpretação lukacsiana de Nietzsche é o que Lukács chama de a "apologia indireta" da sociedade burguesa. O método da apologia indireta consiste na "difamação" de toda ação social, particularmente da tendência de mudar a sociedade. Os representantes da apologia indireta do sistema burguês (como Schopenhauer, Kierkegaard e, posteriormente, Nietzsche) isolam o indivíduo e – aparentemente criticando a sociedade existente – colocam ideais tão altos e em contraste com a realidade a ponto de dispensar o próprio indivíduo de sua atuação e induzi-lo a deixar tudo como está: a crítica, portanto, é aparente porque se resolve na defesa ou ao menos na aceitação do sistema existente.

Desse modo, Lukács impede qualquer tentativa de referir-se a Nietzsche como crítico da civilização burguesa, como, por exemplo, havia feito Thomas Mann em seu discurso "Nietzsche à luz da nossa experiência", em 1947. Assim Nietzsche, mais ainda do que por aquilo que dissera concretamente em seu tempo, é julgado por aquilo que o seu discurso poderia produzir como efeito sobre os intelectuais de uma época posterior. Lukács critica Franz Mehring por este ter afirmado uma vez que o nietzschianismo poderia constituir para os jovens de proveniência burguesa uma etapa na passagem para as idéias socialistas.

Lukács quer demonstrar que a obra de Nietzsche não é senão "uma contínua polêmica contra o marxismo, contra o socialismo", ainda que Nietzsche, como Lukács admite, jamais tenha lido uma linha de Marx e de Engels.

A apologia indireta é refinada por Nietzsche com novos meios. Antes de tudo, mediante o *mito*. Lukács considera que se deva falar, para todos os componentes do pensamento de Nietzsche, de mitologia, de mitização. E quem sabe a mais de um leitor de Nietzsche parecerá que o termo *mito* deva ser aplicado a concepções como: vontade de potência, eterno retorno do mesmo, além-do-homem, etc.

Karl Löwith observou justamente, em polêmica com Bertram, a importância do conhecimento – adquirido, diz ele, de Hegel e de Jacob Burckhardt – segundo o qual nada nos distingue, homens modernos, dos antigos quanto à falta de uma verdadeira mentalidade mítica, de um autêntico modo de pensar mítico. Mas, se isso se aplica com plena razão contra qualquer tentativa de Bertram de extrair das trevas da lenda a vida e o pensamento de Nietzsche, deve-se ressaltar ainda mais o fato de que o conhecimento do fim irremediável de todo mito foi uma conquista do próprio

Nietzsche, isto é, a partir do momento em que ele se libertou definitivamente das suas ilusões wagnerianas e schopenhauerianas (por volta de 1875-76) e nunca mais pensou na restauração do mito germânico a que havia dedicado páginas entusiásticas no *Nascimento da tragédia*. Deve ser lida nesta chave a *Segunda extemporânea* sobre a história: referindo-se à consciência de Nietzsche de que não é mais possível recuperar o horizonte inconsciente, circunscrito pelo mito, uma consciência desabrochava nele entre 1873 e 1874. O próprio Nietzsche disse mais tarde, de resto, que criticou a doença histórica estando, ao mesmo tempo, bem decidido a não renunciar ao "sentido histórico". Aquele sentido histórico que, na quarta parte de *Assim falava Zaratustra,* na personificação do "mais feio dos homens" ou "mais sórdido", é exatamente o assassino do mito dos mitos: de Deus.

Quando, em 1883, Nietzsche escrevia: "Antes do meu primeiro período (a saber, exatamente antes do período wagneriano-mítico), zomba o rosto do jesuitismo, quero dizer, o crescente agarrar-se à ilusão (sabendo que ela é ilusão) e a forçada assimilação da própria ilusão como fundamento da cultura", o que ele queria manifestar senão o seu distanciamento de qualquer mito? O mito é obra dos intérpretes de Nietzsche: de Bertram, Bäumler e do próprio Lukács, os quais vêem no eterno retorno do mesmo, na vontade de potência e no além-do-homem outros tantos mitos, enquanto que, para Nietzsche, estas idéias eram derivadas de sua "paixão pelo conhecimento": não importa se posteriormente ele recorria ao estratagema de colocá-las na boca de personagens mais ou menos "míticas" como Zaratustra e o deus Dioniso. O eterno retorno, como desenvolvimento conseqüente – ao menos aos olhos de Nietzsche – de uma rígida concepção determinista e imanentista de mundo depois da morte de Deus, é uma teoria filosófica, não um mito, uma conquista cognitiva, não uma invenção lendária. E, quanto ao além-do-homem, pode-se dizer que ele é uma espécie de postulado moral, que deriva justamente daquela teoria que sanciona a condenação eterna do homem à finitude. Mal informados dos delírios, estes sim realmente mitológicos, principalmente de Peter Gast em sua introdução a *Assim falava Zaratustra* (1893), posteriormente de Bertram e de todos os menores intérpretes "míticos" de Nietzsche, termina-se por esquecer a origem real de suas idéias, como, por exemplo, a sua relação, no que se refere ao eterno retorno, com as teorias cosmológicas de seu tempo, de que se encontra um eco na *Dialética da natureza* de Engels, um autor ao qual certamente ninguém poderá censurar ter fraqueza por mitos de qualquer tipo.

E mesmo a fórmula da vontade de potência não pode ser considerada um mito, mas como um resultado que – contanto que as intenções de um autor sejam válidas —, para Nietzsche, era filosófico e científico. O filosofar de Nietzsche se desdobrava justamente no interior dos limites de um mundo que não admitia transcendência alguma, através do qual foram destruídos todos os mitos, todas as ilusões, a começar pelas ilusões morais, um mundo ao qual Nietzsche acreditava dever restituir como parte integrante inclusive os aspectos – como ele diz – mais caluniados: apenas por esse caminho é possível explicar o imoralismo de Nietzsche, que é tema da genealogia da moral, crítica e desmascaramento de todo costume e ética.

Para Lukács, ao contrário, o conteúdo da filosofia de Nietzsche reduz-se à luta contra a "concepção proletária de mundo". Onde estava essa concepção de mundo para que Nietzsche pudesse conhecê-la e combatê-la? Lukács já o disse: sem conhecê-la, Nietzsche a combatia.

Quanto a nós, gostaríamos de observar que tudo o que Nietzsche disse sobre os problemas políticos e sociais de seu tempo somente ganha sentido se referido à realidade em que ele vivia, ou melhor, à parte da realidade que ele conhecia.

Neste sentido, Nietzsche conhecia muito pouco o movimento socialista de seu tempo, ou, melhor dizendo, compartilhava mais ou menos todos os preconceitos do limitado ambiente luterano-provincial da Saxônia – particularmente da cidade de operários de Naumburg – e posteriormente acadêmico de Leipzig e de Basiléia, e, enfim, vagamente cosmopolita de Nizza, Sils-Maria, etc., a respeito do socialismo.

Ainda na *Quarta extemporânea,* "Richard Wagner em Bayreuth" – escrita entre 1875-76 –, encontram-se sinais de uma utopia vagamente socialista, mas será o máximo das concessões feitas por Nietzsche à opinião pública genericamente humanitária que (apesar do anti-semitismo, ou, melhor ainda, justamente de acordo com o anti-semitismo) era própria do movimento wagneriano.

A partir de *Humano, demasiado humano,* isto é, a partir de 1876, Nietzsche acentua o seu individualismo antipolítico e – visto que, segundo os esquemas da polêmica liberal anti-socialista, que ele aceita acriticamente, o socialismo representa o máximo de Estado possível – eis que lança contra os socialistas a palavra de ordem "menos Estado possível!" (que, de resto, assume de Paul de Lagarde). Mas como não recordar, neste ponto, que justamente em 1875, em sua *Crítica ao programa de Gotha,* Marx criticava a fé da seita lassalliana no Estado, que – juntamente com a fé nos milagres da democracia, própria dos eisenachianos – havia "empesteado" o programa do congresso de unificação dos dois troncos (os lassallianos, justamente, e os eiseinachianos) do movimento socialista alemão?

E, a este respeito, não terá o seu peso a circunstância de que o único expoente importante da social-democracia alemã de algum modo conhecido por Nietzsche fosse Lassalle?

Das cartas trocadas em 1867-68 entre Gersdorff e Nietzsche, sabemos que os dois jovens amigos nutriam grande simpatia por Lassalle. Nietzsche considerava ter vislumbrado "a irracional grandeza" entre as linhas de um libreto impregnado de "catolicismo e reação" (como escrevia, justamente, ao amigo Gersdorff, o qual, por sua vez, o convidava a ler o texto de Lassalle contra Schulze-Delitzsch).

Em seguida, certamente terão sido importantes, para a imagem que Nietzsche fez do socialismo, os colóquios realizados com Cosima e Richard Wagner em Tribschen, entre 1869 e 1872. De Cosima, sabemos que, na época de sua convivência matrimonial com Hans von Büllow em Berlim (1858), seu salão era freqüentado não apenas por Bruno Bauer e Hoffmann von Fallersleben, mas também por Lassalle, Lothar Bucher e Georg Herwegh. Todos os três – estes últimos – ligados à história do próprio movimento socialista. E quanto ao próprio Wagner, recorde-se de que justamente naqueles anos ele escrevia a sua autobiografia, a qual Nietzsche organizou a publicação privada na Basiléia e que, portanto, conhecia a página – que passou pela censura de Cosima – na qual Wagner narra a sua experiência revolucionária de 1849 em Dresden e, sobretudo, o seu encontro com Bakunin. Como não supor que também aqui, através dos colóquios com Wagner, tenham-se aberto para Nietzsche outras fontes de conhecimento do socialismo na Alemanha da época?

Não se negligencie, ainda, entre as fontes por assim dizer pessoais de Nietzsche sobre o socialismo e sobre os movimentos políticos em geral de seu tempo, o conhecimento travado com Malwida von Meysenburg, a "idealista", que viveu com o revolucionário democrático russo Herzen. E tampouco um colóquio confirmado para 1875 – por meio de uma amiga dos anos de Basiléia, a alsaciana Marie Baumgartner –, com um certo Cook, um proudhoniano até hoje não muito bem identificado por nós.

Apesar de tudo, Nietzsche não se inclinou nunca a um conhecimento científico nem da economia política burguesa nem do movimento operário europeu. De Marx, Nietzsche provavelmente leu, a custo, o nome: a sua fonte era, em geral, especialmente ruim, já que se chamava Eugen Dühring! Mas Nietzsche vê, precisamente em Dühring, um expoente do comunismo e do anarquismo – os dois termos são, para Nietzsche, intercambiáveis –, e à leitura de suas obras, junto com a do *Manual de economia política* de Carey – por sugestão de Dühring –, reduz-se praticamente tudo quanto Nietzsche fez para conhecer a questão por excelência de seu tempo, a assim chamada "questão social".

Deste modo, não podemos nos espantar com o fato de Nietzsche concentrar a sua polêmica anti-socialista na questão da "igualdade" – que, no seu entender, era a principal reivindicação do movimento socialista. Antes de passarmos ao motivo de fundo dessa polêmica antiigualitária, observemos que devia mesmo haver alguma razão para tanto, já que Marx, na *Crítica ao programa de Gotha,* demolia a "velharia das frases antiquadas sobre a igualdade" ainda correntes nas fileiras do socialismo alemão e que justamente Dühring, cuja concepção abstrata de igualdade (emprestada de Rousseau) era criticada por Engels alguns anos depois, teve tanta fortuna na social-democracia alemã. Decerto, Nietzsche não estava suficientemente – nem correntemente – informado sobre o movimento socialista de seu tempo e este é um grave limite; todavia, deveríamos então nos perguntar – após termos visto as suas razões concretas – se por acaso não há um outro modo de explicar esta lacuna. O fato é que não era o socialismo o alvo central da polêmica antiigualitária de Nietzsche, mas o próprio cristianismo que, pregando a teoria da igualdade das almas diante de Deus, havia acrescentado, aos seus olhos, uma outra calúnia a todas as outras – filosóficas e religiosas – dirigidas contra o mundo aparente, sendo que este constitui, para o filósofo alemão, o único mundo verdadeiro – pois, segundo uma célebre passagem do *Crepúsculo dos ídolos,* o mundo aparente acaba por completo quando acaba o assim chamado mundo verdadeiro, transcendente (cf. GD/CI "Como o 'verdadeiro mundo' acabou por se tornar em fábula").

Desta perspectiva anticristã, pode-se chegar a: 1) compreender o porquê do anti-socialismo de Nietzsche (com os limites de conhecimento sobre o socialismo comuns a todos os intelectuais de seu tempo e de seu ambiente, de que já falamos); 2) estabelecer o que era primário no pensamento de Nietzsche: a luta contra o cristianismo (ou contra o que ele chama de niilismo, pessimismo) ou, então, a polêmica política, em muitos aspectos absolutamente limitada, amesquinhada e com os estigmas da proveniência pequeno-burguesa de Nietzsche. (E talvez não haja nenhuma necessidade de referir-se àqueles traços socialistas que Thomas Mann, em 1947, queria ver no pensamento de Nietzsche).

Lukács, portanto, exagera ao colocar no centro do pensamento e da vida de Nietzsche a sua polêmica contra o socialismo, ao interpretá-la a partir de "dentro" – a propósito, inclusive, de problemas de natureza não estritamente política como os de conhecimento ou de estética. A sua reconstrução de Nietzsche tem o preço de todas as coisas unilaterais, é coerente, liqüida o problema.

Mas que me seja permitido, agora, deter-me em um par de particularidades filológicas.

Na *Destruição da razão,* a polêmica de Nietzsche contra Bismarck é interpretada como uma polêmica de direita. Para fazer isso, Lukács cita alguns textos. O primeiro destes é uma passagem da carta de Nietzsche à irmã Elisabeth, datada por volta da metade ou do fim de outubro de 1888 (veremos, posteriormente, por que as datas podem oscilar tanto!). Lukács fala de uma tomada de posição de Nietzsche a favor de Guilherme II e contra Bismarck e menciona a seguinte passagem da carta citada: "O nosso novo imperador me agrada cada vez mais... a vontade de potência como princípio já seria compreensível para ele!". Em alemão: *"Der Wille zur Macht als Prinzip wäre ihm schon verständlich!"*.

Além do fato de que, no plano geral tão discutível e contingente dos desabafos epistolares, Lukács poderia ter recordado das simpatias de Nietzsche por Frederico III, o imperador liberal dos 99 dias[1] (como se recordou Thomas Mann, com o desejo de fazer parecer politicamente mais aceitável o filósofo de sua juventude), deve-se dizer que ele negligencia as razões que Nietzsche assume pela sua simpatia por Guilherme II – a saber, o distanciamento (provisório) do "jovem imperador" da crítica anti-semita de Adolf Stöcker, o pregador da corte. Mas, como se isto não bastasse, a ironia da sorte quis justamente que as palavras decisivas "a vontade de potência como princípio já seria compreensível para ele" fossem uma dupla falsificação. Isso é resultado de uma carta de Peter Gast a Ernst Holzer, de 26 de janeiro de 1910 (naquele momento Gast tinha há pouco e definitivamente encerrado a sua colaboração no *Nietzsche-Archiv* de Weimar, por diferenças com a irmã de Nietzsche).

Nessa carta, Gast escreve: "Quanto ao capítulo 'sentido de verdade da senhora Förster', devo contar-lhe um dos exemplos que me vêm à mente neste momento e que me faz

---

[1] Frederico III (Potsdam 1831 – Potsdam 1888), imperador alemão e rei da Prússia (1888), filho e sucessor de Guilherme I. Distinguiu-se durante as guerras austro-prussianas e franco-alemã. Reinou por apenas alguns meses. (N.T.)

sorrir. Sorrir – visto quantas coisas se podem sustentar como 'ex-pessoa do Arquivo' e que, ao contrário, como 'pessoa de bem' não se poderão sustentar! Em 1904, quando publicavam o segundo volume da Biografia [de Nietzsche], foi nela introduzida, inclusive, a carta em que o nosso imperador – nesse momento com vinte e nove anos – é louvado por certas declarações suas desfavoráveis aos anti-semitas e ao *Kreuzzeitung*. Ora, o senhor deve saber como a senhora Förster ardia de desejo de atrair o interesse do imperador por Nietzsche e – possivelmente – induzi-lo a alguma declaração positiva a favor do mesmo. O que ela faz com esse objetivo? ... escreve... esta frase: 'a vontade de potência como princípio já seria compreensível para ele (ao imperador)!'. Ela se recordará de onde vem esta frase: do esboço do prefácio à *Vontade de potência*, publicado no XIV volume [da *Grossoktavausgabe*]. A redação desse esboço... representa uma das tarefas mais difíceis de decifração da escritura de Nietzsche. Os Horneffer já haviam tentado fazer isso antes de mim; mas a sua decifração tinha mais lacunas do que palavras. Mas justamente *esta* frase se acha escrita por inteiro em sua decifração. Quem se dedica a decifrar de novo o que outros já tentaram decifrar, encontra mais obstáculos do que contribuições nas tentativas de seus predecessores. Em suma: eu, que decifrei o fragmento até o fim, não tinha notado naquele momento que a decifração dos Horneffer, 'A vontade de potência como princípio já poderia ser compreensível para eles (para os alemães)', não pode, em absoluto, harmonizar-se com o resto do esboço do prefácio. E quando, em abril do ano passado, tive de novo entre as mãos aquele caderno, a minha suspeita foi confirmada: em vez de 'já compreensível' [*schon verständlich*], deve-se ler indiscutivelmente 'dificilmente compreensível' [*schwer verständlich*]! Agora, se a senhora Förster quisesse ser exata, deveria fazer publicar: 'a vontade de potência como princípio seria para ele (para o imperador) dificilmente compreensível' – não é divertido?".

Aprendamos, portanto, que a frase citada por Lukács para colocar concretamente próximos – e neste sentido é a única – o imperador Guilherme II (de resto, apenas no início) e a "vontade de potência" de Nietzsche, não apenas não existe na carta (que, seja dito entre parênteses, é uma falsificação do início ao fim e existe somente em uma cópia de Elisabeth Förster-Nietzsche), mas, ao contrário, é derivada de uma frase mal decifrada de um dos tantos prefácios que Nietzsche escreveu na última fase de seu empreendimento em a *Vontade de potência* – antes de renunciar definitivamente à publicação de uma obra sob este título. Para Nietzsche, portanto, os alemães – pois é deles de que se fala – não estariam em condições de compreender a vontade de potência como princípio, isto é, como momento teórico, mas apenas e, precisamente, a vontade de potência como expressão política do Reich (e este é, de fato, o sentido do prefácio agora publicado em seu texto autêntico, inclusive na edição italiana).

Contudo, como ele mesmo afirma, esta frase seria apenas uma invectiva polêmica e, por isso, Lukács passa a citar na mesma página um fragmento póstumo de Nietzsche que deveria explicar ainda melhor – no sentido imperialista – a assim chamada *grosse Politik,* a "grande política" de que ele fala nesse período com freqüência.

Lukács cita estas palavras: "ruptura com o princípio inglês de representação popular: nós temos necessidade da representação dos grandes interesses". E comenta: "Aqui Nietzsche antecipou o Estado fascista corporativo". O fragmento citado por Lukács é um daqueles típicos testemunhos de diletantismo político e que poderiam, pois, ser reduzidos às suas justas dimensões: 1) se fossem tornados conhecidos como são; 2) se se encontrassem no interior de uma edição que reproduzisse integralmente o movimento das reflexões de Nietzsche, que, com freqüência, são o fruto de inspiração instantânea, de experimentos. Nesse fragmento de 1884 (publicado entre outros apenas parcialmente na *Grossoktavausgabe*), Nietzsche diz que poderia interessar-se pela realidade do Reich alemão de Bismarck somente se ele personificasse um novo pensamento, ou melhor, o "pensamento supremo", para levá-lo à vitória, e, após ter falado da mesquinharia inglesa, acrescenta: "eu vejo mais inclinação à grandeza nos sentimentos dos niilistas russos do que nos utilitaristas ingleses". E ainda: "Uma fusão da raça alemã e da eslava – além disso, nós também temos necessidade dos financistas mais hábeis, dos judeus, de modo absoluto, para conseguir o domínio sobre a terra". Depois, segue o programa: "1) sentido de realidade; 2) ruptura com o princípio inglês de representação popular: nós temos necessidade da representação dos grandes interesses; 3) nós temos absoluta necessidade de nos unirmos à Rússia, e com um novo programa *comum,* que não deixe predominar na Rússia esquemas ingleses. Nenhum futuro norte-americano; 4) uma política européia é insustentável e a submissão às perspectivas cristãs é, igualmente, uma grandíssima desgraça. Na Europa, todas as pessoas inteligentes são *céticas,* quer o digam ou não". E enfim: "Eu penso que não gostaríamos de nos submeter às perspectivas cristãs e tampouco norte-americanas". Como se vê, um belo pastiche de política visionária! Mas, por que Lukács preferiu citar apenas a passagem "corporativa" exatamente quando no mesmo parágrafo cita, de *Para além de bem e mal,* uma passagem que conteria uma crítica à política filo-russa de Bismarck? Por que então não falar também das simpatias de Nietzsche pelos niilistas russos? Certo, não é lícito reduzir a estas simpatias ou às simpatias pela Rússia a assim chamada "grande política" de Nietzsche. Nem se pode negar que as declarações políticas privadas nos póstumos ou públicas das últimas obras não apresentem uma decidida tendência conservadora. Mas, pode-se se limitar a esta constatação? Não se deverá procurar reconstruir em toda a sua ilusoriedade e contraditoriedade inclusive a assim chamada "grande política"? Não se deverá procurar explicá-la de um modo que seja imanente ao pensamento de Nietzsche, isto é, que dê conta daquilo que nesse pensamento é primário e daquilo que é, ao contrário, secundário? Na nascente da assim chamada grande política está, antes de tudo, a consciência do fim da tradição cristã, de todos os mitos da humanidade e o desejo – *já condenado ao extremo* – de Nietzsche de ser o legislador do futuro.

Enquanto as obras parecem prometer – naqueles momentos, na verdade, não freqüentes em que Nietzsche se vê às voltas com a problemática do futuro – a próxima transvaloração de todos os valores (que deve, portanto, ser também a fundação de valores novos), nos planos e nos fragmentos póstumos para a *Vontade de potência* a transvaloração, a legislação do futuro não tem lugar. E não por acaso. Tome-se como exemplo toda a teorização da mentira dos fundadores de uma religião no *Anticristo* e no *Crepúsculo dos ídolos:* é inútil que Nietzsche se dedique a demonstrar quão decisivo é o objetivo pelo qual os padres mentem e que – por exemplo – o objetivo dos brâmanes de *Manu* é cem vezes superior ao de Paulo. A consciência de que a "pia fraus", a mentira e o mito são igualmente necessários para fundar a nova tradição que ele gostaria de nos dar, detém, em última análise, a tentativa de Nietzsche – que não pode e não quer retornar ao "mito". A presumida destruição do cristianismo sob o fulgor do *Anticristo* é, pois, bem pouca coisa se comparada ao tema de uma transvaloração de todos os valores. As razões do jogo de Nietzsche são, portanto, intrínsecas à sua própria honestidade intelectual. Mas, para ver isto é necessário ler Nietzsche com olhos diferentes dos de Lukács, é necessário reconstruir realmente os seus problemas. E, para reconstruir o curso do pensamento de Nietzsche em todas as suas possibilidades e impossibilidades, é necessário também destruir o presumido "sistema Nietzsche" que Lukács, juntamente com outros intérpretes, acreditaram encontrar em suas obras e, em primeiro lugar, na obra que ele nunca escreveu: a *Vontade de potência*. Os textos dessa "obra", se tivessem sido conhecidos em seu "estado caótico", teriam, ao contrário, iluminado muito melhor o estado do problema.

Concluamos: a interpretação de Lukács não faz justiça a Nietzsche tal como ele se deu na história, ou, melhor dizendo, o confronto direto do marxismo com os seus pensamentos, com aquela problemática limite da ciência de seu tempo, que vimos encerrada em fórmulas como "eterno retorno do mesmo", é malsucedido e não tem lugar de modo algum; um único tema é variado: a redução de toda a filosofia de Nietzsche a uma polêmica contínua com o marxismo, com o movimento socialista, quaisquer que sejam as formas que a filosofia de Nietzsche assuma. Certamente, o fato de que um filósofo como Nietzsche, que sempre pôs no centro de suas reflexões as exigências do indivíduo contra a coletividade, da cultura contra o Estado, tenha sido também anti-socialista, não é casual, mas isso requer por certo o deslocamento do debate para o terreno escolhido por Nietzsche, lá onde ele pode ainda ter alguma coisa a dizer. E este terreno não é, certamente, o terreno político. Trata-se muito mais de tentar uma avaliação de Nietzsche que não considere como única realidade a sociedade ou a classe, mas que, ao contrário, também dê peso ao homem como indivíduo e à sua maior infelicidade "depois da destruição dos mitos religiosos e humanistas" (S. Timpanaro). É esse, pois, o terreno do pessimismo da inteligência e do otimismo da vontade – de que se fala com prazer na esquerda italiana, reportando-se a Gramsci – que deu a essa fórmula maior ressonância. Seja-me permitido, portanto, uma última digressão filológica, justamente sobre esta fórmula. Ninguém, que eu saiba, conhece sua história. É conhecido que Gramsci a emprestou de Romain Rolland. Este último, por sua vez – e isso não foi notado até hoje –, não podia tê-la lido senão em algumas páginas de sua venerada amiga Malwida von Meysenburg. Nestas páginas, tendo chegado à tarde de sua vida (1898), a idealista relata: "Temos – em Sorrento [onde Nietzsche passou com ela e outros amigos o inverno de 1876-77] – uma rica e excelente seleção de livros, mas a coisa mais bela em toda aquela variedade era um manuscrito em que um aluno de Nietzsche havia mencionado as aulas sobre a civilização grega dadas por Jacob Burckhardt na Universidade da Basiléia. Nietzsche fazia seu comentário a respeito em voz alta... Entusiasmou-me particularmente a definição de Burckhardt sobre a essência do povo grego: pessimismo da visão de mundo e otimismo do temperamento".

Com a consideração deste parágrafo ideal e aparentemente paradoxal, que de Jacob Burckhardt chega – por meio de Nietzsche, Malwida von Meysenburg e, posteriormente, Romain Rolland – a Gramsci, gostaria de encerrar esta minha proposta de discussão da interpretação lukacsiana de Nietzsche.

REFERÊNCIAS BIBLIOGRÁFICAS

1. LUKÁCS, G. *La destruction de la raison*. Trad. de Stanislas George, André Gisselbrecht e Eduard Pfrimmer. Paris: L'Arche Éditeur, 1958.
2. NIETZSCHE, F. *Sämtliche Werke – Kritische Studienausgabe*. 15 vols. Edição organizada por Giorgio Colli e Mazzino Montinari. Berlim: Walter de Gruyter, 1967-1978.
3. _____. *Obras incompletas*. 4ª edição. Col. "Os Pensadores". Tradução de Rubens Rodrigues Torres Filho. São Paulo: Nova Cultural, 1987.
4. _____. *Assim falava Zaratustra*. Tradução de Mário da Silva. Rio de Janeiro: Civilização Brasileira, 1998.
5. _____. *Além do bem e do mal*. 2ª edição. Tradução de Paulo César de Souza. São Paulo: Companhia das Letras, 1998.

NIETZSCHE:
DO AGONISMO EXTEMPORÂNEO
À CRÍTICA DA MORAL HERÓICA*

Giuliano Campioni

1. *"O oposto de uma natureza heróica".*
Para uma leitura histórica de Nietzsche.

"Eu sou o oposto de uma natureza heróica"[1]. Assim Nietzsche conclui, em *Ecce homo*, o excerto que mostra, com método genealógico, "como se torna aquilo que se é", reassumindo o percurso que o levou à perfeita maturidade da forma. O filósofo caracteriza a própria pessoa, naquela particular exposição de si no fim da sua aventura de pensamento, com traços fortemente anti-heróicos e antifanáticos. Sobre

---

* Artigo publicado em versão reduzida, com outro título, em *Cadernos Nietzsche*, n. 22, 2007, p. 23-64. Tradução: Carlos Augusto Sartori. Revisão técnica: Vânia Dutra de Azeredo.

[1] KGW, VI, III, p. 292; *Opere*, p. 303. Para os escritos de Nietzsche, quando não for indicado diferentemente, a referência será sempre à edição: Friedrich Nietzsche, *Werke, Kritische Gesamtausgabe,* herausgegeben von G. Colli und M. Montinari, Berlín, de Gruyter, 1967 sgg [KGW], segui-

seu livro ele declara: "Eu o escrevi para destruir pela raiz qualquer mito sobre mim"² e, numa carta a Heinrich Köselitz, de 30 de outubro de 1888, "Não gostaria absolutamente de me apresentar à humanidade como profeta, monstro, espantalho moral". Nietzsche conta-se a si mesmo através da própria minúscula cotidianidade feita de "pequenas coisas, segundo o juízo comum": longe qualquer fundo grandioso, longe também a coroa de espinhos que caracteriza a iconografia da lenda, longe qualquer *pathos* de atitude ("Quem tem necessidade de atitude é *falso*... Atentos aos homens pitorescos!")³.

A grande tarefa pressupõe a grande sagacidade nas pequenas coisas: "Alimentação, lugar, clima, distrações, toda a casuística do egoísmo – são inconcebivelmente mais importantes do que tudo aquilo que até hoje foi considerado importante"⁴.

Ecce homo é também a ostentação de um corpo – que se realiza essencialmente como *corpus* de obras – na auto-superação da doença e da decadência numa forma superior. Não ao esplendor da saúde da "besta loura" ou de "Siegfrieds cornudos" [*gehörnte Siegfriede*], cuja estupidez se acompanha como a sombra, mas à repetida prática da dor e da paciência

---

da do número do volume (em caracteres romanos), do tomo (em caracteres romanos em maiúscula reduzida), e das páginas (em números arábicos). Segue a indicaçao das páginas da tradução italiana utilizada: a edição italiana Colli/Montinari das Obras (*Opere*) de Friedrich Nietzsche, Adelphi, Milano, 1964 ss. Salvo se houver indicação diferente, os volumes das *Opere* correspondem àqueles da edição alemã. Quando me pareceu oportuno, indiquei o número do fragmento ou do aforismo.

² KGW, VIII, III, p. 453; *Opere*, p. 409.
³ KGW, VI, III, p. 294; *Opere*, p. 305.
⁴ *Idem*, p. 293; *Idem*, p. 304.

de um corpo que viveu muito tempo e repetidamente nos ângulos da doença, Nietzsche manifesta a sua gratidão. A doença libertou o seu espírito, deu-lhe "a capacidade psicológica de 'ver atrás da esquina'", à doença Nietzsche deve a profundidade e as *nuances*: "Devo a ela minha filosofia"[5]. A fisiologia é o pressuposto da escrita: o ter estado são "como *summa summarum*", tornou possível o *Zaratustra* que põe um novo início: a verdadeira prova de força está na distância de todo profetismo e fanatismo das convicções (Zaratustra é "diferente", "aqui não fala um 'profeta', um daqueles assustadores híbridos de doença e vontade de potência"). "Ser bem sucedido" se caracteriza por autodeterminação na medida, contra toda afetação heróica e extrema que seduz sem argumentar.

As claras afirmações de *Ecce homo* exprimem a coerência de um comportamento teorizado a partir de *Humano, demasiado humano*, em que, junto ao gênio e ao santo, congela o herói. Isso em contraste certamente com a figura consolidada do mito "heróico" de Nietzsche que, em muitas direções e em diversos momentos, em mais modos e acentuações, caracterizou entretanto a sorte do filósofo e de vez em quando até o culto a ele. Há tempo o trabalho histórico e filológico, ligado sobretudo às edições Colli/Montinari, está fornecendo instrumentos para uma colocação sempre mais articulada, uma melhor definição de categorias filosóficas centrais da reflexão de Nietzsche, do seu estilo de pensamento, dos movimentos internos ao seu percurso. Emerge o duplo comportamento, que caracteriza a originalidade de Nietzsche, de assimilação e de afastamento das imagens propostas por sua época. E, todavia, não faltam abordagens ideológicas e imediatistas à sua filosofia, novas leituras instrumentais e tam-

---

[5] KGW, VI, III, p. 434; *Opere*, p. 411.

bém a crua reproposição, ao fim de um percurso que queimou rapidamente as máscaras da "liberação" e do jogo estético, da terrível simplificação que liga como um destino o Nietzsche heróico e o nazismo.

O tema do heroísmo aparece, entretanto, como um termo de confronto contínuo e central que permite ao filósofo diferenciar a própria posição das muitas "morais heróicas" da época (de Carlyle a Gobineau, de Wagner a Baudelaire).

2. *"As inquietas e mutáveis inclinações" do jovem Nietzsche.*

De nenhuma grande personalidade, e assim em larga medida também de Nietzsche, se conhece o material póstumo relativo aos anos de infância e adolescência: desenhos, esboços de dramas, poesias, poemas, composições musicais, reflexões autobiográficas e críticas sobre os mais variados assuntos, etc. Na casa paroquial do vilarejo natal, o pequeno filho do pastor é fascinado particularmente pela sala do pai: "As filas de livros, muitos dos quais ilustrados, os pergaminhos, tornavam aquele lugar um dos meus lugares favoritos"[6]. Assim era também no vilarejo de Pobles, que ficava ali perto, onde morava a família do pastor David Ernst Oehler: "A minha sala favorita era o estúdio do avô, onde o meu maior passatempo era folhear os velhos livros e os cadernos"[7]. As cadernetas daqueles anos nos restituem contínuos projetos e anotações de leituras; os livros, dos quais é contínuo o pedido

---

[6] KGW I, I, p. 283; *La mia vita. Scritti autobiografici 1856-1869*, aos cuidados de M. Montinari, Adelphi, Milano, 1977, p. 9.

[7] *Idem*, p. 303; *Idem*, p. 31.

nas cartas, constituem nutrimento vital para a sua formação. A relação com a leitura se torna e permanecerá um contínuo objeto de reflexão. Há em Nietzsche uma precoce vontade de não sofrer as fortes paixões do seu temperamento: a necessidade de transformá-las, dominá-las com consciência crítica e sabedoria. Daí a contínua assimilação, quase incorporação, de leituras em uma reflexão crítica e intelectual móvel, em uma contínua experimentação de escritas e de estilos que pertencem inteiramente à voluntária construção de si.

Foi natural e comum para o menino ser atingido pelos acontecimentos da guerra da Criméia: a emoção movimenta os previsíveis e vivazes jogos infantis com tropas de soldadinhos, frotas e terraplenagens para reproduzir fielmente as batalhas. A paixão não se desafoga somente nos ruidosos jogos ("com bolas de pez, enxofre e salitre") sustentados pela mínima sabedoria técnica das vicissitudes de guerra e registrados e regulados por escrito. Nos cadernos encontramos também uma poesia sobre a queda de Sebastópolis, mais *Orakularia* e outros complexos jogos de dados, um *Festungsbuch* com intermináveis e prolixas catalogações, desenhos com planos detalhados e em movimento do assédio e a presença fantasiosa de um invencível guerreiro que ele chamava, no seu latim incerto, o *expungnator invictus*. "Saqueávamos tudo quanto podíamos encontrar sobre a arte militar [...] as nossas coleções se enriqueciam seja de léxicos, seja de livros militares novíssimos, e já projetávamos escrever juntos um grande dicionário militar"[8], lê-se no esboço autobiográfico de 1858: as fantasias heróicas do rapaz direcionam-se imediatamente para a erudição, e não sem pedantismo.

---

[8] KGW I, I, p. 290-91; *La mia vita*, cit., p. 31.

Aos contemporâneos soldados das crônicas de guerra, "os heróis que encontraram a morte" no assédio de Sebastópolis – sobre os quais Nietzsche derrama lágrimas e aos quais, na poesia a eles dedicada, endereça uma solene saudação final – sucedem, nos interesses do jovem, os heróis da tradição clássica e das sagas da mitologia nórdica e germânica.

Encontramos, desde os primeiros anos juvenis, o forte fascínio pelas figuras de herói de primitiva e selvagem grandeza, caracterizados por metáforas que exprimem o seu vigor animal e, certo, pelo termo "sobre-humano". Tal o olhar da natureza superior, capaz de incutir terror, ou então o olhar de Swanhilde, filha de Gudrum (*"das übermenschliche Glänzen ihrer Augen"*)[9].

Em 1858, num esboço de reflexão crítica *Sobre Medéia*, Nietzsche põe em confronto Medéia e a Chrimhilde da saga nibelúngica: em Chrimhilde, "domina a rusticidade alemã, que se abaixa até ao animalesco, enquanto Medéia permanece sempre no âmbito ideal do mundo grego". Mas também as personagens gregas primitivas, como as origens "rústicas e violentas" de todas as civilizações, carregam em si as paixões selvagens que se exprimem nas "enormes empresas e aventuras heróicas" como aquelas da lenda dos Argonautas[10]. Sobre as origens primitivas da humanidade o jovem se exercita também em duas reflexões críticas: *Jäger und Fisher* e *Die Kindheit der Völker*.

---

[9] F. NIETSZCHE, *Historisch-Kritische Gesamtausgabe*, *Werke*, München, Beck, 1933 sgg., II, p. 293 [BAW]. Na reproposição em rima do poema heróico *Der grimmer Bogdam* (*O feroz Bogdam*), traduzido do eslavo por Talvj von Jacob, Bogdam é caracterizado como "*der starke, grimme, wutherfüllte Held*" (BAW, I, p. 270-73).

[10] KGW, I, I, p. 255-256.

Jasão e Medéia, uma composição poética escolástica de 1858, acompanha outras composições que revelam o interesse de Nietzsche pelas figuras heróicas do imaginário nacional-romântico, como aquelas dedicadas à execução do jovem "herói" *Corradino* em Nápoles, ou a lenda do Barbarossa, que dorme embaixo da terra à espera de um despertar que traga "a idade áurea" a todas as terras unidas "em paz e bênção" (a lenda, retomada também por Heine, em Nietzsche é derivada diretamente de Friedrich Rückert).

Em torno das figuras dos heróis, se unifica a multiforme atividade do jovem: as várias tentativas de composições dramáticas, poéticas, musicais, de caráter heróico são logo sustentadas por uma análise crítica, histórica e filológica. O interesse é prevalentemente pelos materiais épicos da saga nibelúngica: um exercício poético é dedicado à morte de Siegfrid, uma composição escolástica à caracterização da figura de Chrimhilde, cuja paixão violenta e demoníaca não pode ser compreendida por naturezas pequenas e débeis, capazes de espelhar a própria impotência somente na limitação de suas ações. Numerosos são os esboços e as anotações para um comentário crítico do *Nibelungenlied*, dedicado a individuar dele os aspectos genéticos (a relação entre os "elementos pagãos" e as "ressonâncias cristãs" na ética e na mitologia, a influência dos ideais cavalheirescos sobre a formação do mito, o distante fundo histórico, as características estéticas, a oposição às personagens homéricas, etc.)[11].

Nietzsche é fascinado sobretudo pela primeira figura da história germânica, Ermanarich, o rei dos Ostrogodos, cujo domínio se estendia do Mar Negro ao Báltico e cuja lenda se desenvolve, a partir da crônica latina de Jordanes, *De origine*

---

[11] BAW, II, p. 225-247.

actibusque Getarum, escrita em torno de 552, pelo menos por sete séculos, contaminando-se com lendas nórdicas, dinamarquesas e com a saga nibelúngica. Desse modo, a morte por suicídio de Ermanarich, em 375, testemunhada por Ammiano Marcellino, transforma-se, em *A saga dos Volsungos* e no cancioneiro édico (*Incitamento de Gudrum* e *O canto de Hamdhir*), num sanguinário e sombrio assassinato por vingança. Isso leva o jovem a pôr em verso *A morte de Ermanarich*, a projetar e esboçar uma tragédia e a compor um poema sinfônico para dois pianos (tendo como modelo a *Sinfonia Dante*, de Liszt), dedicados à figura do "último e maior herói dos Godos"*. Os interesses por Ermanarich persistem, com vários intervalos, do verão de 1861 até agosto de 1865, quando Nietzsche esboça um último e breve esquema de tragédia. Tudo quanto resta dessas elaborações está fortemente impregnado de um ingênuo excesso romântico feito de paixões selvagens e primitivas, traições noturnas, tempestades, fogueiras, sangue, etc. Mais significativa do que o irromper desenfreado da fantasia é a fria e decidida autocrítica sobre a sinfonia *Ermanarich*. Nietzsche, de fato, um ano depois da primeira partitura (então "não estava ainda em condições de analisar imparcialmente o fluxo de sentimentos que animava toda a obra"), em outubro de 1862 modifica o poema sinfônico e analisa os resultados. A música lhe parece capaz de exaltar, mais do que a poesia, a força de suas paixões pela lenda som-

---

* A composição Ermanarich, referida por Campioni, foi gravada no Brasil no ano de 2000. A versão para piano feita por Nietzsche, e uma para orquestra de cordas de autoria do maestro Ronel Alberti da Rosa, constam no CD "Nietzsche pelos ouvidos" elaborado por Luís Rubira e Ronel Alberti. A mesma composição, ao lado de outras de autoria de Nietzsche, foi incluída posteriormente no CD "A dissonância trágica", de autoria de Ronel Alberti. (N.E.)

bria e heróica de Ermanarich. Todos os aperfeiçoamentos acrescentados (o "ímpeto louco" do novo final), o recuperado vigor totalizante, porém, não redimem a sua composição da "aspereza e dos excessos". A influência decisiva e negativa de Liszt é confessada: "Os meus personagens não são certamente os godos, os alemães, mas antes – não hesito em afirmar – figuras húngaras; [...] ardentes almas magiares". E, sobretudo, bate a plena consciência autocrítica do jovem, que parece antecipar – na declarada impossibilidade de uma poesia "ingênua"– alguns movimentos de sua crítica madura aos pretensos heróis germânicos de Wagner: "Faltam aos personagens os primitivos, poderosos traços germânicos; os sentimentos são mais estudados e modernos, muita reflexão e muito pouco vigor natural"[12]. Nem a via da tragédia e nem aquela da música parecem satisfazer o jovem que, em vez disso, decanta definitivamente todo material da lenda de Ermanarich antes num estudo histórico "muito seco" (julho de 1861), e depois num trabalho de caráter filológico de outubro de 1863 (*A lenda do rei dos Ostrogodos, Ermanarich. Sua evolução até o século XII*), sobre cujos resultados exprime uma "quase" satisfação.

Este é o primeiro trabalho filológico de Nietzsche, que precede a composição da licença de Pforta, em latim, sobre o poeta Teognides de Megara, à qual foi dedicada, por parte da literatura crítica, maior atenção. Fruto da rigorosa lição de seus valentes mestres em Pforta ("Steinhart, Keil, Corssen, Peter, homens de olhar aberto e ímpetos frescos") é também um significativo exemplo daquela contínua vontade do jovem de encontrar no rigor da ciência um "contrapeso às inclinações inquietas e mutáveis". Ambos os ensaios pretendem

---

[12] BAW, II, p. 101; *La mia vita*, p. 125.

recuperar o núcleo originário, histórico, da figura 'germânica' de Ermanarich – a partir das crônicas, Jordanes, Saxo Grammaticus – liberando e explicando as muitas incrustações e contaminações do mito nórdico (o Jörmurenck do *Edda*), do qual Nietzsche sente plenamente o fascínio terrível e sublime 'que arrebata o ouvinte'. "É algo conhecido: o norte dirige ao bárbaro atroz tudo aquilo que na Alemanha fica no domínio da clareza histórica e da humanidade [...] A natureza solitária, ousada do Norte grava seus poemas; são cantos que estão como rochedos elevados ao céu, inimitáveis na sua força titânica, gigantescos na sua forma. Toda a caracterização é concisa: cada palavra cai como um relâmpago, poderosa, plena de sentido, na ação"[13].

O ensaio filológico percorre analiticamente, em todas as ramificações e variantes, os momentos e as escansões da tradição que transfiguram negativamente a figura histórica de Ermanarich (originalmente comparado, por causa de seus grandes feitos, a Alexandre) numa lenda deformada pelo ódio contra os conquistadores e que empresta a Ermanarich os traços do próprio Átila (já em *O canto do errante*, Ermanarich é "furioso", "traidor", e o manuscrito de Exeter o compara ao lobo). Segundo Nietzsche, Ermanarich é inicialmente estranho à tradição nórdica nibelúngica, e somente o nome comum de Gudrum (a maga) põe em relação dois ciclos de lendas. Enquanto as lendas nórdicas se interessam somente pelo grave fim (e não pelo precedente poder e pelas vicissitudes do vasto reino), para a tradição germânica Ermanarich está no centro de um ciclo de lendas que se interessam pela sorte do rei antes da catástrofe. O valor e depois a crueldade do herói

---

[13] BAW, II, p. 297.

pertencem ao desenvolvimento do seu caráter. Entretanto – afirma Nietzsche – "as fortes paixões violentas, na tradição popular, à medida que sejam ainda puras e próximas das origens, são talvez objeto de horror, mas não de reprovação"[14].

O filósofo acredita poder recuperar, sobretudo em Jordanes, os traços originais da figura histórica do herói ostrogodo à qual se fixa a lenda. A catástrofe final, a morte e talvez o suicídio diante da aproximação dos hunos de Átila, pressupõem um rei já velho, abatido pela doença devido a um ferimento no lado: uma natureza "fisicamente despedaçada e aniquilada para tornar possível o suicídio". Nietzsche também vê bem a articulação das personagens heróicas no mundo da saga nibelúngica, não homologáveis num único paradigma. Na *Völsungasaga* e no *Canto de Hamdir*, dos três filhos de Gudrum que devem se vingar de Jörmurenk (Ermanarich) pela morte da irmã, Swanhilde, Hamdir, "de grande coração" tem um típico caráter de herói (*ein Heldencharakter*) "áspero e violento amor pela guerra, dignidade, desprezo por qualquer conciliação e cegueira pelo orgulho". Perto dele, Sörli, de "espírito sábio" e nobre, reconhece a força do destino: "Conquistamos uma grande glória; hoje ou amanhã morreremos. Ninguém chega à tarde de sua vida se as Nornas se opõem". Erp, chamado, por desprezo, de "bastardo" e de "anão moreno" pelos irmãos que o matarão, acaba assassinado – é a hipótese de Nietzsche, rejeitando as motivações apresentadas por Simrock – por inveja da sua "superioridade intelectual" e da sua coragem, reunindo em si as características dos outros dois.

---

[14] BAW, II, p. 307.

3. Titanismo e crepúsculo dos deuses.

Nietzsche sofre o fascínio sublime desses heróis violentos e determinados no destino de morte, figuras sobre-humanas que agem sobre o fundo sombrio da anunciada morte dos deuses. Esse fim, que é acompanhado por revoluções e catástrofes cósmicas, é descrito com um naturalismo cru pelo cancioneiro édico e pelo *Edda* de Sturluson Snorri. Já na composição poética *A morte de Ermanarich*, os corvos negros na "bruma sanguinária" anunciam "a pira do mundo, o sufocante esplendor do crepúsculo dos deuses". No seu primeiro ensaio histórico, Nietzsche afirma: "Aquele crepúsculo dos deuses, no qual o sol fica escuro, a terra afunda no mar e o ímpeto das chamas abraça a árvore do mundo que dá a vida e as labaredas lambem os céus, é a mais grandiosa invenção que jamais pensou o gênio de um homem, insuperada na literatura de todos os tempos, infinitamente ousada e terrível e, no entanto, resolvida em encantadoras harmonias"[15]. Nietzsche cita, para confirmar, os versos da *Völospà* (Profecia da Vidente), na qual a descrição do novo início de uma idade de ouro, depois das horríveis vicissitudes do aniquilamento do mundo, é confiada à leve imagem de encontrar as pecinhas de ouro no meio das ervas, com as quais os deuses jogavam outrora: o ciclo da vida recomeça.

O uso do termo *Götterdämmerung*[16] e o forte interesse de Nietzsche pela mitologia heróica germânica se devem também às primeiras apaixonadas informações sobre Wagner que

---

[15] BAW, I, p. 297.

[16] *Götterdämmerung* é a tradução de *ragnarøkkr*, do *Edda*, de Sturluson Snorri: mesmo que o termo mais antigo seja *ragnarøk*, 'o destino dos deuses'. Wagner certamente contribuiu de maneira determinante para o sucesso da expressão.

o amigo Krug lhe fornecia. Com ele e com Pinder, Nietzsche tinha fundado, no verão de 1860, a associação cultural 'Germania', "para estimular e, ao mesmo tempo, pôr um freio" nos impulsos culturais juvenis. Ali, Krug deu mais conferências sobre Wagner: sobre *Tristão e Isolda* (março de 1861), sobre a *abertura Faust* (fevereiro de 1862) e, enfim, sobre *O ouro do Reno* (março de 1862)[17].

O tema do heroísmo se conecta, desde o início, com aquele da morte de Deus, com o crepúsculo dos deuses. Nessa mesma direção vai, também, o interesse inicial pela figura de Prometeu. Já numa carta do fim de abril ou início de maio de 1859, endereçada ao amigo Pinder, num plano comum de estudos sobre a figura de Prometeu, Nietzsche está fascinado sobretudo pelo tema do "fim de Zeus (em relação com as sagas alemãs) [...] Ali se encontra o fim de Zeus, conhecido em precedência por Prometeu, o único em condições de evitá-la, em relação com a derrocada das divindades alemãs, que acabam aniquiladas pelas forças da natureza (as quais, nos Gregos, são justamente os Titãs").

O caminho do "espírito livre" encontrará nas reações mesquinhas do ambiente doméstico um motivo contínuo de sofrimento até a afirmar, em *Ecce homo*, a "*disharmonia praestabilita*" com a irmã e com a mãe, aquelas perfeitas máquinas infernais capazes de feri-lo nos "momentos supremos", e a ver na existência delas "a mais profunda objeção contra o 'eterno retorno'"[18]. A Bíblia conservada em Weimar, na biblioteca póstuma de Nietzsche, com os muitos sinais de leitura do pai, traz anotado, junto ao nome do pastor Ludwig, com a data de aquisição do volume (1820), o nome do filho Friedrich,

---

[17] BAW, II, p. 96-98.
[18] KGW, VI, III, p. 266; *Opere*, p. 275.

com a data de 1858, ano em que o jovem deixa a família para estudar em Pforta e herda, como viático para uma continuidade ideal, o volume paterno. É este o símbolo visível de uma longa corrente familiar, difícil de quebrar, feita de gerações de pastores, de uma severa e restrita fé luterana que se exprime nas angústias da "virtude de Naumburg". Nas cartas dos anos oitenta, em um período de profunda crise, se lê todo peso do cotidiano vivido: "Considere que venho de um ambiente que tem como reprovável e abjeta toda a minha maturação; e foi somente em conseqüência disso que minha mãe, no ano passado, me definiu como 'vergonha da família' e 'desonra ao túmulo do meu pai'" (carta a Malwida von Meysenbug, de 20 de abril de 1883). A liberação não podia deixar de assumir, dado o temperamento do jovem e o peso dos vínculos, o caráter "heróico" de uma rebelião radical, que precisava de uma força sobre-humana para chegar à afirmação da morte de Deus.

Tais impulsos para libertar-se da tradição e da fé são nutridos pelas leituras secretas, nos anos em Pforta, dedicadas às figuras prometéicas e até mesmo satânicas: do *Manfred*, de Byron, aos *Bandoleiros*, de Schiller. A tal propósito Nietzsche escreve já no verão de 1859: "Li mais uma vez *Os Bandoleiros* [...]. As personagens me parecem quase sobre-humanas, parece-me assistir a uma luta de titãs contra a religião e a virtude". Nietzsche chega a caracterizar a queda do herói em Schiller, em um confronto interno entre uma poesia juvenil do poeta e um passo do drama, com a imagem do esplendor do sol no crepúsculo. A metáfora, presente também em Byron e Hölderlin, voltará mais vezes em Nietzsche, sobretudo no *Zaratustra*. Karl Moor quer repetir no seu heroísmo extremo a virtude dos grandes homens de Plutarco e assume o espírito rebelde do Satanás de Milton contra a mediocridade da época, contra a lei e a moral comuns: "A centelha do fogo de

Prometeu se apagou e foi substituída por uma chama de teatro [...]. A legalidade jamais gerou um grande homem, enquanto a liberdade produz colossos e eventos memoráveis." O filósofo mesmo se exercita em breves escritos, num jogo estilístico marcado por um satanismo romântico, nada original, logo levado ao grotesco. Dessa maneira, exprime-se e se exorciza de uma só vez a inquietação juvenil: é o caso do esboço da "repugnante" novela *Euforião*, que já no título lembra a figura de Byron (este é o nome do poeta inglês no *Faust*, de Goethe), e de outras composições remanescentes ou das quais se tem notícia através de breves anotações ("'Satanás se ergue do inferno', insatisfação: dificuldade de obter o satânico e representá-lo").

É conhecida a paixão juvenil de Nietzsche pelo poeta inglês, visto como expressão de uma *Hybris* titânica, prometéica, que rompe qualquer limite desafiando os céus. Os seus heróis – em particular Manfred – não fazem pacto com nenhuma força superior, confiando somente na energia da própria vontade. Por três vezes, a propósito de *Manfred*, o jovem Nietzsche (outubro de 1861) usa o termo *Übermensch*[19] – usado mais vezes pelo próprio poeta inglês – para definir a personagem, o caráter do seu desespero e para conotar a obra de Byron. A crise profunda de fé e o desafio nos confrontos com a tradição tinham encontrado, no mesmo período, outros instrumentos de liberação: da crítica filológica aos Evangelhos da escola liberal à filosofia de Feuerbach e de Emerson. De fato, com as anotações e os ensaios da primavera de 1862, o filósofo se aproxima da afirmação de uma plena imanência, que vê na fé cristã, contra a força dos antigos que acreditavam no destino, uma escolha de debilidade, "uma inca-

---

[19] BAW, II, p. 10, 13, 14.

pacidade de plasmar por si, com decisão, o próprio destino". Citando *A essência do cristianismo* de Feuerbach, Nietzsche instaura o caminho para recuperar-se da alienação ("Deus tornou-se homem"), como expressão de um novo heroísmo: "A humanidade conquista sua virilidade através de graves perplexidades e árduas batalhas; ela reconhece em si 'o início, o centro e o fim da religião'"[20].

Em abril de 1859 Nietzsche escreve um breve drama em um ato dedicado a Prometeu, cujas referências são a *Teogonia*, de Esíodo (c. 521-564), e o hino *Prometeu*, de Goethe, de 1773: o primeiro, pelo engano a Zeus durante o sacrifício; o segundo, pelas características do titã solitário que desafia os deuses, cobrindo-os de desprezo e recusando-se a compartilhar os céus com eles. Prometeu quer governar os homens por ele criados: a criação dos homens à própria imagem, por parte do Prometeu goethiano, é o traço mais revolucionário/super-homístico do hino. Mas também tem uma referência à composição poética *Das Göttliche*, no qual Goethe afirma o valor normativo dos imortais, que podem ser "em grandeza" aquilo que o homem é "em pequenez", e postula uma espécie de conciliação e necessária colaboração entre o mundo humano e o divino. E no fundo está a hostil insensatez da natureza, que não distingue bons de maus e que aprisiona todos num ciclo eterno. O Prometeu de Nietzsche recusa a aliança 'de terror', proposta pelo pai Jápeto ("Quero ser livre e soberano destes homens a quem dei a existência [...] não tolero qualquer senhor"). Depois do engano do sa-

---

[20] BAW, II, p. 63. *La mia vita*, cit. p. 118. Cf. Ludwig Feuerbach, *L'essenza del Cristianesimo*, cap. XIX, trad. it. aos cuidados de Fabio Bazzani, Ponte alle Grazie, Firenza, 1994, p. 234. Numa nota de livros para o aniversário encontra-se indicado, além desse escrito, de Feuerbach, também *Gedanken über Tod und Unsterblichkeit*.

crifício, do qual os deuses oniscientes logo se dão conta e pelo qual punem o titã, o coro dos homens resolve ingenuamente a tensão – e a solução estética certamente não é feliz – acolhendo a conciliação do hino goethiano. O impulso edificante permite a colaboração dos homens com os deuses que servem a eles, somente, de norma e espelho: "Infeliz é aquele / cujos deuses não são / livres de culpa e erro / privados de qualquer mácula"[21]. A tentativa poética, ainda uma vez, é seguida de uma reflexão autocrítica, um diálogo humorístico/satírico que evoca um registro estilístico completamente diferente: o modelo explícito é Jean Paul. Põe-se em cena a incompreensão e o contraste entre o poeta e vários representantes do público: um capitão, um estudante, um professor, um conselheiro, uma velha senhora. O público que afunda, de modo diferente, na estupidez – a grosseria, a ignorância, o pedantismo, etc. – torna impossível um retorno, no mundo contemporâneo, à linguagem do classicismo: o diálogo satírico de Nietzsche parece anular na autocrítica toda possibilidade de tentativa épica.

4. *A filosofia e a "segunda natureza".*

Estes diversos registros de escrita pertencem à lenta e metódica invenção de um estilo que é construção de si. Nietzsche insistiu muitas vezes, desde as anotações autobiográficas de 1867-68, sobre uma "segunda natureza" extraída com força das inclinações "livres" consideradas como um perigo. Deixada para trás a metafísica romântica e a experiência wagneriana, aos velhos amigos que vêem no "espírito livre"

---

[21] BAW, I, p. 68.

uma "*decisão* extravagante" que o torna estranho a si mesmo, Nietzsche reafirma: "somente graças a esta segunda natureza tomei *posse* da minha primeira natureza" e, de modo mais radical, em uma carta a Rohde: "tenho uma 'segunda natureza', mas não para destruir a primeira, e sim para sustentá-la. A minha 'primeira natureza' já teria destruído uma parte de mim – ou melhor, já tinha quase me destruído"[22].

Também para a poesia, a tentativa, sempre consciente e fortemente autocrítica do "operoso fabricante de rimas", que chega a se impor, por um certo período, de escrever uma poesia por dia, é aquela de "mostrar não como se nasce poeta, mas como alguém se torna um"[23]. Uma contínua e insatisfeita análise ("eu escrevia poesias horríveis, mas com o maior ardor") que segue evoluções e viradas decididas e a exigência principal dos próprios versos: "mas sempre faltava a coisa principal, os conceitos", "uma poesia sem conceitos mas coberta de frases e imagens se assemelha a uma maçã vermelha por fora, mas cheia de vermes por dentro", "uma negligência no estilo se perdoa mais facilmente do que uma idéia confusa". Assim pensa o jovem de catorze anos que ainda quer sentir, nas suas vicissitudes, a guia segura de Deus, que sente a música como um "esplêndido dom de Deus" capaz de elevar e guiar em direção do Bem e da Verdade e exprime toda a sua desconfiança em relação à extravagância e confusão da "assim chamada 'música do futuro'". Nietzsche explicita desde

---

[22] F. Nietzsche, *Briefwechsel, Kritische Geamtausgabe*, herausgegeben von G. Colli und M. Montinari, de Gruyter, Berlin, 1975 sgg. [KGB], III, I, p. 290-291 (carta a Hans von Bülow dos primeiros dias de dezembro de 1882 e a Rohde no mesmo período). Sobre a "segunda natureza" veja-se BAW, III, p. 291; *La mia vita*, cit. p. 156, KGW, III, II, p. 176; *Opere*, p.129, KGW, IV, II, p. 210; *Opere*, p. 176-77.

[23] BAW, II, p. 119; *La mia vita*, cit., p. 128.

os anos juvenis o seu fundo "telúrico", a sua natureza impulsiva, passional, rica e transbordante em todas as direções. Desde cedo percebe como o livre abandono aos impulsos pode ser desagregador e como é necessária uma renúncia consciente e uma limitação do campo de atividades. Essa sensibilidade se exprime freqüentemente na assídua função pedagógica (às vezes rude) em relação aos amigos e ainda mais a si mesmo.

A primeira leitura de Schopenhauer (em 1865) significa a decisão de viver, até o fundo, a filosofia daquele "gênio sombrio e enérgico". Isso provoca no filósofo uma verdadeira "revolução espiritual", mas também "uma violenta agitação nervosa" e o perigo da loucura: o remédio é visto na ordem, na "obrigação dos estudos regulares". É significativa a reflexão sobre o amigo Romundt – "nele estavam desesperadamente misturados os traços de estudioso, poeta e filósofo"[24] – que se torna um espelho negativo dos perigos nos quais pode incorrer a pluralidade de aspirações e de dons que não tenham alguma definição de objetivos: a impotência e a "perpétua insatisfação". Os escritos autobiográficos insistem sobre os perigos da dispersão que pode se tornar desagregação: "o vagabundear sem meta por todos os campos do saber" ("eu chegava até a desenhar e a pintar")[25], "eu estava tão obstinado com a idéia de alcançar ciência e capacidades universais que eu corria o risco de me tornar um verdadeiro extravagante e visionário"[26]. A esses perigos um Nietzsche "passional-

---

[24] BAW, III, p. 302; *La mia vita*, cit., p. 167.

[25] *Idem*, p. 67; *Idem*, p. 144.

[26] *Mein Leben* [*Aus dem Jahre* 1863] in: F. Nietzsche, *Werke in drei Bänden*, aos cuidados de K. Schlechta, Hanser Verlag, München, 1966, vol. III, p. 110; *La mia vita*, cit., p. 135.

mente severo" contrapõe a vontade de "investigar até as raízes mais remotas e profundas de cada argumento"[27] a seriedade da especialização.

A escolha pela filologia não é, na auto-reflexão do filósofo, expressão de um "instinto" ou vocação, mas nasce da "educação, reflexão, talvez precisamente da resignação". "Quando me ponho a considerar", se lê numa anotação autobiográfica do início de 1869, "como passei da arte à filosofia, da filosofia à ciência, e nesse âmbito a interesses cada vez mais restritos, a coisa tem quase o ar de uma consciente renúncia"[28]. Era também, num sentir comum schopenhaueriano, a escolha consciente do amigo de juventude, o filólogo Erwin Rohde, explicitada numa carta a Nietzsche de 4 de novembro de 1868. Para quem não tem a liberdade do gênio, põe-se a necessidade de "conquistar um terreno sólido, um campo que possa ser cultivado com recursos menores; já que, a nós pequenos homens, a comodidade necessária para a existência só nos pode dar um trabalho consciencioso, numa esfera livremente escolhida do filisteísmo"[29]. Sempre mais, para Rohde, a inexorável clausura no horizonte doméstico e no trabalho filológico encontra como compensação e transfiguração ideal a música heróica de Wagner: "Bayreuth, o único lugar do mundo onde posso esquecer de mim mesmo, das minhas dores e também da filologia [...] e naufragar num mar de prazer"[30].

---

[27] BAW, III, p. 68; *La mia vita*, cit., p. 145.

[28] BAW, V, p. 251; *La mia vita*, cit., p. 183.

[29] KGB, I, III, p. 299-300.

[30] KGB, II, IV, p. 352 (carta de 2 de julho de 1876).

A uma natureza "telúrica" como aquela de Nietzsche, somente por pouco tempo poderia dar confins seguros a limitação livremente escolhida feita de ininterrupta leitura, de rigor e completude da informação bibliográfica com a sensação de "estar murado entre os livros"[31] ("o douto, no fundo, não faz nada mais do que 'consultar' livros – cerca de duzentos por dia para o filólogo médio")[32]. Isso não tem nada a ver com a imagem caricatural – até isso foi feito! – de um Nietzsche alheio e hostil a qualquer leitura e que, cheio de inspiração e orgulhoso da sua genial independência de pensamento, escreve, enquanto passeia, ainda que em oportunos breviários, fulgurantes aforismos e máximas a serem resgatadas, para oportunas citações.

Nietzsche, em todo caso, leva para dentro dos átrios da ciência mais acadêmica e rigorosa da Alemanha da época as fortes tensões e os impulsos que haviam caracterizado o seu percurso juvenil. Ele procura, de vez em quando, novos pontos de equilíbrio e de convivência entre a metafísica da arte e a filologia, até a conquista definitiva de uma filosofia *própria*. Somente o espírito que se tornou livre pode romper definitivamente a relação de subordinação do filólogo/educador nos confrontos do gênio e continuar a valorizar "a arte de ler bem", própria da filologia. A atitude filológica permanecerá sempre o instrumento necessário de limpeza e de probidade intelectual contra todas as tentativas de "corrupção" do texto através do seu "aprofundamento" com interpretações

---

[31] KGB, I, III, p. 120; trad. ital.: *Epistolario 1850-1869*, vol. I, edição Colli/Montinari, Adelphi, Milano 1977 [Epistolário I], p. 420 (carta a Gersdorff de 7 de abril de 1866).

[32] KGW, VI, III, p. 290; *Opere*, p. 301.

morais e teológicas: é o caso de leituras pneumáticas da natureza ou da leitura em termos de culpa e castigo de sofrimentos físicos[33].

No último período, Nietzsche propõe a solidariedade de intenções críticas entre filologia, fisiologia, genealogia, contra as interpretações pré-determinadas, fixas, preconceituosas, que recusam o trabalho paciente. Trata-se de ler as intenções e as forças que atravessam o texto, que o constituem: ler bem, lentamente, com "a cautela, a paciência, o refinamento. Filologia como *ephexis* na interpretação: seja de livros, de curiosidades jornalísticas, de destinos ou de fatos meteorológicos – para não falar da 'salvação da alma'" – escreve Nietzsche em *O Anticristo*. Uma "vontade se saber", de ir até o fundo, pondo-se de frente às várias manifestações da complexidade do real, lendo os sinais e rompendo os hieróglifos sem alterar o sentido com distorções preconceituosas, fixas e rígidas. Essa atitude contribui para revelar o aparato de falsificação que sustenta a mistificação do gênio metafísico, a ilusão do imediatismo. Mas o professor de filologia em Basiléia ainda não utiliza essa carga liberadora contra o ideal metafísico: permanece uma espécie de solidariedade espontânea entre a subordinação do filólogo e o império do gênio, quase como se a tarefa cotidiana, "maquinal", tivesse necessidade da transfiguração opiácea do ideal e da música de Wagner.

A publicação, atualmente em curso na edição crítica, dos materiais filológicos (em particular as anotações das várias aulas na Basiléia) facilitou uma avaliação mais cuidadosa e autônoma do trabalho filológico de Nietzsche no interior da história dos estudos clássicos e permitiu conhecer a comple-

---

[33] Cf. KGW, IV, III, p. 189 (WS 17); *Opere*, p. 144 e KGW, VI, II, p. 31 (JGB 22); *Opere*, p. 27.

xa relação de interação e conflitualidade entre uma tarefa, praticada com segurança crescente, e o surgimento da identidade filosófica[34]. Certamente, o interesse filosófico não significa para Nietzsche distanciamento ou hostilidade nos confrontos da filologia, mas antes a vontade de uma vigilância de uma prática extemporânea da disciplina. Novos sentidos sobre o sentido da tarefa especializada, sobre os perigos do filisteísmo ligados à profissão (os filisteus como "os indivíduos continuamente atarefados no modo mais sério em torno de uma realidade que não é tal")[35], sobre as tarefas mais gerais pelo renascimento cultural da Alemanha, se interessam pela filosofia do "musagete" Schopenhauer, "o filósofo de um classicismo renascido, de uma greceidade alemã"[36]. O culto do gênio – já presente nos traços aristocráticos das reflexões de Leipzig – se desenvolve sobretudo depois do encontro com Wagner: "ninguém mais manifesta para mim a imagem daquilo que Shopenhauer chama 'o gênio'"; "é o meu curso prático de filosofia schopenhaueriana"– escreve Nietzsche com entusiasmo aos amigos[37].

---

[34] Sobre esses temas, são importantes as indicações de Federico Gerratana: *"Jetzt zieht mich das Allgemeinen-Menschliche an". Ein Streifzüg durch Nietzsches Aufzeichnungen zu einer "Geschichte der litterarischen Studien"* in *Centauren-Geburten. Wissenschaft, Kunst und Philosophie beim jungem Nietzsche*, hrsg v. T. Borsche, F. Gerratana u. A. Venturelli, de Gruyter, Berlin, 1994, p. 326-350.

[35] A. Schopenhauer, *Pererga e paralipomena*, ed. it. aos cuidados de G. Colli, tomo I, Adelphi, Milano, 1981, p. 462-63.

[36] BAW, IV, p. 213; trad. it. in Friedrich Nietzsche, *Appunti filosofici (1867-1869). Omero e la filosofia classica*, aos cuidados de Giuliano Campioni e Federico Gerratana, Adelphi edizioni, Milano, 1993 [*Appunti filosofici*], p. 176.

[37] KGB, II, I, p. 35, 17; Epistolario II, p. 34 e p. 17.

No interior de seus estudos sobre as tradições da história literária, nos primeiros anos de Leipzig, o filósofo empreende uma crítica radical dos métodos, das angústias, das finalidades dos estudos filológicos da sua época, incapazes de colher o espírito da antiguidade. A prospectiva parte de Schopenhauer e assume também o caráter de crítica, a favor da visão artística, contra a supervalorização da história e contra os "construtores" de história que usam as categorias interpretativas de "progresso", "necessidade", "desenvolvimento". A história é essencialmente história das necessidades confusas e dos impulsos da massa, "a personalidade individual conta somente enquanto agiu sobre a massa", o sucesso é ligado à capacidade de satisfazer necessidades. "As necessidades, cuja satisfação é mais vistosa e se exprime em guerras, literatura, etc., nem por isso são as mais importantes. Um pedaço de pão é sempre mais importante do que um livro"[38]. É evidente nessas reflexões a influência da caracterização que Schopenhauer faz do "talento" como aquele que é capaz de responder às necessidades da época, ao serviço, entretanto, da vontade, e diferente, por sua natureza, do gênio "com freqüência em contradição e em luta contra o seu tempo [...] Os homens, que têm apenas talento, chegam sempre no momento certo: de fato, uma vez que são estimulados pelo espírito do próprio tempo e provocados pela necessidade do presente, estão em condições de satisfazer essa precisa necessidade"[39].

Para Schopenhauer, somente ao gênio e ao "verdadeiro herói" (aproximados entre eles pelo isolamento e pela luta contra as tendências da época) se atribui o predicado de

---

[38] BAW, III, p. 325; *Appunti filosofici*, p. 65.
[39] A. Schopenhauer, *Il mondo come volontà e rappresentazione*, trad. it., Milano, 1989, [Supplementi, cap. 31], p. 1249.

"grande": "indo contra a natureza humana, não buscaram o próprio interesse, nem viveram para si, mas para todos"[40]. Somente os grandes podem perceber os grandes e somente o grande filósofo capaz de uma visão universal dá impulsos ao trabalho subalterno e reprodutivo do filólogo. O confronto entre o gênio filosófico ("empregador") e filólogo ("operário de fábrica"), – a metáfora é derivada diretamente dos *Parerga* de Schopenhauer – volta mais vezes nas reflexões do jovem Nietzsche. "Também os nossos máximos talentos filológicos são apenas relativamente empregadores"; de um ponto de vista mais elevado, eles não passam de "operários a serviço de algum grande semideus da filosofia"[41].

A filologia – lê-se na aula inaugural na Basiléia – é um nome que cobre atividades científicas diferentes entre si e que tem um caráter composto: "é um pouco história, um pouco ciência natural, um pouco estética". A tentativa é aquela de encontrar, nessa "poção mágica", mistura de materiais e impulsos os mais heterogêneos, uma saída dos muros da prisão historicista que põe até o melhor filólogo numa relação exclusiva "com os pensamentos fixados pela escrita". Sob influência de Schopenhauer, Nietzsche sublinha, nas suas anotações para uma história dos estudos literários, como para além da membrana espessa e impenetrável" que envolve as coisas em si, o observador histórico está por ela separado também "daquelas duas membranas que são as representações do tem-

---

[40] *Ibidem*, p. 1242.
[41] KGB, I, II, p. 316; Epistolario, I, p. 623. (Carta a Paul Deussem de setembro de 1868). Veja-se também BAW, III, p. 329 e p. 338; *Appunti filosofici*, p. 68 e p. 81; KGW, II, II, p. 369-70; KGW, II, II, p. 162; *Opere*, p. 112 [*Sull'avvenire delle nostre scuole*]. Para a referência a Schopenhauer, cf.: *Parerga* II, cap. 21, § 254 (trad. it. cit., p. 642-43).

po e das fontes"⁴². Uma saída em direção a uma realidade mais imediata parece ser, a partir do inverno de 1868-69, a consideração sobre o "conhecimento científico (*naturwissenschaftlich*) da essência da linguagem": o mais belo triunfo da filologia "é a lingüística comparada com a sua prospectiva filosófica" graças à qual "foram descobertas as *leis*, entrou-se entre as ciências naturais [...], buscou-se um caminho para os problemas do pensamento". O componente *naturwissenschaftlich* da filologia é ligada por Nietzsche à tematização do "mais profundo instinto do homem, o instinto lingüístico". Nietzsche parece crer, depois da leitura de Eduard von Hartmann, que a temática dos instintos, caracterizados como obscura potência da história, permitem-lhe uma relação mais direta com a natureza: desse modo não se limita mais a examinar somente "os óculos com os quais homens distantes viam o mundo". "Se procuramos entender esses homens extraordinários, juntamente com seus pensamentos, apenas como sintomas de correntes espirituais, como sintomas de vida ininterrupta dos instintos, tocamos diretamente a natureza. O mesmo ocorre quando buscamos a origem da linguagem"⁴³.

Os interesses pelas ciências da natureza, desenvolvidos a partir da leitura da *História do materialismo*, de Lange, e presentes também nas anotações sobre a teleologia (de 1868) e nos estudos sobre Demócrito, deixarão lugar, no percurso mais visível da reflexão de Nietzsche, à "metafísica da arte". O filólogo ideal estará então subordinado e será complementar à atividade do gênio artístico (Wagner) e a sua "inclinação pedagógica" será recuperada, num sentido mais elevado, contra o aspecto apologético e "humanístico", dominante no

---

⁴² BAW, III, p. 324; *Appunti filosofici*, p. 64.
⁴³ BAW, V, p. 195; *Appunti filosofici*, p. 188.

estudo de então sobre a antiguidade. São significativas, nessa direção, as aulas dadas no semestre de verão de 1871 e no inverno de 1873-74 (*Encyclopädie der klassischen Philologie und Einleitung in das Studium derselben*), nas quais o filólogo assume um lugar central com a função de educador: para ser verdadeiramente tal, ele deve compreender o "classicismo" sem mistificá-lo. Daí o necessário momento propedêutico da filosofia que, ao contrário da ciência, consegue "trazer à luz de todos os pontos de vista também aquilo que é particularíssimo"[44] sem perder de vista a visão abrangente, ampla, que permite propor ao passado questões novas para ter novas respostas[45]. Nas aulas torna-se precisa a profissão de fé expressa com a temerária inversão da máxima de Sêneca (*"philosophia facta est quae philologia fuit"*) e colocada por Nietzsche no final de sua aula sobre Homero. A escolha filosófica, propedêutica necessária para o novo filólogo, é o "idealismo" extemporâneo promovido por Schopenhauer: "aqui parece ser a coisa mais útil a união de Platão e Kant". Isso comporta, como naquela aula, um programa conciliador no qual a atividade filosófica parece poder integrar-se, sem dilaceração, com a própria atividade filológica. A busca da "antiguidade real" pelos estudos filológicos não impede necessariamente a "antiguidade ideal". O novo filólogo – dotado de uma enorme "reprodutividade", em contraste com a criatividade do gênio – torna-se assim o professor ideal, "o mediador entre os grandes gênios e os novos gênios que vão surgir, entre o grande passado e o futuro"[46]. Nietzsche afirma que o filólogo deve ser "homem moderno", mas ligado com a grandeza

---

[44] KGW, II, III, p. 372.
[45] BAW, III, p. 338; *Appunti filosofici*, p. 81.
[46] KGW, II, III, p. 368.

moderna capaz de abrir o caminho para a grandeza real da antiguidade. O tema é retomado e desenvolvido nas conferências *Sobre o futuro dos nossos estabelecimentos de ensino* que põem uma continuidade necessária de aspiração "em direção à terra da nostalgia, a Grécia", entre os grandes clássicos alemães e o novo educador: não é possível "saltar diretamente, sem servir-se de pontes, para aquele distante mundo grego"[47]. A afirmação que encontramos mais vezes no período juvenil, da "ligação que aproxima realmente a mais íntima natureza alemã ao mundo grego" – até com algum apelo à "fidelidade do soldado alemão" – parece uma concessão às posições wagnerianas e será objeto de uma firme e decidida autocrítica a partir de *Humano, demasiado humano*.

A filosofia de Schopenhauer guia a busca, no passado, de atitudes pessimistas que vão além da divisão entre paganismo e cristianismo. Isso impõe uma cautela crítica nos confrontos da categoria da "serenidade grega" (*"griechische Heiterkeit"*) que não consideram o substrato da tragédia, dos mistérios, da filosofia de Empédocles. A prospectiva capaz de fornecer o horizonte de sentido ao trabalho filológico é "o elemento universalmente humano": "a arte grega é a única que ultrapassa os limites nacionais: aqui alcançamos pela primeira vez a *Humanität*, isto é, não a humanidade média, mas a humanidade mais elevada"[48]. Nietzsche insiste, aqui como em outros lugares, sobre a falsificação humanística da essência natural, trágica, da natureza humana, que se revela abertamente no mundo grego onde a individualidade é possível

---

[47] KGW, III, II, p. 178 e 181; *Opere*, p. 131-35.
[48] KGW, II, III, p. 371; cf. BAW, III, p. 369; *Appunti filosofici*, p. 130. Veja-se também a carta a Rohde de 1-3 de fevereiro de 1868: KGB, I, II, p. 248; Epistolário I, p. 554.

em maior medida e com maior força que no mundo moderno. No mundo grego, está ainda unido aquilo que no mundo atual, sob o império da civilização e da divisão do trabalho, está separado: a arte com a religião, o indivíduo com a humanidade e o Estado. O conceito de *"Humanität"* não tem nada a ver com os "direitos fundamentais": a bela comunidade que torna possível belas individualidades tem, como sua condição terrível, a escravidão.

Nietzsche propõe a imagem do homem ideal como alguma coisa rara, como capaz de manter juntos e em equilíbrio os instintos: ele é ao mesmo tempo "profundo, dócil, artístico, político, belo, de forma nobre". Para chegar a essa imagem ideal, Nietzsche julga ainda necessário o modelo grego. Nos anos consecutivos, quando amadurece a crise da metafísica da arte e da relação com Wagner, voltando com maior radicalismo a uma crítica da filologia de então, Nietzsche crê que "da *civilização antiga* nós estamos *separados* para sempre, enquanto que os seus *fondamenta* tornaram-se para nós completamente *apodrecidos*"[49]. O mito, o pensamento "impuro", a religião e também a arte, sucedânea da religião – enquanto "narcóticos" e "medicamentos inferiores" – não podem mais ser os fundamentos da nova civilização.

Justamente *Wagner em Bayreuth* assinala a crise radical da centralidade metafísica da arte vista agora como "atividade daquele que repousa": "os objetos aos quais os heróis trágicos olham não são com certeza, por si mesmos, as coisas mais dignas de serem desejadas". A obra de arte é valorizada somente à medida que simplifica os problemas e as soluções: por isso ela pertence ao sonho restaurador que precede a batalha heróica do indivíduo contra o "poder", a lei, as conven-

---

[49] KGW, IV, I, p. 159; *Opere*, p. 147.

ções. "A arte não é certamente uma mestra e uma educadora para o agir imediato; o artista, nesse sentido, nunca é um educador e um conselheiro". Para quem se tornou "vidente diante do real", a arte representa, na sua simplificação das "reais lutas da vida" e do "cálculo infinitamente complicado do agir e do querer humanos", um conforto momentâneo. A saída imediata do caos, prometida pela arte trágica e ligada à morte redentora do herói ("o modo mais belo de viver para os indivíduos precisa amadurecer pela morte e imolar-se na luta pela justiça e pelo amor"). Pertence à consolação momentânea. "*Para que o arco não se quebre*, para isso existe a arte"[50]. Na "simplificação" wagneriana já se mostra o perigo da letargia. A categoria ampla de "educação" se desenvolve agora em contraposição a esses perigos presentes na arte. Próximo de um fundo imutável e trágico da existência, é reconhecido um campo de mobilidade que, liberto das estruturas metafísicas, pode ser plasmado pela atividade humana ordenadora, pelo "efetivo poder sobre as coisas". A filosofia deve estabelecer "até que ponto as coisas têm natureza e forma invariáveis: para depois proceder com a coragem mais intransigente ao *melhoramento da parte de mundo reconhecida como mutável*"[51]. A "educação" é definida "antes de mais nada como uma doutrina do *necessário*, e em seguida como uma doutrina daquilo que *se transforma* e é *modificável*.

Para essa tarefa, Nietzsche julga que os tradicionais educadores da juventude alemã, devem ser substituídos "pelo médico – pelo naturalista – pelo economista". Nas anotações para a extemporânea sobre a filologia que põem como central o tema da educação e a necessidade de "educar os edu-

---

[50] KGW, IV, I, p. 24-25; *Opere*, p. 24-25.
[51] *Idem*, p. 17; *Idem*, p. 17. WB, IV, I, p. 17.

cadores" o filólogo não tem mais um papel central positivo. A última tentativa importante de Nietzsche para abrir-se um caminho para a realidade ainda no interior da disciplina filológica, renovando radicalmente a prática dela, antes de abandonar definitivamente a cátedra na Basiléia para tornar-se filósofo e *fugitivus errans*, é constituída pelo uso da etnologia e da sociologia da época (Tylor, Lubbock, Wuttke, Hellwald, Bagehot, Spencer), amplamente documentada pelas aulas sobre o culto divino dos gregos[52].

Reflexões centrais desse curso vão se tornar aforismos de *Humano, demasiado humano*.

5. *A Ilusão vital em Nietzsche e Renan.*
O heroísmo da raça céltica.

Alguns fragmentos do final de 1874 contêm o esboço de um drama alegórico sobre Prometeu no qual Nietzsche pretendia enfrentar a crítica da civilização moderna na sua relação com o mundo grego. Os temas indicados nos fragmentos sobre Prometeu – e a forma com a qual ele quer exprimi-los – são, como também a mais articulada tentativa de tragédia sobre Empédocles, prenúncios distantes do *Zaratustra*. Enquanto a figura de Empédocles depende fortemente de Hölderlin, este esboço faz lembrar Goethe, em particular a *Pandora*, que exprime a *Sehnsucht* pela beleza e a felicidade do passado.

---

[52] Cf. F. Nietzsche, *Der Gottesdienst der Griechen*, in "Groâoktav-Ausgabe", Naumann/Kröner, Leipzig, 1894 ff., vol. XIX, p. 1 e ss. Sobre os estudos de Nietzsche, sua importância e vastidão veja-se o volume de A. Orsucci, *Orient – Okzident. Nietzsches Versuch einer Loslösun vom europäischen Weltbild*, de Gruyter, Berlin, 1996.

No centro está ainda a morte de Zeus, arruinado por causa do filho e do fato de que Prometeu não quis revelar o segredo do fim do deus. Zeus, querendo a destruição dos homens, tinha inventado a esplêndida civilização grega: os homens teriam dessa forma perdido o gosto pela vida devido à impossível tentativa de igualar-se aos gregos e à absoluta saudade daquela inatingível beleza. O filho de Zeus trata então de tornar os homens estúpidos e temerosos da morte: por isso o ódio deles pelo mundo grego e a fixação a uma 'pequena' sobrevivência. Prometeu mandará Epimeteu para contrastar a vontade do filho de Zeus, desejoso ele também de aniquilar os homens de outra maneira. Epimeteu suscita Pandora ("a história, a lembrança") e com ela "o fabuloso mundo grego". Ela, num primeiro momento, seduz os homens para a vida; num segundo momento, tendo-se revelado "terríveis e inimitáveis" os fundamentos reais daquela cultura, os distancia da vida. Prometeu, depois de ter reduzido os homens a um amálgama (uma "massa", uma "pasta") pode criar um novo homem, "o indivíduo do futuro". Para renascer numa nova forma superior, os homens "devem, antes de tudo, morrer". Nesses fragmentos aparece também Dioniso, "aquele que supera o mundo", destinado, entretanto, como Zeus, a arruinar-se. Há alguns indícios que permitem compreender como, nas intenções de Nietzsche, o drama deveria ter personagens grotescos e satíricos: "Os deuses são estúpidos (o abutre tagarela como um papagaio) [...] O abutre não quer mais devorar. O fígado de Prometeu cresce demais [...]. Prometeu e seu abutre foram esquecidos"[53]. Tal abutre, à luz das

---

[53] KGW, III, III/2, p. 457-459. Lembremos as poucas linhas dedicadas por Franz Kafka a um Prometeu esquecido: "Todos esqueceram: os Deuses, as águias, ele mesmo [...] Cansaram-se dele que não havia mais

afirmações do escrito póstumo sobre *O estado grego*, poderia ser entendido como a verdade da afirmação: "*A escravidão entra na essência de qualquer cultura*". Nietzsche de fato escreve que a violência exercitada sobre a casta dos escravos (terrível e necessária para a criação de uma cultura), é a realidade "que não deixa nenhuma dúvida sobre o valor absoluto da existência. Tal verdade é o abutre que devora o fígado do sustentáculo prometéico da cultura"[54]. Dessa verdade, o homem moderno se esquiva, escondendo, de si mesmo e dos outros, a escravidão geral do mundo que o circunda, privada de sentido e finalidade superiores, através da "alucinação conceitual" da dignidade do homem e do trabalho.

Nietzsche, em outros lugares, retoma a página onde Schopenhauer ataca a "dignidade do homem" como uma fórmula vazia que esconde a ausência do conceito. A concepção metafísica de Nietzsche, que vê como finalidade última e necessária da realidade a produção do gênio, propõe uma dimensão, mais dura e heróica, da dignidade: "Todo homem, com toda sua atividade, adquire uma dignidade enquanto for, consciente ou inconscientemente, um instrumento do gênio [...] somente como ser plenamente determinado, a serviço de objetivos desconhecidos, o homem pode justificar sua própria existência"[55]. O dever aparece como "obediência a um

---

motivo de ser. Os deuses se cansaram, a ferida – cansada se fechou" (*Prometeu*, 1918). Até mesmo a lembrança do herói supremo caiu. Parece a definitiva sanção de uma impossibilidade – na condição moderna – de um heroísmo prometéico: o heroísmo está na obscura vida cotidiana.

[54] KGW, III, II, p. 261; *Opere*, p. 226-67.
[55] KGW, III, II, p. 270. Veja-se como esta abnegação absoluta é vista como expressão de "sublimidade moral, o instinto para o heroísmo e o sacrifício": KGW, III, II, p. 222.

instinto, que se apresenta na figura de pensamento"⁵⁶. No instinto se exprime diretamente uma vontade que submete o indivíduo com o engano. A vergonha, que acompanha no mundo grego também a produção artística como sedução à vida, é a expressão de uma consciência do homem grego de ser apenas um instrumento dos fenômenos da vontade que o transcendem infinitamente como indivíduo. Os verdadeiros motores da vontade são escondidos por representações do dever e se impõem como instinto. A estrutura do engano é aquela individuada por Schopenhauer na metafísica do amor sexual: o instinto é ilusão (*Wahn*) que perpetua a vontade de viver, é o engano por parte do "gênio da espécie" às custas do indivíduo. O postulado inicial de Nietzsche da impossibilidade prática da negação da vida comporta a aceitação desses mecanismos de ilusão funcionalizados para a construção de uma civilização superior. A arte e o mito são a imagem ilusória mais alta de sedução para a vida: "Corrigir o mundo – eis a religião ou a arte. Como o mundo deve parecer para que valha a pena viver?"⁵⁷. A trama das ilusões está nas mãos do gênio trágico que, por amor e compaixão pela comunidade, favorece o engano do Uno originário. A escolha do mundo grego está longe do puro dionisíaco (letárgico), assim como do nefasto otimismo alexandrino do mundo moderno: a civilização grega é uma construção piramidal que tem no seu cume a realidade do gênio, e está firmemente vinculada à vitalidade do instinto. Dessa forma se mantém uma relação não destrutiva (velada e protegida pelo mito) com o fundo trágico que no gênio satisfaz de modo potencializado a sua capacidade artís-

---

⁵⁶ KGW, III, III, p. 151; *Opere*, III, III/1, p. 147.

⁵⁷ *Idem*, p. 105; *Idem*, p. 99.

tico-representativa. O adequar-se à inconsciente teleologia da natureza significa subordinar-se de modo absoluto ao gênio.

Um mecanismo análogo de ilusões que se impõem como instinto, em conexão com o engano da natureza, se encontra em Renan. O autor francês, não por acaso, é valorizado, naquela época, por Wagner e por Nietzsche sobretudo pela centralidade que destina ao tema do gênio/herói até a interpretar (contra Strauss) de tal modo a figura de Jesus. Também Renan apela à metafísica do amor sexual de Schopenhauer para criticar-lhe a atitude de revolta: é mais sábio deixar-se enganar, submeter-se ao "maquiavelismo" da natureza: "o seu objetivo é bom; portanto, devemos querer aquilo que ela quer. A virtude é um amém obstinado dito para os fins obscuros que a Providência persegue por meio de nós". A forte teodicéia, a garantia teleológica de um estado final de pleno valor ("Deus é uma necessidade absoluta. Deus será e Deus é. Será como realidade; é, enquanto ideal")[58], impõe a subordinação geral e a hierarquização. O heroísmo da devoção e o grau de ascetismo garantem a posição que cada um assume na hierarquia, na qual todos, entretanto, servem a fins superiores. Daí a valorização do sacrifício dos heróis humildes e obscuros (todos constroem a pirâmide, tecem a tela da qual ignoram o desenho): "constrói-se uma obra infinita, na qual cada um insere a própria ação como um átomo"[59], com

---

[58] E. Renan, *Dialogues philosophiques*, Calman Lévy, Paris, 1876, p. 145; trad. it. *Dialoghi filosofici*, edição aos cuidados de G. Campioni, ETS, Pisa, 1992, p. 157.

[59] Carta a Saint-Beuve, de 5 de maio de 1862, em *Oeuvres Complètes de Ernest Renan*, édition définitive établie par Henriette Psichari, Calman-Lévy Editeurs, Paris, 1947 e ss., vol. X, p. 353. Salvo ulteriores indicações, as referências a Renan são dessa edição, citada como OC, seguida do número do volume em caracteres romanos.

a garantia de que nada se perca. A *guerre savante* e a vitória da Prússia forçam Renan a confirmar um modelo social que une firmemente estrutura hierárquica e valores feudais à modernidade técnico-científica. A afirmação egoística deve ser sacrificada em favor da eficiência e da força da máquina abrangente na qual o individual é inserido como função: a guerra "supõe uma grande ausência de reflexão egoística, uma vez que, aqueles que mais contribuíram com a vitória, os mortos, depois dela, dela não gozam". O forte espírito antiburguês de Renan lança-se contra a estupidez e a vulgaridade de uma existência "*étroite et finie*", não iluminada pelo ideal, que comporta a dispersão egoística de energia não finalizada/destinada para a realização do Deus. Aos "insípidos mercadores" Renan contrapõe a "sublime loucura" do estilita, do asceta, do "*héros de la vie désinteressée*", até mesmo do fanático que, com alegria, põe sua cabeça embaixo das rodas do carro sagrado, porque essa loucura testemunha, ainda que de modo irracional, o salto para o ideal. "O bárbaro, com os seus sonhos e suas fábulas, vale mais do que o homem positivo que nada compreende além do finito"[60]. Nas discussões posteriores à guerra franco-prussiana sobre o papel da educação primária para a afirmação de uma cultura, com um cinismo particular, Renan se manifesta contra a ilusão "de que pronunciando mal algumas palavras racionais ao ser desforme que a luz interior não ilumina, fazemos um homem"[61]. O povo é deixado na sua ignorância, fiel aos seus instintos que o forçam, com segurança cega, a servir o ideal, a gozar indiretamente da beleza e da superioridade dos grandes: os vín-

---

[60] E. Renan, *L'avenir de la science*, in: OC III, p. 795-97.
[61] OC I, p. 71.

culos da "devoção" não devem ser quebrados de modo nenhum. Alguns desses temas de elite estão presentes também em Burckhardt e no jovem Nietzsche: o conhecimento, quando levado à "cega toupeira da cultura", em nome de um "otimismo nefando", é destrutivo da rede de ilusões vitais.

Burckhardt age sobre Nietzsche como contrapeso crítico à ideologia germânica de Wagner: os dois professores de Basiléia vêem na guerra "zoológica" entre as nações um ameaçador perigo para a cultura. "Na maioria das vezes, o vencedor se torna estúpido; o vencido se torna malvado. A guerra simplifica (...). É uma letargia invernal da civilização"[62]. E mais vezes Nietzsche, nesse período, vê a regressão do homem atual ao "animal-presa" que corre "pelo grande deserto da terra", que se envolve, numa fúria geral, em "lutas dilacerantes contra outros animais", movido somente por instintos imediatos. A breve experiência na guerra franco-prussiana como enfermeiro voluntário confirma Nietzsche na atitude anti-heróica de compaixão em relação ao horror material dos campos de batalha feito de "fedor de cadáveres" e feridas purulentas. A "pátria", a nação (também no período juvenil) são, entretanto, para Nietzsche, apenas formas inferiores de ilusão vital (*Wahn*). E até os últimos apontamentos de janeiro de 1889, paralelos às "anotações da loucura", Nietzsche se lança, em nome da fisiologia e da 'grande política' da vida, contra a paz armada das nações da Europa ("um porco-espinho de sentimento heróico")[63] e contra a guerra: "é *loucura* que

---

[62] KGW, III, IV, p. 389; *Opere*, III, III/2, p. 384-85.

[63] KGB, III, V, p. 249 (carta a Reinhart von Seydlitz, de 12 de fevereiro de 1888). A clara referência de Nietzsche (retomada outras vezes em outros contextos) é à parábola de Schopenhauer dos *Parerga*, cit. Vol. II (N. 396), p. 884.

se coloque diante da boca dos canhões a fina flor da força e da juventude e da potência"[64].

Os heróis de Renan têm o caráter da absoluta abnegação e sacrifício ao ideal. Na construção do seu mito pessoal, Renan apela às suas raízes bretãs e ao "sangue céltico" que lhe teriam determinado o caráter idealístico, desinteressado, devoto. Os bretões são apresentados, mais vezes, como população não contaminada pela vulgaridade da civilização moderna (egoística e utilitária, por isso, atéia): "Essa raça tem no coração uma eterna fonte de loucura"[65], vive de sonho e se desgasta "a perseguir o ideal". A epopéia culmina com o ensaio de 1854 sobre *A poesia das raças célticas*. Aqui se encontra a variante nórdica do mito doce de Jesus: aquele que "fez completar, para a sua espécie, o máximo passo em direção ao divino", "o princípio inexaurível de renovação moral"[66], embora distante dos rumores que lhe servissem de "leis" de natureza, ignaro de qualquer ciência. O "evangelho dos humildes" compreende o primado do valor moral anulado, em vez, pela lógica dos *Diálogos filosóficos*, em que a figura de Jesus deixa inteiramente o campo para o Deus-tudo e aos cientistas tiranos, deuses super-homens capazes de impor-se através da ameaça de um inferno efetivo. Em *A poesia das raças célticas*, é significativo o confronto entre os heróis das sagas germânicas (onde reina "o horror da barbárie que derrama sangue, a embriaguez do massacre") e aqueles das sagas

---

[64] KGW, VIII, III, p. 459; *Opere*, p. 415.

[65] E. Renan, *Souvenirs d'enfance et de jeunesse*, Calmann Lévy, édit.; Paris, 1883, p. 78; trad. it. *Ricordi d'infanzia e di giovinezza*, aos cuidados de Stefano De Simone, UTET, Torino, 1954, p. 84.

[66] OC IV, p. 370 e 367.

célticas (impregnados de um "profundo senso de justiça, uma grande exaltação do orgulho individual unida a uma grande necessidade de devoção"). O herói germânico se caracteriza pela sua "brutalidade sem objeto", pelo amor ao mal, pelo gosto desinteressado da destruição e da morte, em contraste com o herói címbrico "dominado pelo hábito da benevolência e por uma viva simpatia pelos mais fracos", pelos animais, pela natureza, pelas pedras. O herói címbrico não se distingue do santo e é capaz de voltar sua doce piedade, como numa lenda de São Brandão, até a Judas, que sofre no inferno. O sonho, que substitui a realidade, impregna a alma céltica e a sua sede de aventura é ainda "uma corrida sem fim atrás do objeto sempre fugidio do desejo"[67].

A raça céltica resiste ao tempo e defende as causas desesperadas: daí – afirma com malícia Renan – a sua inaptidão para a vida política. Aqueles homens têm o sentido da fixidez da vida e da impossibilidade de poder mudá-la: resignam-se à fatalidade. A posição deles é antitética ao heroísmo prometéico: "Ao vê-los assim tão pouco audazes contra Deus, crer-se-ia apenas essa raça filha de Jápeto"[68].

A vontade de infinito e de ilusão comporta a aproximação ao narcótico: "Essa raça quer o infinito; ela tem sede dele, ela o persegue a qualquer preço, para além do túmulo, para além do inferno. O defeito essencial dos povos bretões, a tendência à embriaguez, defeito que, segundo todas as tradições do século VI, foi a causa do desastre deles, está ligado a essa invencível necessidade de ilusões". E isso apesar do distanciamento de toda a sensualidade grosseira: os Bretões "pro-

---

[67] OC II, p. 258-59.
[68] *Idem*, p. 256-57.

curavam na bebida aquilo que São Brandão e Pérédur perseguiam à maneira deles: a visão do mundo invisível"[69].

Um quadro teleológico, que garante o progresso e a realização do Deus, faz do sacrifício e da ascese os elementos caracterizadores da grandeza. O gozo do indivíduo parece entretido e remetido à sua realização final, no prazer imenso de um corpo imenso do qual o indivíduo será uma célula vivente: "Um só ser, que sente, que goza, que absorve com a sua garganta ardente um rio de volúpia que transbordaria fora dele numa torrente de vida. (...) A natureza, em todos os níveis, tem a única preocupação de obter um resultado superior com o sacrifício de individualidades inferiores"[70].

6. Uma "consolação metafísica" para o herói que morre.

Em Nietzsche, a metafísica do artista impõe a necessária destruição da individualidade do herói a fim de que seja possível alcançar uma nova forma. A tragédia atinge, com a morte do herói, a consolação metafísica que permite, também para a filosofia de Schopenhauer, a afirmação heróica da vida: apesar da morte e da caducidade de todas as coisas individuais, cada ser que quer existir tem assegurada a existência sem fim e interrupção. "O herói, a mais alta aparência da vontade, é negado com a nossa alegria, porque é somente aparência, e a vida eterna da vontade não é tocada pela sua destruição"[71]. Depois da morte da tragédia, a dissonância trágica

---

[69] OC II, p. 259.
[70] E. Renan. *Dialogues philosophiques*, cit. p. 127-28; trad. it. *Dialoghi filosofici*, cit. p. 147-48.
[71] KGW, III, I, p. 104; *Opere*, p. 111.

– o herói martirizado pela sorte – perde a superior consolação metafísica e procura uma solução terrena, um *deus ex machina* para o alegre fim de uma recompensa terrena: "O herói tinha se tornado o gladiador aquém, depois de ter sido completamente dilacerado e coberto de feridas, se dava de vez em quando a liberdade"[72].

Em *O nascimento da tragédia* – cujo frontispício tinha como vinheta a figura de Prometeu libertado das correntes, feita por Leopoldo Rau – é central a referência à *Hybris* como "pecado ativo" do titã Prometeu a partir do hino goethiano ("Verdadeiro e próprio hino da impiedade"). Aqui foi utilizada a duvidosa categoria interpretativa de "ariano" (para o mito "masculino" de Prometeu), difundida em trabalhos de lingüística e história da linguagem[73] então em voga, ainda que assinalados de grandes confusões (a caracterização ariana correspondia, para muitos, ao princípio primordial feminino, materno). Recordemos como Michelet, na sua *Bible de l'humanité* (a Bíblia solar que nasce junto aos Arianos "filhos da luz") vê em Prometeu "o emancipador primitivo" contra as trevas do oriente, "*toute énergie libre a procede de lui*", a sua lição "*est directement contraire aux Sauveurs ténébreux, aux faux libérateurs* [é diretamente contrária aos Sábios tenebrosos, aos falsos libertadores]". Prometeu é a expressão de uma humanidade que não se dobra: "*on sent que l'héroisme en l'homme est la nature* [sente-se que o heroísmo no homem é a natureza]"[74]. Certamente a contraposição entre o mito aria-

---

[72] KGW, III, I, p. 110; *Opere*, p. 117.

[73] Cf. B. VON REIBNITZ, *Ein Kommentar zu Friedrich Nietzsche "Die Geburt der Tragöedie aus dem Geiste der Musik" (Kapitel 1-12)*, Stuttgart, Metzler, 1992, p. 246.

[74] J. MICHELET, *Bible de l'humanité*, Paris, Chamerot, 1861, p. 260-264.

no de Prometeu e "o mito semítico do pecado original", no qual predomina uma "série de afetos eminentemente femininos", podia comprazer o anti-semitismo do seu interlocutor privilegiado, Wagner, mas não parece essencial à construção metafísica que dá sentido ao mito.

Prometeu representa o "heróico impulso" do indivíduo para superar os limites da individuação numa tensão contra o universal. A sua vontade de ser "a única essência do mundo" comporta o ônus sobre si da contradição originária: o Titã "comete um delito e sofre". A interpretação de fundo é ligada à estrutura metafísica da arte e ao tema shopenhaueriano da 'justiça eterna': a vontade originária que cometeu a culpa da individuação recebe o sofrimento. Também Prometeu que, como os vários heróis da cena trágica, aparece preso na rede da vontade individual e que como indivíduo "erra, luta e sofre", é, na realidade, a máscara apolínea de Dioniso-Zagreus dos mistérios, sofredor, despedaçado pelos Titãs e que aspira a um renascimento que ponha fim à individuação. A solução da tragédia pessimista que justifica o mal humano eticamente, na direção schopenhaueriana, é superada, em Nietzsche, pela aceitação trágica da realidade: "Tudo aquilo que existe é justo e injusto, e em ambos os casos igualmente justificado". Tal afirmação da inocência do vir-a-ser, em Nietzsche, é ainda obstaculizada pela aceitação de categorias metafísicas shopenhauerianas, ainda que profundamente modificadas à luz da reflexão teórica de Wagner.

Nietzsche afirma que o olhar do expectador trágico, potencializado pela força da música, não se firma às belas ilusões plasticamente vivas na cena: deve refugiar-se de novo no seio da verdadeira e única realidade através da destruição do herói-indivíduo. "A um outro ser e a uma alegria superior, o herói combatente, cheio de presságios, se prepara com a sua ruína, não com as suas vitórias"[75]. O mundo transfigurado da cena é visto com um olhar que "deseja ser cego", isto é, aspira à superior clarividência musical (o "sonho verdadeiro" do coração do mundo capaz de comunicar-se somente através de imagens despotencializadas do sonho alegórico, da manhã). Nietzsche utiliza de modo semelhante para sua reflexão as temáticas do *Beethoven*, de Wagner, no qual o músico reformula, em termos completamente novos e coerentes com o primado schopenhaueriano da música, a teoria do drama musical. A unidade do drama é garantida não mais, como nas teorias juvenis, pela conjunção das artes irmãs divididas e degradadas a *técnai* sob o domínio da civilização, mas pela visão romântica da música como uma linguagem privilegiada capaz de produzir visões.

A mudança de Wagner tinha sido radical. Como Nietzsche advertirá polemicamente: o músico se torna, agora, porta-voz privilegiado do em-si das coisas, oráculo, sacerdote, "ventríloquo de Deus". A tentativa de Nietzsche é aquela de valorizar em Wagner a afirmação trágica da música, o sério "jogo" com a realidade, contra os perigos niilistas implícitos nas escolhas do músico. Isso comporta a acentuação dos elementos de continuidade e uma leitura anticristã do tema do heroísmo wagneriano.

7. Veracidade heróica e extemporaneidade: a lição de Schopenhauer.

Nietzsche, na sua radical autocrítica do período romântico, verá na atitude "extemporânea", naquela forma de agonismo contra o próprio tempo, uma expressão de juven-

---

[75] KGW, III, I, p. 130; *Opere*, p. 139.

tude, de inexperiência e também de real debilidade: "Hoje eu compreendo que com essa espécie de acusação, de exaltação, de descontentamento, eu pertencia, justamente por isso, aos mais modernos entre os modernos"[76]. Aquela das Extemporâneas é "a metafísica da cultura", que é também uma metafísica da juventude capaz de um novo heroísmo (o modelo é Siegfried): a situação da cultura é julgada com base nos grandes e solitários heróis de uma época e sua relação com o povo[77]. Toda a ação de Nietzsche (e as extemporâneas pretendem ser ações contra as vilanias e as preguiças da época) se apresenta como sacrifício e abnegação para a realização do gênio.

A luta é contra as várias máscaras do filisteísmo e a pavidez que se utiliza da grandeza passada para opor-se à construção de uma nova cultura e à possibilidade de novos gênios. Os filisteus, escondidos atrás de um tranqüilizante "nós" e com máscaras enrijecidas nos papéis sociais, "preocupados com a comédia comum e de nenhum modo consigo", têm como palavra de ordem: "não devemos mais procurar"[78]. Também nesse caso a referência de Nietzsche é pontual a Wagner, que fala do dom concedido, a quem nasce, pela mais jovem das Nornas para que todos um dia possam se tornar gênios: "o espírito nunca satisfeito e que procura sempre alguma coisa nova"[79].

---

[76] KGW, VIII, I. p. 163; *Opere*. p. 150-51.

[77] KGW, III, II, p. 190; *Opere*, p. 145.

[78] KGW, III, I, p. 164; *Opere*, p. 177.

[79] R. Wagner. *Eine Mitteilung an meine Freunde*, in: *Dichtungen und Schriften*, Jubiläumsausgabe in zehn Bänden, hrsg. Von Dieter Borchmeyer, Frankfurt a. Main, 1983, vol. VI, p. 221; trad. it. *Una comunicazione ai miei amici*, ed. Studio Tesi, Pordenone, 1985. p. 26.

A afirmada "pátria metafísica" do gênio torna-se momento de fanática convicção com a possibilidade da ruína dos novos heróis: "as palavras e as ações deles são explosões e é possível que, por elas, eles mesmos morram".

Num fragmento de 1878, Nietzsche reafirma a propósito de Schopenhauer, junto com a "desconfiança em relação ao sistema desde o início", a valorização constante da pessoa: "Ele típico como filósofo e promotor da cultura"[80]. O jovem Nietzsche, já na primavera de 1868, tinha feito as contas definitivamente, em poucas e atormentadas páginas de anotações, do elemento sistemático da metafísica de Schopenhauer, com base na leitura de Lange e de outros filósofos neokantianos, mantendo uma fidelidade superior a Schopenhauer. Na terceira extemporânea, o filósofo torna-se mestre do heroísmo: a referência privilegiada são as páginas dos *Parerga*, nas quais a "eudemonologia" está em primeiro plano como a arte, a sagacidade, os instrumentos para "superar a vida" com a consciência que "uma vida feliz é impossível: o máximo que o homem pode atingir é uma vida *heróica*"[81]. Nietzsche retoma essas palavras dos *Parerga* para caracterizar o agonismo educador de Schopenhauer: a necessidade de um "ânimo duro, armado contra o destino e armado contra os homens": "*On meurt les armes à la main*"[82]. O retrato de Schopenhauer tem, sem dúvida, tons emersonianos, parenéticos: a mesma caracterização do heroísmo lembra muito os ensaios do filósofo americano e, em particular, as considerações sobre esse

---

[80] KGW, IV, III, p. 381; *Opere*, p. 300.

[81] A. Schopenhauer, *Parerga e paralipomena*, cit., II, p. 421. Cf. F. Nietzsche, KGW, III, I, p. 369; *Opere*, p. 398.

[82] *Ibidem*, I, p. 642-43.

tema. A essência do heroísmo, essa "atitude militar da alma", é "obediência a um impulso secreto num caráter individual", "confiança em si mesmos", "desconfiança da falsidade e do engano". É a coragem da veridicidade contra as ilusões, contra "a falsa virtude que se baseia na saúde e na riqueza"[83]. O elemento que Nietzsche tinha valorizado desde jovem em Émerson é o desafio, cheio de amor pela imanência e de energia, às limitações impostas pela natureza, é o "não dobrar as costas" diante do "destino", um "dragão" para dominar e cavalgar.

De Schopenhauer procede tanto a "vivissecção" da ilusão, quanto o sono metafísico mais profundo do gênio wagneriano. O núcleo do retrato que Nietzsche faz do filósofo assume, porém, sempre mais, os caracteres da "*veracidade heróica*". O Schopenhauer extemporâneo conduz "no mais sutil, puro e gélido ar alpino, para fazer com que possamos decifrar os hieróglifos de granito da natureza". Exige a prova de força: "Quem não resiste lá em cima que volte logo para baixo para refugiar-se na moleza da sua cultura transfiguradora"[84]. As metáforas do gelo da montanha e a expressão "espírito livre" (com aquela de "destruidor que liberta" [*befreiender Zerstörer*]) caracterizam, nas anotações de primavera e verão de 1874, a figura do filósofo pessimista. Esse Schopenhauer, já voltairiano, não obstante o pathos da verdade e a roupagem emersoniana, abre para Nietzsche o caminho da libertação, à plena recuperação de si mesmo.

---

[83] Veja-se, em particular, o ensaio *Eroismo*, in: R. W. Emerson, *Saggi*, trad. it. Boringhieri, Torino, 1962, p. 182 ss.

[84] KGW, III, IV, p. 416; *Opere*, III, III/2, p. 409.

8. *Siegfried, o filósofo em devir.*

A reflexão e a paixão de Nietzsche pelo tema do heroísmo é também, imediatamente, uma reflexão sobre os dramas musicais de Richard Wagner. *O nascimento da tragédia* é também "renascimento" da tragédia e "ação" extemporânea sobre o presente a favor da cultura.

Na posição do jovem Nietzsche, prevalece a interpretação metafísica da destruição da individualidade heróica (entendida como aparência) que aspira à dissolução na unidade superior ("O gênio é aparência que aniquila a si mesma. *Serpens nisi serpentem comederit, non fit draco*")[85]. Junto com o primado schopenhaueriano da música ("O músico absoluto: o solitário desprezador do mundo da aparência") que é o pressuposto desta interpretação, Nietzsche desenvolve temas ligados à reflexão juvenil de Wagner, tais como a centralidade da mímica e da dança, "o mais material dentre todos os gêneros de arte", que tem como matéria o corpo humano, o homem físico na sua inteireza. Na música dionisíaca, o indivíduo aspira a exprimir-se como ser pertencente à espécie [*Gattungswesen*], o coro dos sátiros o representa simbolicamente como "homem da natureza entre homens da natureza". A tragédia grega era para Wagner um modelo, não somente artístico, capaz de realizar a unidade das artes, mas também um ato de bela "religião humana": o indivíduo encontrava imediatamente no herói da cena "a parte mais nobre de si", a si mesmo potencializado na verdade do elemento humano genérico. No drama antigo, como festa popular, o indivíduo via realizada a sua destinação comunitária: a arte

---

[85] KGW, III, IV, p. 209. A citação é retirada de Schopenhauer, *Il mondo* I, § 27, trad. it. p. 222.

era então "alegria de si, da existência, da humanidade inteira". Motivos da filosofia da história hegeliana (a liberdade dos poucos como limite do mundo grego, a "escravidão recíproca e universal" do império romano, o Cristianismo como expressão da 'consciência infeliz', etc.), mas sobretudo o materialismo e universalismo de Feuerbach, estão fortemente presentes na reflexão juvenil de Wagner. Ainda em 1853, no comentário sobre a terceira sinfonia de Beethoven, Wagner descreve o herói como "o homem completo a quem são próprias todas as sensações puramente humanas – amor, dor, energia – na sua máxima plenitude e potência"[86]. A posição do jovem Wagner é fortemente anticristã: o Cristianismo aparece como expressão de renúncia à vida, negação da arte, "horror à comunidade", alienação[87]. Nietzsche vai opor ao Wagner ascético do último período as expressões literais sobre a 'sã sensualidade' como redenção, por ele usadas na juventude, diretamente derivadas de Feuerbach (*Genealogia da moral*, III, 3). Wagner, no seu perfil autobiográfico de 1843 e na sucessiva *A minha vida*, lembra justamente como, contra o "misticismo abstrato", tinha aprendido através do *Ardinghello*, de Heinse, e *A jovem Europa*, de Laube, a "amar a matéria", a "gozar a vida", "olhar o mundo com olhos serenos". Na sua obra juvenil *Proibição de amar*, "a livre, aberta sensualidade – escreve Wagner – vence com suas próprias forças a hipocrisia puritana"[88].

---

[86] R. Wagner, *Dichtungen und Schriften*, cit., vol. IX, p. 29; trad. it. in: *Ricordi, battaglie, visioni*, Milano, 1955, p. 174.

[87] Veja-se, em particular: R. Wagner, *Kunst und die Revolution*, in: *Dichtungen und Schriften*, cit. vol. V, p. 273 ss. Trad. E. Pocar, *L'arte e la revoluzione*, in: *Ricordi, battaglie, visioni*, cit., p. 297 ss.

[88] R. Wagner, *Autobiographische Skisse*, in *Ausgewählte Schriften*, hrsg. von D. Mack, Insel, Frankfurt am Main, 1974, p. 101-102. trad. it. *Scritti*

Mais vezes Nietzsche liga a sua superior fidelidade ao Wagner ateu e anticristão: ainda nos fragmentos póstumos para a atormentada quarta Extemporânea, o filósofo insiste, num confronto com Ésquilo, livre diante dos vários Zeus[89], sobre o caráter irreligioso dos poetas e sobre o ateísmo específico de Wagner, homem moderno que "crê em si mesmo". Nietzsche retoma a forte ligação entre heroísmo, amor e morte presente nos dramas wagnerianos, interpretando-os à luz das teorias juvenis do músico e insistindo no elemento vitalístico: "A morte é a confirmação de toda grande paixão e heroísmo: sem ela a existência não tem nenhum valor. Estar maduro para a morte é a coisa mais suprema que se poderia alcançar, mas também a coisa mais difícil, que se conquista através de lutas e sofrimentos heróicos. Toda morte dessa natureza é um evangelho de *amor*"[90].

O tema do amor estava no centro, em particular, da reflexão e da poética wagneriana nos anos 1848-1854: o amor é o mediador entre a força e a liberdade. Não imposto do alto, como o amor cristão, ele é a manifestação mais ativa da natureza humana. É forte a influência de Feuerbach, sobretudo dos *Pensamentos sobre a morte e a imortalidade*: o amor encontra a sua realização na morte como última redenção, que vai do egoísmo ao alcance da unidade mais real. Os traços cheios de embriaguez de morte no final de *Tristão e Isolda*, a vitória definitiva sobre as mentiras do dia que separa os amantes (o eu e o tu), se devem muito, mesmo que através da Von-

---

scelti, Longanesi, Milano, 1983, p. 89-90. Cf. Também: R. Wagner, *La mia vita*, trad. it. aos cuidados de M. Mila, Utet, Torino, 1960, p. 134-135.

[89] KGW, IV, I, p. 351; *Opere*, p. 322.

[90] *Idem*, p. 280; *Idem*, p. 256-57.

tade de Schopenhauer, à teoria juvenil de Wagner sobre o amor. Nietzsche escreve: "O *amor* no *Tristão* deve ser entendido no sentido não mais schopenhaueriano, mas empedocleano: falta completamente o elemento pecaminoso: o amor é um sinal e uma garantia de unidade eterna"[91]. Wagner conscientemente, desde o fim de 1857, sobre este ponto, acredita dever corrigir e completar o filósofo pessimista: o amor que ultrapassa a vontade individual manifesta uma via de salvação, que traz a possibilidade de uma purificação da vontade.

Analogamente, a morte significa o fim da individualidade e a continuação da vida na plenitude da espécie, "o último anulamento seguro do egoísmo". É também o sentido do sacrifício e da redenção de muitos heróis e, sobretudo, heroínas wagnerianas. "Cada forte passo da vida sobre o palco é acompanhado do eco sombrio da *morte*" – comenta Nietzsche. A morte por amor é, então busca do 'puro humano', superação dos limites individuais e dos obstáculos de uma vida dominada pelos arbítrios da lei: "o pecado contra a propriedade é determinado unicamente pela lei da propriedade". Essas palavras se encontram no esboço *Jesus de Nazaré*, no qual o Cristo é expressão da 'consciência infeliz' do artista na situação degradada do mundo moderno. A "fuga diante desta vida", o auto-aniquilamento, parece ser a única solução possível para romper as ligações com uma sensualidade baixa e para realizar uma natureza purificada, não podendo destruir, através da revolução, as leis e convenções de "uma sociedade sem amor". Os eleitos – os heróis – restauram a ordem pacificada, regida pelo amor contra a propriedade, representam o futuro e a vida contra o domínio do passado e das coisas mortas. Na carta endereçada a Röckel em 25 de janeiro de

---

[91] KGW, IV, I, p. 267; *Opere*, p. 245.

1854, Wagner afirma que 'o medo da morte' caracteriza as "ações, leis, instituições" atuais: "Devemos aprender a morrer, e morrer no sentido mais pleno da palavra. O medo do fim é a fonte de toda falta de amor".

Nietzsche, nos anos setenta, leva a sério até o fundo as intenções de Wagner e o caráter filosófico das suas afirmações. Em particular, valoriza o *Anel dos Nibelungos* enquanto "*imenso sistema de pensamento*" expresso numa "forma visível e sensível"[92]. O músico soube extrair das filosofias o elemento agonístico: "Maior coragem e decisão, e não seivas narcóticas". "Wagner é um filósofo sobretudo lá onde é mais resoluto à ação e mais heróico"[93]. Na anotação preparatória desse trecho de *Wagner em Bayreuth*, Nietzsche faz uma significativa referência, pelo ousado simbolismo, ao gesto e às palavras de Siegfried em resposta às filhas do Reno (*Crepúsculo dos deuses*, III/I, vv. 1600-1602). Jogando, por sobre a cabeça, um pedaço de terra, aludindo à sua vida, Siegfried afirma: "Assim eu a jogo fora, longe de mim". É o tema do herói que vive na leveza e na plenitude do amor da imediata vitalidade instintiva e, por isso, não conheceu o medo. A filosofia que exprime Siegfried é aquela que "destrói os deuses, contra a qual se despedaça a lança de Wotan". Nietzsche continuará a valorizar Siegfried, dando-lhe um papel filosófico central, insubstituível também quando cobrirá de sarcasmos os outros heróis e heroínas wagnerianas. Em *Para além do bem e do mal* (aforismo 256), valoriza contra *Parsifal* a criação de um Siegfried "antilatino", totalmente livre, alegre e inocentemente bárbaro e anticatólico, decididamente anti-român-

---

[92] KGW, IV, I, p. 56; *Opere*, p. 57. Cf. KGW, IV, I, p. 280; *Opere*, p. 255 (fragmento 11[18]).

[93] *Idem*, p. 17; *Idem*, p. 17. Cf. *Idem*, p. 306; *Idem*, p. 281 (fragmento 11[38]).

tico. Afirma em mais pontos que somente a própria filosofia é adequada àquela figura e que Schopenhauer falsificou a direção da arte wagneriana, decididamente anticristã[94]. Ainda mais extrema é a sibilina afirmação: "Siegfried o filósofo em devir [*Der werdende Philosoph Siegfried*]"[95]. Certamente, nas intenções de Nietzsche, Siegfried significava a recuperação por parte de Wagner das fontes naturais: ainda "o homem não foi esgotado". Wagner "dissipa a representação segundo a qual o mundo teria ficado organicamente velho". O *dummer* Siegfried afirma a força da criação através do inconsciente, contra o conhecimento dos deuses que traz o aniquilamento. O conhecimento abstrato encontra somente no próprio fim a redenção possível. No herói nibelúngico se lê a possibilidade do artista/artesão livre, capaz de forjar para si, contra a impotência da técnica de Mime, por puro prazer, a espada (uma retomada do mito de Wieland, o ferreiro). Siegfried é livre porque não foi tocado pela maldição da posse: "Único legado é o meu próprio corpo; vivendo, o consumo [*einzig erb't ich/ den eignen Leib;/ lebend zehr' ich den auf*]" (*O crepúsculo dos deuses*, vv. 405-07). Não possui, não é possuído. Sobretudo o livre jogo é o elemento que caracteriza Siegfried como "*überfriher Held*" [herói supremamente alegre], na sua relação de antítese/complementariedade com Wotan, "o deus triste", "de todos, o menos livre" (*As Walkirias*, v. 879).

O herói se caracteriza pela brincadeira, pela serenidade e pela leveza em que é imerso e que exorcizam o mundo da tragédia e do mito. Nietzsche parece colher o aspecto de

---

[94] KGW, VI, II, p. 209; *Opere*, p. 171. Mas é também significativa a aproximação com a filosofia de Spinoza: "'Tudo isso é muito mais de Spinoza do que meu' – diria, talvez, Schopenhauer"(*A gaia ciência*, af. 99): KGW, V, II, p. 129; *Opere*, p. 124.

[95] KGW, III, IV, p. 409; *Opere*, III, III/2, p. 405.

fábula (a definição é de Dalhaus) da segunda jornada do *Anel* quando insiste sobre o caráter de "idílio", no sentido schilleriano, de *Siegfried*: "A natureza e o ideal são reais, e isso dá alegria"[96]. O mesmo pessimismo de fundo, de matriz schopenhaueriana, não consegue eliminar mas somente modificar o tema da redenção/regeneração que permanece sempre possível (o drama é profecia de uma vida mais pura, contraposto ao drama antigo, que é retrospectivo)[97]. "O idílio trágico: a essência das coisas não é boa e deve perecer, mas os homens são de tal forma bons e grandes que os seus delitos nos comovem no modo mais profundo, já que eles sentem que são incapazes de tais delitos. Siegfried é o "homem", e nós, ao contrário, somos os brutos sem paz e sem meta"[98]. Essa referência ao "homem" leva pontualmente à auto-reflexão de Wagner em *Uma comunicação aos meus amigos*, na qual a figura do herói caracterizado pelo amor (quase visível na sua corporeidade) e pela plena "alegria de viver", representava "a palpitante manifestação sensível do homem na sua natural e serena plenitude [...] o 'homem' na plenitude de sua força mais elevada e mais imediata e da sua mais indiscutível amabilidade"[99].

O tema do anticristianismo de Siegfried, na valorização de Nietzsche, não pode, entretanto, limitar-se a esses elementos: sobretudo não deverá se confundir nunca com a saúde pagã da "besta loura" ou do primitivo germânico. Nietzsche toma a devida distância, sarcasticamente, quando com desprezo fala de "adolescentes alemães, cornudos Siegfrieds e

---

[96] KGW, III, III, p. 339; *Opere*, III, III/1, p. 331-32.
[97] KGW, IV, I, p. 331; *Opere*, p. 303.
[98] KGW, III, III, p. 342-43: *Opere*, p. 336.
[99] R. Wagner: *Eine Mitteilung an meine Freunde*, cit., p. 308; trad. it. *Una comunicazione ai miei amici*, cit., p. 118.

outros wagnerianos" que têm necessidade do "sublime", do "profundo", do "exagerado". O elemento revolucionário de Wagner, para além dos travestimentos, remete à França e às decisivas experiências filosóficas juvenis: "Wagner era um revolucionário – se distanciava dos alemães"[100].

Em *O Anel dos Nibelungos*, a estrada dos homens é empreendida primeiramente pelo ignaro e inocente Siegmund, cuja sorte é programada sem espaços de liberdade, que está disposto a renunciar a condição de herói no Wahalla oferecida por Brunhilde (*As Walkirias*, vv. 1349 ss) a favor da vida humana ligada ao amor de Sieglinde: "Onde vive Sieglinde, / em prazer e sofrimento / lá também Siegmund quer permanecer" [*Wo Sieglinde lebt / in Lust und Leid, / da will Siegmund auch säumen*]. A mesma renúncia, por motivo de amor, acontece por parte de Brunhilde no III ato de *Siegfried*. Wagner retoma o motivo musical traçado em 1851 para *Achilleide*: a Tétis que promete a imortalidade a Aquiles, para que ele renuncie a vingar o amigo Pátroclo, o herói opõe uma desdenhosa recusa. A deusa se inclina reconhecendo a superioridade do homem sobre deus: "Os eternos deuses são elementos que dão vida ao homem. No homem, a criação atinge seu ápice", o homem é o aperfeiçoamento de Deus[101].

Nietzsche, em *Ecce homo*, afirma: "Um deus que viesse sobre a terra, não poderia fazer outra coisa senão cometer erros – tomar para si a *culpa*, não o castigo, isso seria verdadeiramente divino"[102]. O tema volta mais vezes em Nietzsche e

---

[100] KGW, VI, III, p. 286; *Opere*, p. 297.

[101] R. WAGNER, *Entwürfe. Gedanken. Fragmente. Aus nachgelassenen Papieren zusammengestellt*, Leipzig, Breitkopf & Härtel, 1885, p. 59 (o volume está presente na biblioteca de Nietzsche).

[102] KGW, VI, III, p. 269; *Opere*, p. 279.

é desenvolvido, em antítese ao cristianismo, em páginas centrais da *Genealogia da moral*. O Deus redentor cristão se sacrifica, inocente, pela culpa dos homens, levando à hipérbole o sentido de dívida com os antepassados e com a divindade e tornando impossível qualquer ressarcimento e expiação. "Um débito com *Deus*: esse pensamento torna-se para ele [o homem de má consciência] instrumento de tortura". Os instintos animais são reinterpretados pelo homem, a "insensata triste besta", como uma culpa em relação a Deus. Toda negação de si se torna afirmação de um contrário, projetado fora de si: o sofrimento e o remorso, o sentimento de culpa, não encontram escapatória. Os deuses gregos, invenção de uma vida afirmadora, mantêm, ao contrário, distante a má consciência, têm a função de tirar a culpa dos homens para assumi-la eles mesmos: "Um *deus* deve tê-lo enlouquecido... Desse modo então os deuses serviam para justificar, até certo ponto, o homem também no mal, serviam como causa do mal – naquele tempo eles não assumiam o castigo, mas antes, como é *mais nobre*, a culpa"[103].

Nietzsche, na *Genealogia*, desenvolve esse tema confortado pela leitura de *Die Ethik der alten Griechen* (1882), do filólogo Leopold Schmidt[104], a que Nietzsche se refere, implicitamente, sobretudo para a análise da origem e das transformações dos termos bom e mau. O tema já estava, entretanto, presente na reflexão sobre os gregos e, sobretudo, encontrava na caracterização inicial de Wagner da figura de Siegfried bem

---

[103] KGW, VI, II, p. 349; *Opere*, p. 295 (GM, II, § 23).
[104] Veja-se o fragmento 7[160] de 1883: KGW, VII, I, p. 303; *Opere*, VII, I/1, p. 280. Sobre a importância desse autor como fonte para a *Genealogia* ver A. Orsucci, *Nietzsche, Wundt e il filólogo Leopold Schmidt. A propósito di una fonte della 'Genealogia della morale'*, in "Giornale critico della filosofia italiana", LXX (1991), p. 275-303.

explicitado esse aspecto decisivamente anticristão. No *Mito dos Nibelungos*, o esboço em prosa para a *Morte de Siegfried* (a *Heldenoper* de 1848 que Nietzsche, como resulta dos *Diários* de Cosima, em junho de 1871, tinha mesmo reproduzido para a imprensa), o final trazia: "Escutai, pois, vós Deuses poderosos: o vosso erro foi anulado; agradecei ao herói que assumiu para si a vossa culpa". Isso comporta, com a restituição do anel às filhas do Reno, o fim da servidão dos Nibelungos, a liberação do próprio Alberich, o reino pacificado de Wotan, distante da maldição da posse. Parece quase que Wagner tenha presente o fim do mito de Prometeu com o retorno de Zeus (Wotan) e de suas leis num mundo purificado. Esse tema, central, é explicitado em mais pontos: "Sem culpa, tomou para si a culpa dos deuses" [*Er hat schuldlos die Schuld der Götter übernommen*][105]. O próprio Wotan não pode apagar a injustiça "sem cometer uma nova injustiça: somente uma vontade livre, independente dos próprios deuses, que está em condições de assumir para si toda a culpa e expiá-la, pode romper o encanto; e os deuses reconhecem no homem a capacidade de uma tal vontade livre". O homem redentor da culpa divina comporta a autodestruição dos deuses: "Para essa alta destinação, isto é, para que ele expie a própria culpa deles, os deuses cuidam do homem e a intenção deles seria realizada se, criando os homens, eles aniquilassem a si mesmos, se fossem, na liberdade da consciência humana, obrigados a renunciar a sua influência imediata"[106]. A culpa dos deuses, também para Nietzsche, é a fixação enrijecida num céu distante de valores e morais que perderam o seu caráter de mobilidade e experimento vital, que pesam como

---

[105] R. Wagner, *Dichtungen und Schriften*, vol. II, p. 284 e p. 281.
[106] *Ibidem*, p. 275-76.

coisas estranhas sobre o homem. A liberdade é o fim da alienação: o homem transforma a si mesmo adquirindo uma "nova inocência". O ensinamento que Nietzsche recebe de Wagner, com referência precisa às palavras com as quais Wotan exprime a sua aspiração ao "outro", o herói que é o único que pode redimir (*As Walkirias*, vv. 1062-1063), é que "quem quer que queira se tornar livre, deve tornar-se por si mesmo, e que a ninguém a liberdade cai no colo como um dom miraculoso"[107].

Os longos tempos da realização do *Anel* conhecem profundas mudanças em Wagner, na teoria musical como nas referências culturais. A linearidade da proposição que leva da morte de Deus ao homem, se joga depois na complexidade das relações e na contínua ambigüidade a respeito dos temas iniciais. O protagonista efetivo, o herói, torna-se sempre mais Wotan, o deus "schopenhaueriano" da renúncia e da vontade do fim. *O crepúsculo dos deuses* mostra a profunda perversão da naturalidade: o mundo que tem no seu centro a maldição é um mundo desnaturado, e o final, na sua ambigüidade confiada à força sugestiva da música, acentua o motivo niilista da redenção, possível somente como aniquilação de toda a realidade, e não apenas dos deuses e da sua culpa. A música dos *Leit-motive* quer exprimir máscaras não rígidas ou enfatizar situações: através do uso das variantes, das ligações e derivações dos motivos um do outro, como foi posto à luz, a linearidade do percurso se complica e se contradiz. Palavra e música seguidamente se relacionam, dialeticamente ou por contraste, produzindo novas e inéditas conexões de sentido. O mito heróico de Wagner assume os caracteres da ambigüidade: a sua música mais do que suplantar e violentar, na sua

---

[107] KGW, IV, I, WB, 11, p. 77; *Opere*, p. 79.

"festa de relações" (Thomas Mann), quer ser entendida por uma "reflexão integralmente consumada" que por si só pode dar "um sentimento e uma faculdade de percepção musical que vão para além do aturdimento acústico" (Carl Dalhaus).

9. *Os heróis filhos da grande cidade.*

Sobre o tema central da redenção que caracteriza os heróis wagnerianos, o último Nietzsche exercitará os seus golpes até o sarcasmo. O confronto vem também com *O anel dos Nibelungos*, com a virada schopenhaueriana que "redime" Wagner do "otimismo nefando" revolucionário dos seus jovens anos, transformando a primitiva vontade revolucionária e emancipadora na vontade do *nada*. Wagner é confirmado por Schopenhauer como *décadent*: os seus heróis são, na verdade, filhos da grande cidade, disfarçados com vestes antigas, por exotismo, sentimentos moderníssimos, patológicos: "que os bravos alemães arriscam aqui a fantasticar sentimentos primigênios de robustez e energia germânica, é algo que faz parte dos sintomas divertidos da cultura psicológica dos alemães..."[108]. O germanismo e o heroísmo nacional de Bayreuth ("um palude de arrogância, obscuridade e teutomanias"), cujo idealismo não consegue esconder as golas sujas, são, na análise madura de Nietzsche, um invólucro que deforma radicalmente a natureza genuína de Wagner. O culto da paixão, o seu excesso e a sua tirania, é remetido por Nietzsche ao clima romântico francês dos anos Trinta e Quarenta: "Wagner acreditou no amor como todos os românticos daquele decênio louco e desenfreado. O que sobrou?

---

[108] KGW, VIII, III, p. 259; *Opere*, p. 252-53.

Aquela insensata divinização do amor e, junto com isso, da dissolução e até mesmo do delito..."[109].

As heroínas wagnerianas, sob uma fina "casca heróica", são da mesma natureza da Madame Bovary: vice-versa, a heroína de Flaubert, traduzida para o escandinavo e para o norueguês, seria um libreto ideal para o músico. "Como soube Wagner, com seus heróis, vir ao encontro das três necessidades fundamentais da alma moderna: ela quer o brutal, o excessivo e o inocente... Esses monstros magníficos, com corpos de épocas pré-históricas e nervos de depois de amanhã..."[110]. Os heróis de Wagner não são mais promessa de regeneração ideal de uma civilização e nem tampouco o eco de épocas passadas – como os tinha pensado Nietzsche em outros períodos – mas exprimem, na sua própria fisiologia, a desagregação e a decadência da época moderna. Paris os define e os exprime: "sempre a quatro passos do hospital! Nada além de problemas moderníssimos, problemas absolutamente da grande cidade". É sabido como Nietzsche utiliza para o "caso" Wagner as análises de Bourget (em particular aquelas dedicadas a Baudelaire: "*un des 'cas' plus réussis*" da decadência)[111] para caracterizar a complexidade e a contradição, a convivência de almas inconciliáveis e inconciliadas na obra

---

[109] KGW, VIII, III, p. 208; *Opere*, p. 204. Cf. Também KGW, VI, II, p. 209; *Opere*, p. 172 (JGB af. 256).

[110] KGW, VIII, III, p. 41; *Opere*, p. 39-40. Veja-se também KGW, VIII, III, p. 209; *Opere*, p. 205: "Todos os fisiólogos comentam: é tudo falso!"e KGW, VIII, I, p. 116; *Opere*, p. 106: "A impossibilidade psicológica dessas pretensas almas de herói e de deuses, que são ao mesmo tempo nervosas, brutais e refinadas como os mais modernos dos pintores e líricos parisienses".

[111] P. Bourget, *Essais de psychologie contemporaine*, Lemerre, Paris, 1883, p. 17.

do músico. "Perguntei-me se já houve alguém, tão moderno, excessivo, multíplice e contorcido para poder ser considerado à altura de enfrentar o problema Wagner. Quando muito, na França: penso em Charles Baudelaire..."[112]. Certamente a fisiologia da arte de Nietzsche vê na necessidade enérgica de dominar, tiranizar o público com cores fortes e com o excesso da paixão, a expressão da debilidade moderna de Wagner. O heroísmo pertence de novo completamente à cena, à vontade de seduzir e dominar o público, adaptando-se às suas necessidades mais baixas: é um instrumento da política decadente da crise que agita caoticamente os sentimentos sem purificá-los, ordená-los, transformá-los.

10. *Outros heróis "moderníssimos": os casos de Hugo, Michelet, Baudelaire e Gobineau na crítica de Nietzsche.*

Principalmente através do Wagner de natureza "francesa" européia e através do seu "irmão" Baudelaire, Nietzsche abre-se o caminho para a compreensão do heroísmo como sujeito da modernidade na sua relação com a *decadência*. Baudelaire valoriza a tradição de revolta que, partindo do Satanás de Milton, através do Caim de Byron, do Prometeu de Shelley, define a atitude do poeta da grande cidade, solidário com qualquer rebelião e impotente para qualquer ação que não seja um gesto teatral (a "impotência épica"). Nos passos de Bourget, Nietzsche sublinha nos decadentes a pronta fuga no "ideal", na alucinação provocada pela incapacidade de dominar o "rapidíssimo/prestíssimo" das sensações. É exem-

---

[112] KGW, VIII, III, p. 198; *Opere*, p. 193.

plar a posição de Baudelaire de "desdém contra os *boulevards*"[113]: "deixo com alegria um mundo/onde não são irmãos a ação e o sonho"[114]. O dar forma àquele caos dos instintos que caracteriza o homem moderno pressupõe uma disciplina do corpo e da atitude, a escolha do "artifício" contra a natureza. Se não há força suficiente para chegar a uma nova forma, ocupa-lhe o lugar a vontade de aparecer. A unidade e o desenrolar da forma postulada pelo desejo, mas impossibilitada pela "doença da vontade", é jogada sobre o palco: o mundo moderno é o teatro do autor, do histrionismo da decadência. No próprio Victor Hugo – como Nietzsche polemicamente observou – o herói e o histrião são solidários entre si: a epopéia inflada do progresso marcha com Deus através daqueles que abrem para a humanidade o caminho do infinito, que rompem a gaiola que aprisiona o homem. "Todos aqueles nos quais Deus se concentra", "os combatentes das idéias, os gladiadores de Deus" graças aos quais "*une sorte de Dieu fluide coule aux veines du genre humain*", "*ces acteurs du drame profond (...) ces splendides histrions ces histrions sont les héros!*".[115]

A mesma crítica decidida de Nietzsche é dirigida a Michelet, plena expressão de debilidade romântica: o histórico tem todos os caracteres do histrionismo que nasce da impotência e da mimese da grandeza, é "um agitado, suado plebeu", um "tribuno popular". O romantismo de Michelet afirmou a morte do Deus cristão, mas só para substituí-lo pela

---

[113] KGW, VIII, III, p. 290; *Opere*, p. 283.

[114] Ch. Baudelaire, *Il tradimento di San Pietro*, in: *Opere*, aos cuidados de G. Raboni e G. Montesano, Mondadori, Milano, 1996, p. 249.

[115] Victor Hugo, *Les Mages* (Janeiro de 1856), in: *Lês Contemplations*, Paris, 1990, p. 462-485.

nova religião do povo capaz de extinguir, no banquete universal do gênero humano, "a fome de Deus". Um Deus que se constitui e que cotidianamente se faz, em contraste com o "*Dieu tout fait*" da Idade Média.

O julgamento pungente de Nietzsche culmina com um gesto de definitiva oposição ("Tudo aquilo que agrada a mim lhe é estranho: Montaigne e Napoleão")[116] e remete, também pontualmente, às críticas de Paul Bourget[117], Karl Hillebrand[118], e àquelas de Hyppolite Taine[119] das quais as duas primeiras parecem em grande parte derivar. A caracterização de Michelet como "homem da compaixão", que tem a admirável capacidade de reconstruir em si os estados de ânimo", o confronto com Hugo e a sua "alucinação pictórica", a febre da alma que "*déborde en expressions convulsives*" são temas presentes em Taine e Bourget. Nietzsche e Taine concentram a sua crítica sobre o mesmo ponto, o elemento plebeu e histriônico (*charlatanisme*) da atitude de Michelet: "*Il veut persuader le public; bien plus, le peuple*". A sua história "é

---

[116] KGW, VII, II, p. 254-55; *Opere*, p. 234.

[117] Cf. Paul Bourget, *Essais de psychologie* contemporaine, cit. p. 224: Michelet "*ne pouvait comprendre e n'a compris ni Montaigne, ni Bonaparte*" (ensaio sobre Taine). No ensaio de Bourget *Enfance de Michelet* se lê uma crítica firme ao romantismo do histórico "*fremissant jusqu'au spasme à la moindre impression, sensible jusqu'à la colère, capable d'une perspicacité divinatoire quand il voit juste, incapable de contrôler sés erreurs quand la passion l'égare...*" (cit. in: E. Seillière, *Paul Bourget psychologue et sociologue*, Paris, 1937, p. 39).

[118] Karl Hillebrand, *Zeiten, Völker und Menschen*, Zweiter Band: Wälsches und Deutsches, (Michelet), R. Oppenheim, Berlin, 1875 [BN], p. 140 ss.

[119] Hyppolite Taine, *Essais de Critique et d'Histoire*, (Michelet), Hachette, Paris, 1866/2, p. 175 ss.

admirável e imcompleta; seduz e não convence"[120]. A tal propósito devemos recordar as palavras com as quais Zaratustra põe em guarda os "homens superiores": "no mercado se persuade com gestos. As razões, ao contrário, deixam a plebe desconfiada"[121].

O povo é a epopéia inflada da reconquista do Deus "no qual os homens se reconhecem e se amam", pelo qual é possível de novo e tenha um sentido superior "o sacrifício" dos heróis, humildes ou grandes.

Outro herói, o *dandy*. A reflexão sobre o dandysmo aparece nas anotações de Nietzsche concomitante com a leitura dos escritos póstumos de Baudelaire. O "heroísmo" do dandy, a sua solidão, nasce da necessidade de distinguir-se como "indivíduo" na moldura da grande cidade, mas também, de maneira mais geral, de uma sociedade e de um momento histórico particularmente mesquinho (a caracterização de Marx da segunda república: "paixões sem verdade, verdade sem paixão, heróis sem ações heróicas, história sem acontecimentos...")[122].

A "sublimidade" do dandy (para Baudelaire "a última manifestação de heroísmo nos tempos da décadence") está no fazer um jogo aristocrático para não tornar-se acessível aos sentidos do grande rebanho/multidão dominante: o seu heroísmo está no cotidiano cansaço da construção de si pela aparência ("o dandy deve viver e dormir diante de um espelho"). Indubitavelmente, Nietzsche é fascinado por essa figura de heroísmo da modernidade. Lembremos o seu interesse por De Custine, Barbey d'Aurevilly, além da constante pre-

---

[120] *Ibidem*, p. 189-90.
[121] KGW, VI, I, p. 357; *Opere*, p. 352.
[122] Karl Marx, *Il diciotto Brumario di Luigi Bonaparte*. trad. it. Roma, 1964, p. 87-88.

sença (mais ou menos explícita) de Byron nos seus escritos e a sua transcrição dos passos de Baudelaire dedicados ao *dandy*. A própria figura de César, que aparece nos últimos escritos, está distante da simplificação de uma afirmada vontade de potência "imperial" ou guerreira. César está, antes, mais próximo da complexa e ambígua figura posta como modelo mais ilustre pelo dandy (De Custine, Delacroix, d'Aurevilly) e que faz Baudelaire exclamar: "que esplendor de sol ao crepúsculo lança na imaginação o nome desse homem! Se algum homem na terra já teve semelhança com o Divino, esse homem é César"[123]. Nietzsche, como Baudelaire, insiste sobre o cuidado que César tinha pela própria pessoa (era um Dandy refinado, com "pele branquíssima", apesar das marchas), sobre a constante capacidade de autodomínio, sobre o exercício da "forma". Nietzsche o apresenta entre os "extremos, e por isso, quase eles mesmos já decadentes... A breve duração da beleza, do gênio, do César, é *sui generis*..." e em outro lugar se lê sobre a "extrema vulnerabilidade de uma máquina delicada". A anotação "César entre os piratas" para um projeto poético de outono de 1885-86 (retomado no fragmento 11[52] de novembro de 1887 – março de 1888) me parece significativo nessa direção de leitura para a referência a Plutarco (cap. 2): César caído nas mãos de piratas sanguinários se comporta com impassibilidade e cheio de autodomínio da cólera, como um príncipe que impõe a distância ou concede familiaridade sem deixar passar, depois do resgate, uma vingança crua e inesperada: ("escrevia poesias e discursos, e os fazia escutar, e se eles não aplaudiam chamava-lhes bruscamente de analfabetos e bárbaros, e freqüentemente, rindo, ameaçou enforcá-los; eles também riam disso..."). Depois do resgate, armou

---

[123] Ch. Baudelaire, *Salon de 1859*, in: *Opere*, cit. p. 1223.

navios e com frieza realizou aquilo que havia previsto aos piratas. Outros heróis moderníssimos são aqueles criados pela desesperada vontade de fuga do conde de Gobineau diante do mundo contemporâneo: uma fuga impotente na imaginária pureza de heróis arianos distantes ou na alucinada construção de impossíveis genealogias para uma epopéia pessoal (o pirata norueguês Ottar Jarl). É a debilidade e a impotência que forçam Gobineau a delirar o inteiro processo histórico com uma mítica filosofia da história que tem na metafísica da raça o seu fundamento e na catástrofe final a sua verdade. A grande cidade é o "inferno" onde tudo se mistura: à universal mediocridade (*"médiocrité de force physique, médiocrité de beauté, médiocrité d'aptitudes intellectuelles"*)[124] e à certeza de um fim da história ligado à ruína da raça ariana, se opõe somente o sonho de evasão (um Iran heróico e mítico, as origens claras, puras e felizes da humanidade, os monstros de força do Renascimento, as "flores de ouro", os "filhos dos reis", etc.). Na universal mediocridade não há mais classes, povos, mas somente algumas individualidades *"surnageant comme des débris sur um déluge"*.

Nietzsche é decidido contra esse heroísmo decadente, de papel machê. Entre as máscaras dos *"homens superiores"* no Zaratustra, encontramos os dois reis que falam a linguagem sombria e crua do pessimista aristocrático sobre a época da decadência. Na nobreza "tudo é falso e podre, antes de tudo o sangue... É o reino da plebe, – não me deixo mais enganar. Plebe, porém, quer dizer: entulho. Entulho plebeu: ali tudo está misturado sem nenhuma ordem, santo e ladrão e nobre

---

[124] A. Gobineau, *Essai sur l'inégalité des races humaines*, in: *Oeuvres*, I. Gallimard, Paris, 1983, p. 1163.

e judeu, todo tipo de animal da arca de Noé. Bons costumes: perto de nós tudo é falso e podre..."[125].

As palavras dos dois reis são aquelas, cheias de ressentimento, que caracterizam a macaca de Zaratustra que cospe o seu veneno sobre a grande cidade da qual é real expressão e produto. Não deve ser confundida a linguagem dos homens superiores com aquela de Zaratustra: eles pertencem completamente, de vários modos, à decadência e à reação, sofrem de valores dados e correntes sem ter a força de superá-los.

11. *A superação do heroísmo no último Nietzsche.*

"Mais alto do que o 'tu deves' está o 'eu quero' (os heróis); mais alto do que o 'eu quero' está o 'eu sou' (os deuses dos Gregos)"[126]. Nessa anotação de 1884, Nietzsche reassume, aplicando-o ao tema do heroísmo, o percurso traçado por Zaratustra na parábola das três metamorfoses: da aceitação de todo peso insuportável como experimento e prova de uma força que isola (o camelo que corre no deserto) à luta pela liberdade, contra o costume rígido da comunidade e os valores milenares (o eu quero do leão luta contra o tu deves). Mesmo no leão é dureza, por "criar-se a liberdade por uma nova criação". E enfim a criança como "inocência e esquecimento" e "jogo da criação", como resultado.

Antes de publicar o *Zaratustra*, o filósofo se confronta, de maneira radical tomando a distância devida, com a moral "heróica" proposta por Heinrich von Stein no seu escrito *Helden und Welt, Dramatische Bilder*. Nesse texto, enviado a

---

[125] KGW, VI, I, p. 301; *Opere*, p. 296-297.
[126] KGW, VII, II, p. 101; *Opere*, p. 93.

Nietzsche em últimos rascunhos, Stein se referia ao modelo dos afrescos dramáticos de *A Renascença*, de Gobineau, e às teorias do último Wagner e de seu mestre Dühring, interpretado como expressão de "pessimismo heróico". Stein é representante do "idealismo germânico", ligado à prospectiva anti-semita comum aos seus mestres. A pureza do sangue, a purificação do cristianismo de elementos hebraicos, o confronto simpático com muitos temas da sombria filosofia da história de Gobineau, a ligação forte entre ascetismo e heroísmo caracterizam a última filosofia de Wagner. Nietzsche, com segurança, a tempo tomou distância do anti-semitismo (os contrastes com Wagner e Dühring — como depois com os Förster, irmã e cunhado — têm também em si esse elemento crítico) e são débeis e inconsistentes as tentativas (em diversos níveis, das mais vulgares às mais respeitáveis) de ler na sua filosofia uma contraposição ao elemento "semítico". Se poderiam multiplicar nos passos, mais ou menos conhecidos, que vão na direção de uma luta ao anti-semitismo da época. Prefiro remeter aos ataques que a *Antisemitische Correspondenz* reserva ao "filósofo do vir-a-ser" no fim de 1887, e ao decisivo — pela sua virulenta clareza — de uma anotação inédita do *Nachlaâ*, de Eugen Dühring[127]: "Nietzsche. Tipo judaico, e certamente um dos mais fedorentos e insolentes. Não há quase nenhuma frase na qual ele não derruba tudo. Não se trata apenas de coisa aforística, mas de coisa realmente desconexa e despedaçada. Essa desconexão de pensamento é solidária à típica violência hebraica. Ademais, obtuso até à demência, e com isso já prepara a verdadeira e própria, literal, completa

---

[127] A anotação, resgatada por Andrea Orsucci, se encontra conservada no *Nachlaâ Dühring*, (caixa número 5) da "sessão manuscritos" da *Staatsbibliothek* de Berlin. Agradeço Orsucci por ter permitido a utilização de tal inédito para este meu trabalho.

demência, na qual o estado do paciente acaba sendo incurável. A sua doença consistia, a prescindir da loucura já de antes crônica, em uma espécie de febril e vaidosa exaltação, que o conduziu enfim à catástrofe, deixando-o na mais obtusa demência. Um caso exemplar dos manuais psiquiátricos. A crítica de Dühring põe em jogo todos os elementos do delírio anti-semita para caracterizar a personalidade e a filosofia de Nietzsche. O seu sucesso – "uma colossal *mise-en-scène*" – só se obteve quando "o escravo fugiu de seu patrão" Wagner, para agitar-se a favor dos Hebreus. Nietzsche não foi prejudicado nem mesmo por ter sido hóspede do manicômio de Jena, porque era sustentado pelos interesses e pela imprensa "hebraicos". Dühring, além disso, acusa Nietzsche de ter "saqueado" as suas obras e de ter distorcido completamente o seu sentido, dirigindo seus ataques, carregados da "afronta de todo judaica", contra tudo aquilo que é "respeitável e nobre ao mundo" e contra os mais altos representantes da moral.

Os anti-semitas contemporâneos bem reconheciam em Nietzsche um ativo opositor a eles, que até o fim, já tomado pela loucura, manifesta nas anotações de Turim a vontade de mandar fuzilar a todos.

A oposição a Stein é decisiva para esclarecer a posição mais profunda sobre o heroísmo, adquirida a partir de *Humano, demasiadamente humano*. Na carta que escreveu em Gênova nos primeiros dias de dezembro de 1882, Nietzsche afirma: "Quanto ao herói, eu não penso sobre ele tão bem quanto o Senhor. Certamente, essa é sempre a forma de existência mais aceitável, sobretudo se não se tem outra escolha". O ascetismo é caráter essencial do heroísmo enquanto sacrifício da coisa mais cara imposto "pelo tirano que está em nós (que estaríamos dispostos a chamar 'o nosso eu superior')". "Aquilo de que o Senhor trata – afirma Nietzsche contra Stein – são quase unicamente questões de crueldade". Se o filósofo sente ter dentro de si e no seu percurso alguma coisa desse caráter "trágico", assume também como necessário a sua superação: "Gostaria de *liberar* a existência humana daquilo que ela tem de doloroso e de cruel"[128]. Nietzsche insiste, em mais pontos centrais dos seus escritos da maturidade, contra essa "moral de animais de sacrifício", na qual o entusiasmo da vítima nasce do sentir-se uma só coisa com "o poderoso ser, seja ele um Deus ou um homem"a quem é consagrada. A sua potência é testemunhada e verificada justamente pelo sacrifício: "Não *pareceis* tanto imolar-vos, quanto, ao invés, transmutar-vos, com o pensamento na divindade e, como tais, gozar de vós mesmos"[129].

Com o fim das convicções entra em crise o primado do heroísmo que pressupõe, entretanto, uma fé e pretende uma garantia metafísica ou teológica. Em alguns casos, como no romântico Carlyle, a vontade de fé esconde a falta de fé própria da debilidade moderna, uma "contínua e apaixonada desonestidade contra si mesmo".

O heroísmo se liga sempre mais, na ótica crítica de Nietzsche, à certeza subjetiva, que é própria da religião e que é inimiga do questionamento e da verdade. Seguindo Taine, Nietzsche critica radicalmente Carlyle, cujo "fanatismo" se conjuga com aquele dos puritanos. "A fé é sempre tanto mais ardentemente desejada, quanto mais urgentemente necessária, lá onde falta a vontade"[130]. Nietzsche percebe bem o caráter de religiosidade e de fé no programa heróico e de "culto aos heróis" do romântico inglês Carlyle, de quem se distancia com veemência.

---

[128] KGB, III, I, p. 287-88.
[129] KGW, V, I, p. 193; *Opere*, p. 160.
[130] KGW, V, II, p. 263; *Opere*, p. 211.

O heroísmo é a disposição da vítima para deixar-se usar para fins que a transcendem, que não são os seus: se contrapõe à força dos grandes espíritos, capazes de "ceticismo" e de uma grande paixão que subordina aos seus fins também as "convicções", sem serem a eles subordinados. A liberdade dos horizontes é o pressuposto do "indivíduo soberano" que se apóia sobre si mesmo. No *Zaratustra* se reconhece grande heroísmo à figura do padre por causa do "sofrimento" que inflige a si mesmo e aos outros e cuja estupidez inventou o testemunho de sangue (o pior testemunho) a favor da verdade. O heroísmo é a boa vontade do crepúsculo absoluto de nós mesmos e pertence ao "homem superior", a figura do "decadente" depois da morte de Deus que com o seu fim prepara o desmantelamento dos valores e a via para o indivíduo soberano[131].

A essa categoria extrema, agonística, que caracteriza a vontade heróica, própria dos "sublimes", Nietzsche contrapõe, no *Zaratustra*, a forma pacificada, a beleza que aprendeu o sorriso. Ao "sublime" cristão, idealístico, Nietzsche opõe o sublime ligado à plenitude da energia, em consonância com a fisiologia da paixão, própria de Stendhal.

É a última, mais difícil forma de heroísmo, aquela que caracteriza o super-herói: contra o idealismo que "transfigura" a si mesmo e as suas metas, o heroísmo está em "*não* lutar sob a bandeira da abnegação, da dedicação, do desinteresse; consiste simplesmente em *não lutar*". O herói sublime "subjugou monstros, resolveu enigmas: mas ele deveria liberar também os seus monstros e os seus enigmas e transformá-los em filhos do céu"[132].

---

[131] Sobre esse tema, ver G. Campioni, '*L'uomo superiore' dopo la morte di Dio. Appunti di lettura*, in "Teoria", XVI (1996), p. 31-53.
[132] KGW, VI, I, p. 147; *Opere*, p. 142.

REFERÊNCIAS BIBLIOGRÁFICAS

1. BAUDELAIRE, C. *Il tradimento di San Pietro*, in: *Opere*, aos cuidados de G. Raboni e G. Montesano, Mondadori, Milano, 1996.
2. BOURGET, P. *Essais de psychologie contemporaine*, Lemerre, Paris, 1883.
3. CAMPIONI, G. "L'uomo superiore' dopo la morte di Dio. Appunti di lettura" in: *Teoria* (XVI), 1996.
4. FEUERBACH, L. *Das Wesen des Christenthums* in: *Sämtliche Werke*, Bd. VI. Stuttgart/Bad Cannstatt: Frommann, 1960.
5. GOBINEAU, A. *Essai sur l'inégalité des races humaines*, in: *Oeuvres*, I. Gallimard, Paris, 1983. Hillebrand, K. *Zeiten, Völker und Menschen*, Zweiter Band: Wälsches und Deutsches, (Michelet), R. Oppenheim, Berlin, 1875.
6. HUGO, V. *Les Mages* (Janeiro de 1856), in: *Lês Contemplations*, Paris, 1990.
7. MARX, K. *Il diciotto Brumario di Luigi Bonaparte*. trad. it. Roma, 1964.
8. MICHELET, J. *Bible de l'humanité*. Paris: Chamerot, 1861.
9. NIETZSCHE, F. *Der Gottesdienst der Griechen*, in "Groâoktav-Ausgabe", Naumann/Kröner, Leipzig, 1894.
10. _____. *Historisch-Kritische Gesamtausgabe. Werke.* Munique: Beck, 1933.
11. _____. *Werke., Kritische Gesamtausgabe.* Hrsg. von G. Colli und M. Montinari. Berlim: de Gruyter, 1967.

12. _____. *Briefwechsel. Kritishe Gesamtausgabe.* Hrsg. von G. Colli und M. Montinari. Berlim: de Gruyter, 1975.
13. _____. *Nietzsches persönliche Bibliotek (BN)*, aos cuidados de Giuliano Campioni, Paolo D'Iorio, Maria Cristina Fornari, Francesco Fronterotta, Andrea Orsucci. Berlim/Nova Iorque: Walter de Gruyter, 2002.
14. ORSUCCI, A. "Nietzsche, Wundt e il filólogo Leopold Schmidt. A propósito di una fonte della *Genealogia della morale*" in: *Giornale critico della filosofia italiana* (LXX), 1991.
15. _____. *Orient – Okzident. Nietzsches Versuch einer Loslösun vom europäischen Weltbild*, de Gruyter, Berlin, 1996.
16. REIBNITZ, B. von. *Ein Kommentar zu Friedrich Nietzsche "Die Geburt der Tragöedie aus dem Geiste der Musik" (Kapitel 1-12)*. Stuttgart: Metzler, 1992.
17. RENAN, E. *Oeuvres Complètes de Ernest Renan*, édition définitive établie par Henriette Psichari, Calman-Lévy Editeurs, Paris, 1947.
18. _____. *Souvenirs d'enfance et de jeunesse*, Calmann Lévy, édit.; Paris, 1883; trad. it. *Ricordi d'infanzia e di giovinezza*, aos cuidados de Stefano De Simone, UTET, Torino, 1954.
19. _____. *Dialogues philosophiques*, Calman Lévy, Paris, 1876; trad. it. *Dialoghi filosofici*, edição aos cuidados de G. Campioni, ETS, Pisa, 1992.
20. SCHOPENHAUER, A. *Pererga e paralipomena*, ed. it. aos cuidados de G. Colli, tomo I, Adelphi, Milano, 1981.
21. _____. *Il mondo come volontà e rappresentazione*, trad. it., Milano, 1989.

22. SEILLIÈRE, E. *Paul Bourget psychologue et sociologue*, Paris, 1937.
23. TAINE, H. *Essais de Critique et d'Histoire*, (Michelet), Hachette, Paris, 1866.
24. WAGNER, R. *Dichtungen und Schriften*, 10 vol., aos cuidados de D. Borchmeyer. Frankfurt a. Main: Insel, 1983.
25. _____. *Autobiographische Skisse*, in: *Ausgewählte Schriften*, aos cuidados de D. Mack. Frankfurt a. Main: Insel, 1974.
26. _____. *Mein Leben*, aos cuidados de Martin Gregor-Dellin. Munique: Bruckmann, 1911.
27. _____. *Entwürfe. Gedanken. Fragmente. Aus nachgelassenen Papieren zusammengestellt*. Leipzig: Breitkopf & Härtel, 1885.

COSMOLOGIA E FILOSOFIA DO ETERNO RETORNO EM NIETZSCHE*

Paolo D'Iorio

1. *Retorno do Mesmo?*

Gilles Deleuze sustenta que "na expressão 'eterno retorno', cometemos um contrasenso quando compreendemos retorno do Mesmo", que é sobretudo necessário evitar "acreditar que se trata de um ciclo ou de um retorno do mesmo, de um retorno ao mesmo" e ainda: "*Não é o mesmo que revém, não é o semelhante que revém,* mas o Mesmo é o revir do que revém, *isto é, do Diferente,* o semelhante é o revir do que revém, *isto é, do Dissimilar.* A repetição no eterno retorno é o mesmo, mas enquanto ele se diz unicamente da diferença e do diferente"[1]. Esta interpretação, desde o fim dos anos 60 largamente divulgada na França e no estrangeiro, se apóia, de fato, sobre um – e apenas um – fragmento de

---

* Artigo publicado em versão reduzida, com outro título, em *Cadernos Nietzsche,* n. 20, 2006, p. 69-114. Tradução: Ernani Chaves. Revisão: Rosistela Pereira de Oliveira.

[1] Deleuze, 1962, p. 55 e Deleuze, 1965, p. 41, Deleuze, 1968, p. 384.

Nietzsche, que havia sido publicado como "aforismo" 334 do segundo livro desta falsa obra que é A *Vontade de Potência*[2].

Ora, este pretenso aforismo foi composto pelos editores da *Vontade de Potência* a partir da reunião de dois fragmentos póstumos de 1881, nos quais Nietzsche compara sua própria concepção de eterno retorno do mesmo enquanto ciclo no tempo, à concepção mecanicista de Johannes Gustav

---

[2] Entre as cinco (pelo menos) diferentes versões disponíveis da *Vontade de Potência*, Deleuze utiliza a compilação de Friedrich Würzbach, traduzida para o francês por Geneviève Bianquis e publicada pela Gallimard em 1935. Em 1962, após a aparição da tradução francesa da edição crítica de Nietzsche editada pela Gallimard por Giorgio Colli e Mazzino Montinari, o editor abandonou, com razão, a reimpressão da *Vontade de Potência*, para dar lugar a textos bem mais confiáveis. Por isso, mais surpreendente parece-nos a reedição, em 1995, pela própria Gallimard, da edição de bolso deste texto discutível e discutido. Para a história destes fatos, cf. Montinari, 1996.

Cf. os fragmentos póstumos 11 [308, 311, 312, 313] de 1881, que se encontram às páginas 126, 128, 130 do caderno M III 1. Eu cito de acordo com a edição crítica estabelecida por Colli e Montinari (Nietzsche, 1967 ss.). O que permite localizar o fragmento de maneira simples e sem ambigüidade, tanto no original alemão quanto em qualquer outra tradução, que utilize a edição crítica.

Johannes Gustav Vogt, *Die Kraft. Eine real-monistische Weltanschauung. Erstes Buch. Die Contraktionsenergie, die letztursächliche einheitliche mechanische Wirkungsform des Weltabstrates*, Leipzig, Hautp & Tischler, 1878, 655 p., a citação se encontra à página 20, a hipótese da existência de uma *Energia de Contração* é detalhada nas páginas 21, 26 e 27; o exemplar de Nietzsche está conservado na *Herzogin Anna Amalia Bibliotek* de Weimar (código C 411). O fato de que Nietzsche dispunha deste livro em Sils-Maria durante o verão de 1881, no momento em que ele concebeu o eterno retorno, é confirmado igualmente pela carta a Franz Overbeck, de 20-21 de agosto, onde o filósofo solicita ao seu amigo que lhe envie um certo número de livros, entres os quais o de Vogt. Nietzsche prossegue seu diálogo com Vogt nos FP 2 [3] de 1882 e 24 [36] de 1883-1884.

Vogt, que implicava ao lado do eterno retorno no tempo, a eterna coexistência do mesmo no espaço. Este diálogo entre Nietzsche e Vogt é bem visível no manuscrito, pois não apenas o filósofo remete expressamente à obra principal de Vogt (*A força. Uma visão do mundo realista e monista*) pouco antes e no meio destes dois fragmentos póstumos, mas também porque, no texto mesmo dos dois fragmentos, ele cita conceitos e utiliza, colocando-os entre aspas, termos técnicos tirados do livro de Vogt, como aquele de "energia de contração"[3]. Vogt afirmava que o mundo é composto de uma substância única, absolutamente homogênea, espacial e temporalmente infinita, imaterial e indestrutível, que ele chama "força" (*Kraft*), cuja "a forma de ação mecânica fundamental, unitária e eternamente imutável é a *contração*"[4]. É após ter lido esta

---

[3] Nietzsche, FP 11[311] de 1881.

[4] Deleuze, 1962, p. 55. Ver também Deleuze, 1967, p. 284: "mais precisamente ainda as notas de 1881-1882 hipótese cíclica" e Deleuze, 1968, p. 16 e p. 382: "Como acreditar que ele conceba o eterno retorno como um ciclo, ele, que opõe sua 'hipótese' à toda hipótese cíclica?".

Estas observações deveriam precaver os filósofos que têm a intenção de fundamentar sua própria interpretação de Nietzsche sobre *A Vontade de Potência*, como o fez, até uma época muito recente, a maioria dos intérpretes franceses. No meu posfácio a Montinari, 1996, havia igualmente assinalado que mesmo a interpretação deleuziana do conceito de vontade de potência, que se apoia totalmente num outro fragmento póstumo de Nietzsche, que contém um grave erro de decifração é, segundo a transcrição correta dos manuscritos, doravante insustentável, notadamente no que concerne ao conceito-chave de "querer interno". Em seu *Nietzsche et la philosophie*, Deleuze explica: "Um dos textos mais importantes que Nietzsche escreveu para explicar o que ele entendia por vontade de potência, é o seguinte: 'Este conceito vitorioso de força, graças ao qual nossos físicos criaram Deus e o universo, tem necessidade de um complemento; é preciso atribuir-lhe um *querer interno* [assinalado por Deleuze] que eu chamarei vontade de potência'. A vontade de po-

passagem do livro de Vogt e tê-la assinalado à margem no seu exemplar, que Nietzsche escreve no seu caderno M III 1, o fragmento citado por Deleuze:

> Supondo que haja uma energia de contração igual em todos os centros de força do universo, resta saber de

---

tência é, pois, atribuída à força, mas de uma maneira muito particular: ela é, ao mesmo tempo, um complemento da força *e* alguma coisa de interno [...] A vontade de potência se acrescenta, pois, à força, mas como o elemento diferencial e genético, como o elemento interno da sua produção" (Deleuze, 1962, p. 56-57). No manuscrito de Nietzsche, ao contrário, não se lê *innere Wille* (querer interno), mas *innere Welt* (mundo interno). Não se pode pois de maneira alguma afirmar que a vontade de potência é "ao mesmo tempo um complemento da força *e* alguma coisa de interno", igualmente porque isto reproduziria um dualismo que a filosofia monista de Nietzsche se esforça, a todo preço, para eliminar. E, com efeito, do ponto de vista filosófico , Wolfgang Müller-Lauter já havia mostrado que a passagem sobre a qual Deleuze se apoiara, parecia suspeita, na medida em que ela contradizia um bom número de outros textos de Nietzsche (cf. Müller-Lauter, 1974, p. 35 s., trad. bras. in Müller-Lauter, 1997, p. 110 ss., nota 123). A releitura dos manuscritos na edição crítica Colli-Montinari confirmou esta análise do ponto de vista filológico (Deleuze cita a compilação de Würzbach, livro II, § 309, que foi publicado como fragmento póstumo 36 [31] de junho-julho de 1885, na edição Colli-Montinari; segundo Müller-Lauter, este fragmento não apresenta nenhum problema de decifração e não se trataria pois de um erro deste tipo, mas de uma correção consciente de Peter Gast, cf. Müller-Lauter, 1997, p.). E, para completar o quadro, Deleuze explica sua concepção (infelizmente errônea) do eterno retorno com a ajuda de sua concepção (igualmente falha) de vontade de potência: "Daí porque não podemos compreender o próprio eterno retorno, a não ser como a expressão de um princípio que é a razão do diverso e de sua reprodução, da diferença e de sua repetição. Um tal princípio, Nietzsche o apresenta como uma das descobertas mais importantes de sua filosofia. Ele lhe dá, pois, um nome: *vontade de potência*" (Deleuze, 1962, p. 55).

onde apenas poderia nascer a menor diferença? Seria necessário então que o todo se dissolvesse em uma infinidade de anéis e esferas de existência *perfeitamente idênticas* e, assim, veríamos inumeráveis *mundos perfeitamente idênticos* COEXISTIR [assinalado duas vezes por Nietzsche] uns ao lado dos outros. Ser-me-ia necessário admitir isso? De acrescentar à eterna sucessão de mundos idênticos, uma eterna coexistência?[5]

Na versão francesa da *Vontade de Potência* utilizada por Deleuze, "*Contraktionsenergie*" está traduzido por "energia de concentração" ao invés de "energia de contração" e "*Ist dies nöthig für mich, anzunehmen?*" por "É-me necessário admitir isso?" em lugar de "É necessário *para mim* admitir isso?", o que faz perder todo o sentido da comparação.

Pela ação combinada de recortes arbitrários de fragmentos, da perversão da ordem cronológica, de omissões e imprecisões da tradução francesa, na *Vontade de Potência* o diálogo entre Nietzsche e Vogt se apaga e parece que Nietzsche, nesta anotação rabiscada num caderno, esta em vias de criticar sua própria idéia de eterno retorno como um ciclo – o que representaria um *unicum* em toda a sua produção escrita – enquanto que, como vimos, na realidade ele está discutindo a hipótese de Vogt. Deleuze, que apoia toda a sua interpretação sobre este único fragmento póstumo ignorando todos os outros, comenta: "Assim se forma a hipótese cíclica tão criticada por Nietzsche"[6], enquanto Nietzsche não criticava a hipótese cíclica, mas a forma particular que esta

---

[5] Deleuze, 1967, p. 285; Deleuze, 1965, p. 37; Deleuze, 1962, p. 80; Deleuze, 1995, p. 38 e 40.

[6] Cf. Brusotti, 1992, p. 83, 102, 103; Deleuze, 1992, p. 46-47 e *passim*.

hipótese havia tomado na obra de Vogt, todos os outros textos, sem exceção, editados por Nietzsche ou mesmo póstumos, falam do eterno retorno como repetição dos mesmos eventos no interior de um ciclo que se repete eternamente[7].

Mas, se o eterno retorno, na interpretação de Deleuze, não é um círculo, de que se trata então? De uma roda em movimento centrífugo que opera uma "seleção criadora", "O segredo de Nietzsche, *é que o eterno Retorno é seletivo*", nos diz Deleuze:

> O eterno retorno produz o devir-ativo. Basta remeter a vontade de potência ao eterno retorno para se perceber que as forças reativas não revêm. Tão longe quanto possam ir e tão profundo possam ser o devir-reativo das forças, as forças reativas não retornarão. O homem pequeno, mesquinho, reativo, não revirá.

---

[7] Poder-se-ia constatar que Deleuze teve uma boa intuição ao intitular seu livro *Nietzsche et la philosophie*. Não se trata, com efeito, da "filosofia de Nietzsche". É mais de "Nietzsche e a filosofia de Deleuze" ou de "Deleuze e a filosofia de Nietzsche" que está em questão no seu ensaio. Para um olhar sociológico acerca da interpretação de Deleuze no contexto da filosofia francesa dos anos sessenta, remetemos à seguinte página de Louis Pinto: "A invenção de uma via nova, resultado de uma improvisação mais do que de um cálculo, não era nem evidente, nem fácil. Para quem se especializara sobretudo no comentário da tradição erudita, o desvio pelos autores era até certo ponto inevitável, mas apenas alguns entre eles eram propícios à inovação. Por falta de não ousar apresentar-se imediatamente como criador, era necessário antes de tudo localizar o autor através do qual a inovação poderia estar melhor assegurada. Sendo a descoberta de um pensador novo era uma empresa do acaso, que requer um crédito suficiente, a interpretação original, criadora ou re-criadora de um filósofo consagrado parecia incialmente mais acessível a um jovem autor" (Pinto, 1995, p. 161).

Apenas revém a afirmação, apenas revém o que pode ser afirmado, apenas a alegria revém. Tudo o que pode ser negado, tudo o que é negação, é expulso pelo próprio movimento do eterno Retorno. Nós podíamos temer que as combinações do niilismo e da reação não reviessem eternamente. O eterno Retorno deve ser comparado a uma roda: mas, o movimento da roda é dotado de um poder centrífugo, que rechaça todo negativo. Porque o Ser se afirma do devir, ele expulsa de si tudo o que contradiz a afirmação, todas as formas de niilismo e de reação: má-consciência, ressentimento... só os veremos uma vez [...] O eterno Retorno é a Repetição: mas, é a Repetição selecionadora, a repetição que salva. Prodigioso segredo de uma repetição liberadora e selecionadora[8].

É inútil relembrar que a imagem de uma roda em movimento centrífugo e o conceito de repetição que expulsa o negativo, não se encontram em nenhuma parte nos textos de Nietzsche, e Deleuze, com efeito, não cita nenhum texto de Nietzsche em apoio a esta interpretação. Poder-se-ia ainda observar que, igualmente, toda a oposição entre forças ativas e reativas que, em geral, está na base da interpretação de Deleuze não foi jamais formulada por Nietzsche. Há alguns anos, Marco Brusotti chamou a atenção para o fato de que Deleuze introduziu um dualismo que não existe nos textos de Nietzsche. O filósofo alemão descreve, sem dúvida, um certo número de fenômenos de "reatividade" (por exemplo, na segunda dissertação da *Genealogia da Moral*, parágrafo 11, ele fala de "afetos reativos", *reaktive Affekte*, "sentimentos reativos", *reaktive Gefühlen*, "homens reativos", *reaktive*

---

[8] Deluze, 1992, p. 225.

Menschen) que são, entretanto, o resultado de um conjunto complexo de configurações de centros de força, em si, ativos. Nem a palavra, nem o conceito centro de "*forças* reativas", jamais aparecem na filosofia de Nietzsche[9].

Mas, gostaríamos de nos deter um instante, para lançar um olhar filosófico sobre esta interpretação de Deleuze, em seu conjunto[10]. Através de seu Nietzsche, Deleuze chega a uma extraordinária filosofia da afirmação e da alegria, que apaga todos os elementos reativos, negativos e mesquinhos da existência. No eterno retorno, ele crê localizar um mecanismo que, contra a negação da negação própria à dialética hegeliana (e marxista), produz "a afirmação da afirmação":

> O eterno retorno é a mais alta potência, síntese da afirmação que encontra seu princípio na Vontade. A leveza do que afirma, contra o peso do negativo; os jogos da vontade de potência contra o trabalho da dialética; a afirmação da afirmação contra esta famosa negação da negação[11].

No percurso da idéia hegeliana através da história, que se confronta, luta e, finalmente, dialetiza o negativo numa teleologia consoladora que conduz ao triunfo da idéia ou à liberação das massas, Deleuze opõe o movimento centrífugo

---

[9] Nietzsche, *O Crepúsculo dos Ídolos*, "Incursões de um Extemporâneo", § 49.

[10] A reconstrução mais detalhada e a mais interessante da presença do Eterno Retorno no *Zaratustra* se encontra no belo livro de Marco Brusotti (Brusotti, 1997). O espaço deste trabalho não me permite estabelecer um diálogo com esta interpretação erudita, apaixonante e, em seu conjunto, convincente.

[11] Cf. Schopenhauer, 1818, § 3, § 63, § 71.

da roda que simplesmente expulsa o negativo. Trata-se ainda de uma teleologia otimista e consoladora, que em lugar de se confrontar com o peso da história, com a dor, com o negativo, a faz desaparecer com um golpe de vara mágica num movimento centrífugo. Temo que se trate apenas de um movimento de recalcamento, que, não tendo a força de dialetizar ou de aceitar o negativo, procura simplesmente exorcizá-lo em um gesto de "seleção criadora". Mas, o exorcismo é um ato de magia e não de filosofia: infelizmente, não é suficiente para fazer desaparecer o negativo, que normalmente se vinga e revém mais forte do que antes.

À diferença da "afirmação da afirmação" deleuziana, que só afirma a afirmação, o eterno retorno, tal como Nietzsche o concebe a partir de uma perspectiva rigorosamente não-teológica, é o acabamento de uma filosofia que tem a força de aceitar todos os aspectos da existência, mesmo os mais negativos, sem ter necessidade de dialetizá-los, sem ter necessidade de excluí-los através de qualquer movimento centrífugo de recalcamento. Ela não nega nada e se encarna numa figura como aquela que Nietzsche, no *Crepúsculo dos Ídolos*, desenha para Goethe:

> Um tal espírito *liberto* ergue-se no centro do universo com um fatalismo jubiloso e confiante, com a *fé* de que não há nada de condenável, a não ser o que existe isoladamente e que, na totalidade, tudo se resolve e se afirma – *Ele não nega mais...* Mas, uma tal fé é a mais alta de todas as fés possíveis. Eu a batizei com o nome de *Dioniso*[12].

---

[12] No seu curso sobre *Os filósofos pré-platônicos* e no seu escrito póstumo *A filosofia na época trágica dos gregos* (§4), Nietzsche havia assinalado,

2. Zaratustra, o mestre do Eterno Retorno.

O eterno retorno deve ser considerado como um "pensamento póstumo". Em nenhum lugar, nas obras publicadas de Nietzsche, se encontra uma exposição dele de um ponto de vista teórico, enquanto que, nos seus papéis manuscritos e, em particular, em um caderno escrito em Sils-Maria, durante o verão de 1881, Nietzsche anotou o conjunto dos argumentos necessários para uma explicação desta doutrina, o que permite, ao mesmo tempo, situá-la no contexto das teorias filosóficas e científicas da época. Isto será o objeto da terceira parte deste estudo. Todavia, gostaria, antes de tudo, de analisar alguns dos lugares textuais onde Nietzsche, ou melhor Zaratustra, expõe publicamente seu pensamento do eterno retorno, para mostrar que entre os textos publicados e os fragmentos póstumos o conteúdo da doutrina permanece inalterado, mesmo se ela está submetida a uma estratégia textual e a uma forma de argumentação filosófica muito diferentes.

Na estrutura dramática e dialógica de *Assim falava Zaratustra*, é necessário reter a progressão retórica que se instaura entre os momentos da enunciação do eterno retorno e, sobretudo, prestar atenção aos personagens que pronunciam a doutrina aos quais ela é anunciada. Com efeito, Nietzsche quer encenar, ao mesmo tempo, o processo de maturação de Zaratustra na assimilação do eterno retorno e os efeitos que esta doutrina produz sobre os diferentes tipos humanos aos quais ela é destinada. E isto faz a originalidade (e a força) do estilo de Zaratustra em relação ao tratado ou ao ensaio filo-

---

justamente, este aspecto da filosofia de Anaximandro, reaproximando-o de Schopenhauer (cf. Nietzsche, 1994, p. 12, 118, 123 e a nota 44 da pág. 300).

sófico tradicional. Como na leitura das obras aforísticas e, mais ainda, durante o estudo dos manuscritos, é preciso sempre detectar o diálogo que Nietzsche, segundo suas leituras, tece com seus interlocutores filosóficos, de tal modo que no *Zaratustra* é preciso sempre prestar atenção ao contexto narrativo, ao papel representado por certos personagens e às nuances com as quais se colore a mesma palavra pronunciada por personagens diferentes ou proferida a personagens diferentes. A dupla questão que nos acompanhará na análise do lugar do eterno retorno no *Zaratustra* será pois: quem fala? quem ouve?

2.1. *Falar corcunda aos corcundas*

Zaratustra sendo "o mestre do eterno retorno", esta doutrina está latente nas quatro partes da obra. Mas, em certas passagens, ela é evocada de modo mais explícito. Escolhi nela cinco, que gostaria de comentar rapidamente[13].

A primeira passagem onde se trata do eterno retorno, sem que Zaratustra, entretanto, possa evocá-lo, é o capítulo "Da redenção", da segunda parte de *Assim falava Zaratustra*. Aqui, são confrontadas duas concepções de temporalidade e de redenção: a redenção que liberta *do* tempo, que vê no caráter transitório do vir-a-ser a demonstração de sua falta originária e da ausência de valor da existência e sonha em se liberar do tempo para reencontrar ou para reunir-se a essência imutável e a redenção *no* tempo, que Zaratustra começa a esboçar falando da vontade que "quer para trás" (o *Zurückwollen*). Inúmeras chaves intertextuais nos indicam em

---

[13] Nietzsche, Frag. Póst. 10 [44] e 16 [3] de 1883.

Schopenhauer o representante desta primeira redenção niilista marcada por um espírito de vingança contra o tempo. Schopenhauer escreve que:

> Cada instante da duração só existe com a condição de destruir o precedente que a engendrou, para ser, por sua vez, prontamente aniquilado; o passado e o futuro, abstração feita de sequências possíveis do que eles contêm, são coisas tão vãs quanto o mais vão dos sonhos, do mesmo modo que o presente, sem extensão e sem duração entre os dois.

Zaratustra trata de denunciar esta idéia de uma temporalidade "edipiana":

> Tudo passa, porque tudo merece passar! E a própria justiça, esta lei do tempo que o obriga a devorar seus próprios filhos: assim pregou a demência.

Schopenhauer falava da existência de uma justiça eterna e da necessidade de negar a vontade de viver:

> O tribunal do universo é o próprio universo. Se fosse possível colocar numa balança, sobre um dos seus pratos todos os sofrimentos do mundo e sobre o outro todas as faltas do mundo, o ponteiro da balança permaneceria perpendicular, fixamente.
> Uma vez conduzidos, por nossas especulações, a ver a santidade perfeita na negação e no sacrifício de todo querer, uma vez libertos, graças a esta convicção, de um mundo cuja essência total se reduz para nós à dor, a última palavra da sabedoria só consiste, doravante, para nós, a nos abismar no nada[14].

Zaratustra replica:

"(...) 'Não há ação que possa ser aniquilada: como, pelo castigo, ela poderia ser anulada? Isto, sim, isto é o que há de eterno na 'existência', este castigo, que a existência deva voltar a ser, eternamente, ação e castigo!

'A menos que a vontade acabe por libertar-se ela mesma e que o querer torne-se não-querer–': oh, meus irmãos, mas vós conheceis estas canções da demência. (...)

Mas, não se trata apenas de Schopenhauer neste capítulo: isso implicava toda uma tradição filosófica que remon-

---

[14] A diferença entre o eterno retorno de Nietzsche e as teorias cíclicas do tempo estabelecidas desde a Antiguidade se encontra, justamente, no novo sentido que toma esta doutrina em Nietzsche, enquanto instrumento a serviço não de uma desvalorização niilista da existência, mas de uma afirmação mais forte. Mesmo se ele já conhecia antes esta doutrina, no decorrer do verão de 1881, em Sils-Maria, Nietzsche compreendeu pela primeira vez que ela não se acompanhava, necessariamente, de uma desvalorização e de uma rejeição do que é transitório, e que o retorno podia até restituir o valor daquilo que parecia efêmero. Após a revelação deste novo sentido do retorno, Nietzsche escrevia em um dos seus cadernos, referindo-se ao "nada de novo sob o sol", do *Eclesiastes*, na versão de Marco Aurélio: "Este imperador chama a atenção, constantemente, para o caráter transitório de todas as coisas, para não conceder-lhe muita importância e permanecer *calmo*. Sobre mim o transitório age de modo bem diferente – parece-me que as coisas podem ter muito mais valor, porque elas podem ser julgadas como fugidias – é para mim como se se lançasse ao mar os vinhos, os ungüentos mais preciosos" (Frag. Póst. 12 [145], de 1881). E alguns anos mais tarde, transcrevendo este fragmento em um caderno, ele acrescentou uma frase reveladora: "e minha consolação é que tudo o que foi é eterno: – o mar o traz à tona" (Frag. Póst., 11 [94], Novembro 1887-Março 1888).

ta, pelo menos, a Anaximandro[15] e que ainda perturbava as primeiras páginas da segunda Consideração Extemporânea, quando o jovem Nietzsche falava do peso do "*Es war*", o "foi assim", que Zaratustra quer agora redimir através da aceitação ativa do passado. Mas, quando seu discurso parece, doravante, encaminhá-lo para o anúncio de sua doutrina do eterno retorno, Zaratustra, subitamente, pára:

> "(...) A vontade já se tornou-, ela própria, redentora e mensageira da alegria? Ela desaprendeu o espírito de vingança e todos os rangidos de dentes?
> E quem, pois, ensinou-lhe a reconciliação com o tempo e alguma coisa de mais alto do que é reconciliação?
> É necessário que a vontade, que é vontade de potência, queira alguma coisa de mais alto que a reconciliação: mas como? Quem ensinar-lhe-á ainda a querer para trás?"
> Mas, neste momento do seu discurso, Zaratustra pára, de repente, semelhante a alguém que se aterroriza extremamente.

Zaratustra não chega a expor e nem mesmo a nomear o eterno retorno. E o corcunda (máscara do erudito sobrecarregado pelo peso da história e da sua erudição), que o escutava cobrindo o rosto com as mãos, porque ele já sabia onde Zaratustra queria chegar, replica: mas, por que tu não nos disseste isso? "Mas por que Zaratustra nos fala de outra maneira do que para com seus discípulos?" E Zaratustra que, após um momento de hesitação, reencontrou seu bom-humor, lhe responde: "O que há de espantoso nisso? Com os

---

[15] Cf. Frag. Póst., 29 [97], 29 [98], 30 [2], de 1873-1874.

corcundas pode-se, no entanto, falar corcunda!". Mas o corcunda se dá conta que Zaratustra não somente não tem ainda força para anunciar aos outros sua doutrina, mas que também ele não consegue confiá-la a si mesmo.

> Bem, diz o corcunda; e com os colegiais se pode tagalerar como na escola.
> Mas, por que Zaratustra fala de outro modo a seus alunos que não a ele mesmo?

2.2. *O pastor do niilismo.*

Após o capítulo "Da redenção", onde Zaratustra não ousa expor sua doutrina, na terceira parte da obra o eterno retorno começa a ser dito. Ele é enunciado uma primeira vez pelo anão, no capítulo "Da visão e do enigma". Face ao "portal do instante", que simboliza as duas infinitudes que partem em direção ao passado e ao futuro, o anão murmura: "Toda verdade é curva, o próprio tempo é um círculo". O anão representa o espírito de gravidade e encarna a moral gregária, "a virtude que apequena", como se intitula um outro capítulo desta terceira parte. O anão pode suportar sem grande dificuldade o eterno retorno, porque ele não tem aspirações, não quer escalar montanhas, símbolo da elevação e da solidão, como o faz Zaratustra. Em dois fragmentos póstumos, do verão-outono de 1882, lê-se:

> A doutrina inicialmente apreciada pela CANAILLE, para finalmente atingir os homens superiores.
> A doutrina do retorno sorrirá inicialmente ao baixo povo, que é frio e sem grande necessidade interior. É o

instinto de vida mais ordinário que concede, por primeiro, seu acordo[16].

Portanto, o conteúdo da doutrina é o mesmo, mas enquanto o anão pode suportá-la, pois ele a interpreta segundo a tradição pessimista do "nada de novo sob o sol", Zaratustra, que é o "advogado da vida", encontra no eterno retorno a mais forte objeção contra a existência e não chega ainda a aceitá-lo[17], como o explica a sequência do sonho. Após a visão do portal do instante, o capítulo termina com o enigma do pastor. Sob o mais desolado luar, em meio a falésias selvagens, Zaratustra percebe um pastor, de cuja boca pende uma serpente negra. A serpente representa o niilismo que acompanha o pensamento do eterno retorno, o fato de ter a goela repleta de tudo o que há de mais difícil de aceitar, de mais negro. E Zaratustra não podendo arrancar a serpente da gargante do pastor, grita-lhe: "Então morde, morde!". O pastor morde, cospe longe a cabeça da serpente e, como que metamorfoseado, começa a rir.

Eis aí a prefiguração e o sonho premonitório do que o próprio Zaratustra deverá enfrentar. Mas, ele ainda precisará

---

[16] Maurice Weyembergh comentando esta passagem de *Zaratustra*, chega a escrever que "Toda a doutrina do eterno retorno é uma máquina de guerra, um antídoto contra a idéia que exprime o admirável último verso do poème [de Leopardi]: "è funesto a chi basce il dì natale" (Weyembergh, 1977, p. 102).

[17] Deleuze fala sempre de duas exposições do eterno retorno no *Zaratustra*, cf. Deleuze, 1965, p. 38, 39; 1967, p. 276, 283; 1968, p. 380: "O estado dos textos de *Zaratustra* nos ensina que por duas vezes se trata do eterno retorno, mas sempre como de uma verdade não ainda alcançada e não expressa: uma vez, quando o anão, o bufão fala (III, 'Da visão e do enigma'); uma segunda vez, quando os animais falam (III, 'O convalescente')".

de anos e anos, e apenas próximo ao fim da terceira parte do *Zaratustra* saberemos no capítulo "O convalescente", que ele conseguiu mesmo se isso deixou-o doente por oito dias. E, neste capítulo, o eterno retorno é de novo dito, desta vez pelos animais de Zaratustra, pois Zaratustra ainda não tem força para dizê-lo.

Deleuze percebeu bem a progressão retórica que se instaura em *Assim falava Zaratustra*, entre as diferentes enunciações do eterno retorno. Salvo que ele as interpreta como a expressão de uma mudança do conteúdo da doutrina: como se, pouco a pouco, Zaratustra se desse conta de que o eterno retorno, na realidade, não é um círculo que repete o mesmo, mas um movimento seletivo, que se desembaraça do negativo.

> Se Zaratustra fica curado, é porque ele compreende que o eterno retorno não é isto. Ele compreende, enfim, o desigual e a seleção no eterno retorno. Com efeito, o desigual, o diferente é a verdadeira razão do eterno retorno. É porque nada é igual, nem o mesmo, que "isso" revém (Deleuze, 1967, p. 284).

Na realidade, se não é Zaratustra que enuncia sua doutrina, é porque – tendo conseguido evocar o pensamento do eterno retorno, lutar com ele e, finalmente, aceitá-lo, cortando, por sua vez, a cabeça da serpente – ele não tem ainda a força de ensiná-lo. E os animais se encarregam, amavelmente, de lembrar-lhe que ele é *sua* doutrina, aquela que *ele* deve ensinar:

> "[...] Pois os animais o sabem bem, oh Zaratustra, quem tú és quem deves tornar-te: vê, *tú és aquele que ensina o eterno retorno*, este é doravante, *teu* destino! [...]

Vê, nós sabemos aquilo que tu ensinas: que todas as coisas revém eternamente e nós mesmos com elas e que nós já estivemos aí uma eternidade de vezes, e todas as coisas conosco.

Tu ensinas que existe um grande ano do vir-a-ser, um ano desmesurado: tal qual uma ampulheta, é necessário que ele retorne sem cessar para escoar e se esvaziar de novo:

– de tal maneira que todos esses anos sejam iguais a eles mesmos, tanto no que há de grandioso quanto no que há de menor, de tal maneira que no curso de cada grande ano nós sejamos idênticos a nós mesmos, tanto no que há de grandioso quanto no que há de menor [...]

'[...] Eu retorno com este sol, com esta terra, com esta águia, com esta serpente, – *não* a uma vida nova, a uma vida melhor ou a uma vida semelhante:

– eu retorno eternamente a esta mesma vida idêntica, no que há nela de grandioso e menor, porque eu ensino, de novo, o eterno retorno de toda coisa – [...]'".

Como e ainda menos que o anão, os animais não têm medo desta doutrina, por uma razão muito simples, porque eles são completamente desprovidos de sentido histórico. Já no início da sua segunda *Consideração Extemporânea*, "Da utilidade e desvantagem da história para a vida", Nietzsche tinha colocado face a face o homem e o animal. O animal, amarrado ao piquete do instante. O homem, ao contrário, prisioneiro da cadeia do passado e do peso da história. Nos rascunhos deste primeiro capítulo da segunda Extemporânea, encontrava-se explicitada a referência literária que Nietzsche esconde por trás, depois, no texto definitivo: o *Canto noturno de um pastor errante da Ásia*, de Giacomo Leopardi[18]. Poeta pessimista, muito apreciado por Schopenhauer e por

Nietzsche, Leopardi representara a vida do homem como a de um pastor que, no decorrer de uma noite no deserto, fala à lua da falta de valor de todas as coisas humanas.

> Oh, meu rebanho que agora repousas, oh! bem-aventurado tu que, eu creio, não sabes da tua miséria! Como eu te invejo! Não apenas porque tu segues quase isento de pena, esquecendo no mesmo instante tuas fadigas, teus males e teus maiores temores, mas sobretudo porque tu não experimentas nunca o tédio.

Eis aí os versos que Nietzsche havia citado no seu rascunho e que ele parafraseia no texto definitivo. É o mesmo pastor que reencontramos no sonho de Zaratustra, o pastor do pessimismo e do niilismo (o poema termina assim: "talvez, em toda forma, em toda condição, na toca e no berço, o dia natal é, para todo ser que nasce, um dia funesto"), o pastor no qual o niilismo se introduziu pela boca e que deve encontrar a força de cuspí-lo longe dele[19].

---

[18] Schopenhauer, *Parerga und Paralipomena*, II, cap. XXX: *Über Lärm und Geräusch*. Ver também entre os rascunhos de Nietzsche para este capítulo do *Zaratustra*: "contra o barulho – ele fere até à morte os pensamentos" (Frag. Póst., 22 [5], de 1883). Este índice textual já havia sido utilizado por Nietzsche na primeira das conferências *Sobre o futuro dos nossos estabelecimentos de ensino*: "O mais jovem se volta para nós: 'É preciso que saibais que, no caso presente, vossos divertimentos explosivos são um verdadeiro atentado contra a filosofia'" e, num sentido inverso, nos o reencontramos na terceira parte do *Zaratustra*, "Da virtude que apequena": "Eis aí o novo silêncio que eu aprendi: o barulho deles em torno de mim estende um manto sobre meus pensamentos".

[19] Schopenhauer, 1842, § 59, p. 339 e cap. XLI, p. 275. Esta imagem é seguidamente utilizada como último selo do pessimismo e do niilismo. Nos a reencontramos, por exemplo, em Leopardi, na pequena obra

Mas Zaratustra, que é o advogado da vida, compreendeu que tendo a força de aceitar o eterno retorno, é possível lutar contra o pessimismo. A progressão retórica na evocação do eterno retorno não nos indica que Zaratustra se confronta com diferentes doutrinas, mas nos coloca diante de diferentes maneiras de perceber a doutrina do eterno retorno, que correspondem a diferentes graus do sentido histórico. Conseqüência, diga-se de passagem, que Deleuze, como muitos intérpretes, não leva em consideração[20].

---

moral *Diálogo de um passante e um comerciante de almanaques*: "O PASSANTE. – Vós não gostaríeis de reviver estes vinte anos e até mesmo todo o tempo que escoou desde o vosso nascimento? O COMERCIANTE. – Ei! caro senhor, queira Deus que isso fosse possível! O PASSANTE. – Mesmo se o senhor viesse a reviver esta vida tal qual ela foi vivida, sem a menor diferença, com exatamente as mesmas alegrias e as mesmas penas? O COMERCIANTE – O que? Fora de questão! O PASSANTE – Mas, qual outra gostaríeis de reviver? A minha, a do príncipe, a de quem mais ainda? Vós não crêis que o príncipe, eu ou qualquer outro, que nós não responderíamos como vós a esta questão e, tendo que viver a mesma vida, ninguém gostaria de voltar para trás? O COMERCIANTE – Eu o creio muito bem. O PASSANTE – Vós também não, vós não retornaríeis para trás, se já pudesse fazê-lo sob esta condição? O COMERCIANTE – Certamente não, senhor" (cf. Leopardi, 1993, p. 228 ss.). De um século a outro, do pessimismo do século XVIII à literatura da decadência do século XIX, Nietzsche reencontrará este tipo de argumentação em outros autores e, por exemplo, no seu exemplar do *Journal des Goncourt* assinalará esta passagem, que se encontra com a data de primeiro de maio de 1864: "Não se encontra um homem que queira reviver sua vida. Com dificuldade, se encontra uma mulher que queira reviver seus dezoito anos. Isto julga a vida" (cf. Goncourt, 1887, p. 193; o exemplar de Nietzsche, no qual esta passagem está assinalada, é conservado na *Herzogin Anna Amalia Bibliotek*, de Weimar, código C 550-a).

[20] O fato de que o homem mais feio represente o sentido histórico (e o assassino de Deus) é atestado pelos rascunhos do quarto *Zaratustra*: "o

2.3. *O jogo do "quem a quem"*

Pouco depois do capítulo consagrado ao "Convalescente", encontramos "O outro canto da dança". Trata-se de um jogo paródico que se deslancha a partir de um pequeno piscar de olhos intertextual. A vida diz a Zaratustra:

> "Oh Zaratustra! Não estala, pois, de maneira tão aterradora o teu chicote! Tu o sabes bem: o barulho assassina os pensamentos, – e, neste instante, me vêem pensamentos tão delicados".

Isto é suficiente para evocar a figura de Schopenhauer, inimigo jurado do barulho, que numa passagem de *Parerga e Paralipomena* tinha representado a aterradora condição do filósofo em meio à algazarra da cidade:

> Devo denunciar o estalar verdadeiramente infernal dos chicotes nas ruas barulhentas da cidade, como o barulho mais imperdoável e infame, que retira à vida toda calma e recolhimento [...] Com todo o meu respeito pela sacrossanta utilidade, não compreendo porque qualquer homem grosseiro que conduz uma carroça de areia ou de estrume, deva ter por este único motivo o privilégio de sufocar, um após o outro, todo germe de pensamento que brota no espírito de dez mil cabeças

---

mais feio dos homens, que tem a necessidade de se dar um cenário (sentido histórico) e procura, sem cessar, uma nova vestimenta: ele quer tornar seu aspecto suportável e caminha, enfim, para o isolamento, para não ser visto – ele tem vergonha" (Frag. Póst. 31 [10], 1884-1885), ver também os Frag. Pósts., 25 [101], de 1884 e 32 [4], de 1884-1885).

(durante o percurso de uma meia-hora através da cidade). As marteladas, os latidos de cães e os gritos de crianças são horríveis; mas, o único verdadeiro assassino dos pensamentos é o estalar dos chicotes[21].

A propósito da possibilidade de recomeçar novamente a própria vida, Schopenhauer escreve: "Não se encontraria talvez um homem, que tendo chegado ao fim da vida, sendo

---

[21] *A Gaia Ciência*, § 337. Embora um grande número de intérpretes (a maioria seguindo Martin Heidegger), considere *Da utilidade e das desvantagens da história para a vida* como um texto fundamental para compreender a concepção nietzscheana do tempo, não é inútil observar aqui que se trata de um texto pertencente à primeira fase da filosofia de Nietzsche (segundo a divisão traçada por Mazzino Montinari no início de seu artigo "Nietzsche *contra* Wagner: verão de 1878"). Enquanto tal, a segunda Extemporânea contém as concepções que Nietzsche sucessivamente abandonou e nas quais, mesmo na época em que as concebeu, não acreditava mais. Neste sentido, num olhar retrospectivo do ano de 1883, Nietzsche escrevia que "Por trás do meu *primeiro período* sorri, ironicamente, o rosto do *jesuítismo*: ou seja, a consciente persistência na ilusão e, de maneira coercitiva, a incorporação da mesma como *base da cultura*" (Frag. Póst., 16 [23], Outono de 1883), isto é, afirmar aquilo no qual não se acredita mais, para preparar o advento de uma nova cultura fundada, por sua vez, na ilusão e na bela mentira da arte de Wagner. *O Nascimento da Tragédia* e as Considerações Extemporâneas estão impregnados de temas wagnerianos e, por exemplo, o conceito de "história monumental" é a contrapartida do conceito de obra de arte total ou monumental, tal como Richard Wagner exprimira no escrito *Uma comunicação aos meus amigos* ("A obra de arte total é: a obra de arte que, não dependendo nem do lugar, nem do tempo, não tem necessidade de ser representada por homens dados, em condições dadas e diante de homens dados, para ser compreendida, – é um monstro perfeito, uma sombra chinesa da louca imaginação estética", Wagner, 1910, p. 7-8. Contra a obra de arte monumental, que é uma criação dos eruditos alexandrinos posteriores à morte da arte grega e

ao mesmo tempo ponderado e sincero, desejasse recomeçá-la e não preferir-lhe muito mais um absoluto nada", e aconselhava: "de bater às portas das tumbas e perguntai aos mortos se eles querem retornar ao dia: eles sacudirão a cabeça num movimento de recusa"[22]. Eduard von Hartmann, o macaco de Schopenhauer, havia tirado desta passagem uma imagem bem característica de sua filosofia, onde a morte perguntava

---

contra a moda, que não satisfaz a "verdadeira necessida humana", Wagner procurava uma arte viva, "que se opõe, justamente, por seu caráter, à arte monumental imaginada por nós, do mesmo modo que o homem vivo se opõe à estátua de mármore", Wagner, 1910, p. 11). Isto não impede que, mesmo nessas obras da fase wagneriana, se encontrem disseminadas, aqui e ali, completamente incoerente em relação ao fio argumentativo dominante, certas antecipações de temas e de conceitos que serão desenvolvidos e amadurecidos na sequência, no interior da verdadeira filosofia de Nietzsche, aquela que começa a partir de *Humano, demasiado humano*. O filósofo, que era bem consciente de, na sua juventude, ter "engendrado centauros", escrevia num fragmento de 1876: "Nas Considerações Extemporâneas eu me deixei ainda, aqui e alí, *portas abertas*" (Frag. Póst., 17 [36], de 1876), o que compreendo como uma alusão a certos pensamentos que já se colocavam no exterior do perigoso círculo de idéias de sua fase wagneriana e já abriam para o futuro da verdadeira filosofia nietscheana. Uma destas portas de saída é esta passagem do primeiro parágrafo da segunda Extemporânea, onde Nietzsche, antes de construir o agenciamento argumentativo dominante, orientado para o não-histórico e o supra-histórico, escreve: "Quanto mais a natureza profunda de um indivíduo possui raízes vigorosas, maior será a parte do passado que ele poderá assimilar ou monopolizar e a natureza mais potente, mais formidável se reconheceria no fato de que para ela não teria limite onde o sentido histórico se tornasse importuno e nocivo; toda coisa passada, próxima ou longínqua, saberia atraí-lo, integrá-lo a si e, por assim dizer, transformá-la em seu próprio sangue" (sobre a "geração de centauros" na primeira fase da filosofia de Nietzsche, ver Brosche, 1994).

[22] Frag. Póst. 4 [81] e 5 [1] 205, de 1882-1883.

a um homem da classe média burguesa da época, se ele aceitaria reviver a sua vida:

> Imaginemos um homem que não é um gênio e só recebeu a cultura geral de todo homem moderno; que possui todas as vantagens de uma posição invejável e se encontra na força da idade; que tem plena consciência das vantagens que goza, quando ele se compara aos membros inferiores da sociedade, às nações selvagens e aos homens dos séculos bárbaros; que não inveja aqueles que estão abaixo dele e sabe que suas vidas são assaltadas por incomodidades que lhe são poupadas; um homem, enfim, que não está esgotado, nem é indiferente à satisfação, tampouco oprimido por infortúnios excepcionais; suponhamos que a morte venha encontrar este homem e lhe fale nestes termos: "A duração da tua vida está esgotada; a hora chegou, onde deves tornar-te a presa do nada. Depende de ti, entretanto, decidir se queres recomeçar, nas mesmas condições com o esquecimento completo do passado, tua vida que agora acabou: escolhe!".
> Duvido que nosso homem prefira recomeçar o jogo precedente da vida do que entrar no nada (Hartmann, 1877, p. 354-355).

Nietzsche, por sua vez, retomara esta imagem na primeira formulação pública da doutrina do eterno retorno, o célebre aforismo 341 da *Gaia Ciência*. Desta vez, é um demônio que deslizando um dia até sua solidão mais recolhida, pergunta ao homem se ele quer reviver a vida tal qual ele a viveu. Em "O outro canto da dança", Nietzsche se diverte em fazer a paródia de Schopenhauer, de Hartmann e de si mesmo, pois desta vez não é a vida ou a morte ou um demônio que agitam o eterno retorno como um espantalho diante do homem que vive bem, mas é Zaratustra, desesperado e próximo do suicídio, que anuncia à *vida* a doutrina do eterno retorno. E ele a sopra docemente na orelha, entre seus belos cachos de cabelos louros:

> Então, pensativamente, a vida olhou para trás dela e em torno dela e disse docemente: "Oh Zaratustra, tão não me és tão fiel! Estás longe de amar-me tanto quanto o dizes; eu sei que pensas em me deixar em breve.
> Há um velho sino, pesado, muito pesado: à noite, quando ele soa, seu estrondo sobe até a tua caverna: –
> – quando tu escutas este sino soar as horas da meianoite, pensas nisso entre o primeiro e o décimo-segundo golpe –
> – tu pensas nisso, oh Zaratustra, eu sei que tu queres, em breve, me deixar!"
> "Sim, respondi hesitando, mas tu sabes também –" e eu disse-lhe algo ao ouvido, exatamente no meio, entre as madeixas louras, doidas e emaranhadas dos seus cabelos.
> Tu sabes isto, Zaratustra? Mas, ninguém mais sabe disso.

A primeira vez que Zaratustra anuncia sua doutrina, é à vida mesmo que ele se endereça e, neste instante, começa a tocar o sino da meia-noite, acompanhado pela ronda de Zaratustra:

> *Um*!
> Ó homem! Presta atenção!
> *Dois*!
> Que diz a profunda meia-noite?
> *Três*!

"Eu dormia, eu dormia –,
Quatro!
De um sonho profundo, despertei: –
Cinco!
O mundo é profundo,
Seis!
E mais profundo que pensa o dia.
Sete!
Profunda é sua dor –,
Oito!
O Prazer – mais profundo ainda que a aflição:
Nove!
A dor diz: perece!
Dez!
Mas todo prazer quer a eternidade –,
Onze!
– quer profunda, profunda eternidade!"
Doze!

Mas, o que significa este canto circular suspenso à meia-noite, entre o suicídio e o diálogo com a vida? É isto que nos explica a última evocação do eterno retorno, confiada aos últimos capítulos da quarta parte do Zaratustra.

2.4. *O mais feio dos homens e o instante mais belo*

O mais feio dos homens, um dos homens superiores aos quais é consagrada a quarta parte do Zaratustra, é a personificação do sentido histórico. Por conseguinte, ele é o assassino de Deus, por conseguinte ele sabe o quanto a história é horrível e como a repetição deste conjunto insensato de massacres e de esperanças malogradas é pesada de suportar[23].

O mais alto grau de sentido histórico é acompanhado da maior dificuldade em aceitar o eterno retorno. Mas, é exatamente esta a tarefa que Nietzsche confiava, já no magnífico aforismo 337 da *Gaia Ciência*, ao "sentimento de humanidade" do futuro:

> O "sentimento de humanidade" do futuro. [...] todo aquele que é capaz de experimentar a história dos homens no seu conjunto como sua própria história, experimenta numa espécie de imensa generalização o amargor do doente que pensa na saúde, do velho que pensa nos sonhos da juventude, do amante a quem a amada foi arrancada, do mártir que vê seu ideal desmoronar-se, do herói ao final da batalha que nada decidiu, mas valendo-lhe, no entanto, as feridas e a perda dos amigos; – mas, suportar esta enorme soma de amargor de toda espécie, poder suportá-los e, apesar disso, ser ainda o herói que, ao iniciar o segundo dia de batalha saúda a aurora e sua sorte, contanto que ele tenha diante e atrás de si um horizonte de milênios, como se fosse o herdeiro de toda nobreza do espírito do passado, mas herdeiro carregado de obrigações, como o mais nobre de todos os antigos nobres, mas o primogênito de uma aristocracia nova, como nenhuma época nem viu, nem sonhou, jamais, semelhante: assumir tudo isso em sua alma, assumir o que há de mais antigo, de mais novo; as perdas, as esperanças, as conquistas, as vitórias da humanidade: ter, enfim, tudo isso em uma única alma,

---

[23] Em 14 de agosto de 1882, após a publicação da *Gaia Ciência*, Nietzsche escreve a Peter Gast: "Guardei, aproximadamente, um quarto do material originário (para um tratado científico)".

condensá-lo em um único sentimento: – eis o que deveria, entretanto, constituir uma felicidade que o homem jamais havia conhecido até então, – uma felicidade de um deus, plena de potência e de amor, plena de lágrimas e risos, felicidade que, tal como o sol à tarde, dispensa continuamente sua inesgotável riqueza e a despeja no mar que, tal como o sol, só se sente mais rica quando também o mais pobre pescador rema com remos dourados! Este sentimento divino se chamaria então – humanidade![24]

Superhumanidade, dirá Zaratustra, "Eu sou todos os nomes da história", dirá Nietzsche de si mesmo no fim de sua vida consciente, na ótica, doravante, exaltada da loucura. Ora, no penúltimo capítulo do quarto Zaratustra, o mais feio dos homens anuncia aos homens superiores – desta vez, é ele que deve anunciar a doutrina – que "vale a pena viver sobre a terra: um dia, uma festa em companhia de Zaratustra foram-me suficientes para amar a terra". 'Isto aí é – a vida!', direi à morte. 'Pois bem! Mais uma vez'". Neste momento o

---

[24] Colli e Montinari, aliás, escreveram justamente que Nietzsche "tinha guardado com ele o caderno M III 1, durante todo o período final de sua atividade criadora (cf. Colli/Montinari, 1972, p. 60). É certo que o filósofo tinha um caderno em mãos, no outono de 1888, mas encontram-se traços de sua leitura, também em 1883, 1885 e durante a primavera de 1888. Por exemplo, na carta a Gast, de 3 de setembro de 1883, Nietzsche escreve que reencontrou o primeiro esboço do eterno retorno; no verão de 1885, uma outra releitura deste caderno é atestada pelo fato de que o Frag. Póst. 36 [15], de 1885 é derivado dos Frag. Pósts. 11 [292, 345], de 1881, o 36 [23], de 1885, dos Frag. Pósts. 11 [150, 281], de 1881, o 35 [53], de 1885 do 11 [70], de 1881 e assim por diante. Enfim, a formulação recapitulativa da doutrina no Frag. Póst. 14 [188], da primavera de 1888, é integralmente derivado de M III 1.

velho cajado recomeça a soar as horas da meia-noite. O velho cajado da meia-noite "que contou as batidas do coração, as batidas dos sofrimentos dos vossos pais" é uma outra imagem que, aos olhos de Nietzsche, condensa o niilismo e todas as infelicidades da existência, face às quais Zaratustra opõe este argumento que retoma e transforma o sentido faustiano do instante:

> Dissestes sim algum dia ao prazer? Oh, meus amigos, então também o dissestes a *toda* dor. Todas as coisas estão encandeadas, emaranhadas, entrelaçadas pelo amor –
> E se quisestes, algum dia, uma vez, duas vezes, se dissestes, algum dia: "tu me agradas, felicidade! Momento! Instante!", então quisestes tudo reencontrar –
> Tudo de novo, tudo eternamente, tudo encandeado, entrelaçado, enlaçado pelo amor, oh! então amastes o mundo,
> Ó vós, seres eternos, amai-lo eternamente e para todo sempre; e também vós dizeis à dor: "perece, mas retorna!" *Pois todo prazer quer – Eternidade*!

O eterno retorno é a resposta mais radical que se possa opor às teleologias filosóficas ou científicas, assim como à temporalidade linear da tradição cristã: no cosmos do eterno retorno não há mais lugar para a criação, a providência ou a redenção. Não é mais possível parar ou orientar o tempo: cada instante passa, mas está destinado a retornar, idêntico – para nossa maior felicidade ou infelicidade. Mas, então, *quem* poderia desejar reviver de novo a mesma existência? Quem poderia se divertir ou se regozijar retirando a flecha da mão do deus Chronos para passar o anel ao dedo da eternidade?". Goethe procurava uma ocasião, na qual poder dizer: "pára, tu és belo". Nietzsche, por sua vez, espera um homem que possa dizer a *cada* instante: "passa e retorna idêntico, por toda a eternidade". Este homem é o além-do-homem, que não é um esteta ou um atleta ou um produto de uma eugenia ariana um pouco nazista, mas é aquele que pode dizer sim ao eterno retorno do idêntico sobre esta terra, mesmo tomando sobre si o peso da história, mesmo guardando a força para construir o futuro.

Os rascunhos nos revelam que este mesmo mecanismo valia também para o homem Nietzsche que, em meio aos fragmentos zaratustreanos, tinha rabiscado num dos seus cadernos, o seguinte:

> Não quero que minha vida recomece. Como poderia suportá-la? Criando. O que é que me permite suportar-lhe a visão? O olhar colocado sobre o além-do-homem que afirma a vida. Eu *mesmo* tentei afirmá-la. – Ai de mim!.

E, um pouco depois, em outra página, ele respondeu a si mesmo nos termos:

> Imortal é o instante em que criei o retorno. É por este instante aí, que eu *suporto* o retorno[25].

---

[25] Cf. Colli e Montinari, 1972, p. 59-60. Mesmo a primeira publicação integral de M III 1 para a edição italiana e francesa das obras de Nietzsche, em 1967, não era ainda confiável do ponto de vista cronológico. Montinari confessou não ter conseguido compreender qual dos dois extratos (um escrito apenas sobre as páginas da esquerda a partir do fim do caderno e outro, que se distingue também pelo emprego de um tipo de tinta, a partir do início do caderno e escrito sobre as páginas da direita), devia ser considerado como o mais antigo. Ele confes-

O homem do conhecimento que Nietzsche era, tinha atingido o ápice de sua vida, no momento em que se apropriara do conhecimento que considerava o mais importante de todos. Quando, no fim de sua vida, ele tomou consciência de ter atingido este ápice, não teve mais necessidade de um duplo para afirmar a vida que sempre revém e, nas últimas linhas publicadas de sua vida, em conclusão ao *Crepúsculo dos Ídolos*, deixa imprimir estas palavras: "eu, o último discípulo do filósofo Dioniso, – eu, o mestre do eterno retorno".

3. *Gênese, intertexto e paródia*

Retornemos, pois, a este instante onde o filósofo foi assaltado por seu pensamento abissal. O próprio Nietzsche, no *Ecce homo*, nos contou a data e o lugar do nascimento do Zaratustra, engendrado pelo pensamento do eterno retorno:

---

sou ter resolvido publicar os aforismos e fragmentos simplesmente do início ao fim, ignorando os dois extratos. Mas, sete anos mais tarde, em 1973, ele encontrava-se em condições de publicar a edição alemã definitiva, na qual o extrato escrito do fim ao começo é considerado como anterior às anotações escritas na ordem inversa. Em 1982, a tradução francesa foi reedita de acordo com a nova e definitiva ordenação do material (*Le Gai Savoir. Fragments posthumes été 1881 – été 1882*, edição revista, corrigida e aumentada por Marc B. de Launay, Paris, Gallimard, 1982) e no prefácio aprendemos que Montinari resolvera o problema da datação dos dois extratos com "a comparação da escrita que Nietzsche emprega no M III 1 com aquela empregada nas cartas escritas na mesma época". Recentemente, a edição italiana, por sua vez, foi revista por Mario Carpitella e Federico Gerratana, segundo a ordem cronológica correta e enriquecida por uma nova revisão do texto com base no manuscrito que permitiu corrigir os raros erros de transcrição.

Contarei agora a história do Zaratustra. A concepção fundamental da obra, o pensamento do eterno retorno, a mais elevada forma de afirmação que se possa em absoluto alcançar, é de agosto de 1881: foi lançado em uma página com o subscrito: "6000 pés acima do homem e do tempo". Naquele dia eu caminhava pelos bosques perto do lago de Silvaplana; detive-me junto a um imponente bloco de pedra em forma de pirâmide, pouco distante de Surlei. Então veio-me este pensamento... (*Ecce homo*, "Assim falou Zaratustra", § 1).

A reconstrução que Nietzsche nos propõe parece colocar, definitivamente, o pensamento do eterno retorno no lugar das alucinações extáticas, do conhecimento inspirado, do mito. Além disso, em nenhuma parte de suas obras publicadas, não se encontra nenhuma exposição teórica desta doutrina que, entretanto, ele considerava como o ponto culminante de sua filosofia e que, neste verão de 1881, tinha produzido nele um abalo profundo:

> Pensamentos levantavam-se no meu horizonte, os quais jamais vira semelhante – não quero revelar nada sobre eles e me conservar em uma calma inquebrantável. [...] A intensidade dos meus sentimentos me arrepiam e me fazem rir – já algumas vezes, não pude deixar o quarto, pelo motivo risível de que meus olhos estavam inchados – por que? Todas as vezes, durante meus passeios diários nos dias anteriores, chorei muito, mas não lágrimas sentimentais, mas sim lágrimas de júbilo; nestes passeios, cantei e falei loucuras, tomado por um novo olhar, que é meu privilégio sobre os homens deste tempo (Carta a Peter Gast, de 14 de agosto de 1881).

Não é pois surpreendente, que uma parte da crítica tenha visto no eterno retorno uma teoria paradoxal, contraditória, elaborada a partir de um amálgama de influências clássicas e de lembranças de doutrinas científicas mal compreendidas. Mas a edição Colli e Montinari, sobre este ponto muito mais que as outras, nos convida a colocar tudo em questão, a abandonar por um tempo os vôos hermenêuticos e as grandes interpretações filosóficas, para empreender os mais modestos exercícios de leitura do texto nietzscheano. Um texto que, aliás, não navega no vazio, como os pensamentos não surgem do nada. Se a folha sobre a qual está inscrito o pensamento do eterno retorno do idêntico é conhecida dos críticos e abundantemente citada e reproduzida, o caderno que Nietzsche utilizava no verão de 1881, que não registra a explosão de uma revelação extática, mas contém uma série de argumentos racionais apoiando a hipótese do eterno retorno do mesmo, é bem menos conhecido.

M III 1 – tal é a sigla sob a qual este caderno in-octavo é conservado nos arquivos Goethe-Schiller de Weimar –, se compõe de 160 páginas, preenchidas meticulosamente por cerca de 350 fragmentos escritos, salvo raras exceções, no período que vai da primavera ao outono de 1881. Trata-se de um caderno "secreto". Nietzsche não utilizou seu conteúdo nas obras publicadas (apenas alguns aforismos da *Gaia Ciência* e dois aforismos de *Além do Bem e do Mal* encontram neste caderno suas anotações preparatórias) porque pretendia servir-se dele para uma exposição científica do pensamento do eterno retorno[26]. Estamos em presença de um dos raros ca-

---

[26] Misturadas às reflexões sobre o eterno retorno, encontramos ao menos duas outras linhas temáticas. Por um lado, a visão do mundo como fluxo contínuo de forças desprovido de alvo, leis, regras do vir-a-ser. Um

sos em que as reflexões de Nietzsche sobre um tema preciso não recebem modificação, pois os argumentos a favor do eterno retorno que encontramos nos cadernos dos anos seguintes, provêm todos destas primeiras reflexões[27].

Ora, este caderno tão importante e inexplorado nas obras publicadas por Nietzsche, permaneceu inédito por causa de uma série de vicissitudes editoriais e foi publicado apenas em 1973 sob uma forma integral e cronologicamente confiável, enquanto que as edições anteriores a de Colli e Montinari "não permitem que se tenha uma idéia, mesmo aproximativa, deste caderno e de seu caráter particular"[28]. Antes de 1973, era portanto quase impossível, mesmo para

---

chaos sive natura, desdivinizado e desantropomorfizado, que constitui o "substrato ontológico" de todas as reflexões de Nietzsche. Por outro lado, um conjunto de fragmentos de caráter antropológico-sociológico, que traça um percurso de liberação conduzindo à criação de indivíduos superiores por meio de uma profunda transformação de sua estrutura pulsional. A solidão e a luta interna para a liberação das antigas representações do mundo e dos valores gregários incorporados, são os meios pelos quais se realiza esta transformação. Para a análise destas linhas temáticas, permito-me reenviar a D'Iorio, 1995, p. 233-322.

[27] Trata-se da página 55, segundo a numeração de Nietzsche, página 49 segundo a numeração arquivística. A parte central deste texto foi publicada na edição Colli/Montinari, como fragmento póstumo 11 [142], do Início do ano-Outono de 1881, o resto, entretanto, enquanto rascunho do aforismo 109 da *Gaia Ciência*, não foi publicado entre os fragmentos póstumos do verão de 1881, mas apenas no aparato crítico *alemão* da *Gaia Ciência* (KSA, 14, p. 253 ss.). Aqui, a escolha editorial de fazer a diferença entre esboços preparatórios (*Vorstufen*) e fragmentos póstumos (*Nachgelassene Fragmente*) mostra toda a sua insuficiência; sobre esta problemática, ver Groddeck, 1991.

[28] Para uma reconstrução completa deste debate, nas suas diferentes fases, permito-me reenviar a D'Iorio, 1994, primeira parte, p. 27-182 e 365-371.

os comentadores mais bem dotados de perspicácia crítica e de sutileza especulativa, de compreender exatamente a formulação teórica e as ligações orgânicas que uniam este "pensamento póstumo" com o resto da obra nietzscheana. Apenas o critério de ordenação cronológica do material póstumo, adotado pela edição Colli e Montinari, nos permite seguir, passo a passo, a relação entre o primeiro surgimento da hipótese do eterno retorno, as tentativas de demonstração racional que a acompanham e as ligações que ele entretém com outras linhas temáticas desenvolvidas no mesmo período[29].

3.1. *Guardemo-nos de dizer...*

Abramos pois este caderno e, em lugar de contemplar o primeiro esboço à página 53, leiamos o que Nietzsche escreveu na página imediatamente seguinte:

> Guardemo-nos de dizer (*Hütet euch zu sagen*) que o mundo é um ser vivo. Em qual direção ele deveria se extender! De onde tiraria sua subsistência! Como poderia crescer e aumentar!

---

[29] Escrita entre 1864 e 1867, esta obra teve um sucesso prodigioso e seu autor, que tinha na época vinte e sete anos, conheceu um inesperado renome; a décima primeira edição foi publicada em 1904 e contém uma lista de 103 títulos de livros, artigos e resenhas que lhe dizem respeito; a décima segunda edição data de 1923 (cf. Weyembergh, 1977, p. 4 e Gerratana, 1988, p. 391). Em 1877, D. Nolen escreveu no início do prefácio da edição francesa: "O sucesso do livro, do qual oferecemos a tradução ao público francês, pode ser visto como o evento filosófico mais considerável que se produziu na Europa nos últimos dez anos" (Hartmann, 1877, p. V).

Guardemo-nos de dizer (*Hütet euch zu sagen*) que a morte é o que se opõe à vida. O vivo é apenas uma variedade do que está morto: e uma variedade rara.

Guardemo-nos de dizer (*Hütet euch zu sagen*) que o mundo cria eternamente qualquer coisa de novo.

Será que falo como alguém sob o golpe de uma revelação? Então, tereís por mim apenas desprezo e não me escuteis!

Sereís semelhantes aqueles que têm ainda necessidade de deuses? Vossa razão não demonstra desgosto em se deixar alimentar de modo tão gratuito, tão medíocre?

Guardemo-nos de dizer (*Hütet euch zu sagen*) que existem leis da natureza. Há apenas necessidades: e então não há ninguém que comande, ninguém que transgrida[30].

Aparentemente, trata-se de uma polêmica contra aqueles que consideravam o mundo como um ser vivo, conduzida através de uma estrutura retórica recursiva: "Guardemo-nos de dizer...". O que isto significa? Por que Nietzsche incrimina aqueles que pensam que o mundo era um ser vivo, a quem se endereça esta advertência e por que utiliza esta estrutura retórica? E sobretudo: o que tudo isto tem a ver com a doutrina do eterno retorno?

Para responder a estas questões, pareceu-me indispensável levar em conta não apenas o que Nietzsche havia escrito antes deste verão de 1881 em Sils-Maria, mas também o que ele estava em vias de ler antes e após o célebre primeiro

---

[30] Cf. § 9 da segunda Consideração Extemporânea e o Frag. Póst., 29[52], do Verão-Outono de 1873: "Hartmann é importante porque ele mata, por sua coerência, a idéia de um processo do mundo".

esboço do eterno retorno. Dos *Arquivos Goethe-Schiller*, onde estão conservados os manuscritos de Nietzsche, era necessário pois, ir até a *Biblioteca da Duquesa Anna Amalia*, de Weimar, onde está guardada a biblioteca particular do filósofo, para reencontrar os volumes que compunham, no decorrer do verão de 1881, a biblioteca portátil deste filósofo vagabundo. Ler em conjunto estes volumes, deixando-me guiar pelas anotações marginais da mão de Nietzsche, possibilitou-me de início, que eu estava diante de um debate mais amplo, que era necessário reconstruir e do qual Nietzsche conhecia perfeitamente os termos e os protagonistas[31].

Trata-se de um debate sobre a dissipação de energia e sobre a morte térmica do universo, que se abre após a descoberta dos dois princípios da termodinâmica e que forma o quadro teórico onde, na época moderna, se renova o conflito entre a concepção linear e a concepção circular do tempo.

Desde homens de ciência ou cientistas como Thomson, Helmholtz, Clausius, Boltzmann e – através de Kant, Hegel e Schopenhauer – de filósofos como Dühring, Hartmann, Engels, Wundt e Nietzsche, tentaram responder a este problema utilizando o vigor da argumentação científica e da discussão filosófica. Quem acreditava em uma origem e em uma parada definitiva do movimento do universo, tanto na forma física da perda progressiva do calor, quanto na forma metafísica de um estado final do "processo do mundo", apoiava-se no segundo princípio da termodinâmica ou na demonstração da tese da primeira antinomia cosmológica kantiana.

---

[31] Caspari já tinha evocado esta polêmica nas páginas 283-287, do seu *Zusammenhang der Dinge*, onde ele resume os argumentos dos dois "dogmáticos" sobre a necessidade de um início do mundo e sobre sua rejeição da infinitude *a parte ante*.

Aqueles que, em troca ou em compensação recusavam o estado final do universo, utilizavam o argumento schopenhaureano da infinitude *a parte ante* – segundo o qual, na infinitude do tempo já escoado, se um estado final fosse possível, já teria acontecido – para propor, em seguida, uma série de soluções alternativas. Os cientistas formularam a hipótese de que a energia poderia se reconcentrar após uma conflagração cósmica e inverter a tendência à dissipação. Os representantes da corrente monista e materialista fundamentando-se no primeiro princípio da termodinâmica e na infinitude da matéria, do espaço e do tempo, viam no universo uma eterna sucessão de formas novas. Entre os cientistas e os filósofos, era igualmente difundida uma espécie de criticismo agnóstico que, por vezes reafirmando a validade do conflito antinômico kantiano, evitava tomar posição acerca dos problemas de natureza especulativa. Outros filósofos alemães, como Otto Caspari e Johann Carl Friedrich Zöllner, tinham reintroduzido uma concepção organicista e panfisicista do universo, atribuindo aos átomos a capacidade de escapar ao estado de equilíbrio. E é provavelmente uma obra de Otto Caspari, *Der Zusammenhang der Dinge*, *A correlação das coisas*, que despertou o interesse de Nietzsche pelas questões cosmológicas neste verão de 1881, em Sils-Maria.

Seu exemplar deste livro traz numerosas assinalações, sobretudo numa passagem do capítulo intitulado *O problema do mal em referência ao pessimismo e à doutrina da infabilidade*, às páginas 444-445. Tratando do pessimismo místico de Schopenhauer e de Eduard von Hartmann, segundo o qual o universo é a obra de uma essência estúpida e cega que, após ter criado o mundo por erro, se dá conta que deu um mau passo e se empenha em mergulhá-lo no nada, Caspari observa que é absolutamente místico imaginar que o mundo tenha podido nascer de um estado originariamente indiferenciado. De onde ele poderia tirar tal impressão? Mas, em seguida, prossegue Caspari, mesmo se o mundo tenha recebido de um *deus ex machina* a primeira impulsão, é certo que, na infinitude temporal escoada até este instante, ou então ele teria chegado ao fim do processo (mas isto é impossível, porque o mundo teria, então, parado), ou bem ele seria, necessariamente, condenado a repetir infinitamente o mesmo passo em falso inicial com todo o processo que o acompanha. Mas, então, o que era este processo do mundo? Creio que é preciso recuar ainda um pouco e tentar compreender melhor o processo do mundo segundo Eduard von Hartmann.

A *Filosofia do Inconsciente*, de Eduard von Hartmann (1869)[32], propunha um sistema filosófico fundado na descrição minuciosa de um processo destrutivo do mundo, orientado para um estado final. Segundo Hartmann, o "inconsciente" é a substância metafísica única, que se compõe da combinação de um princípio lógico, a idéia, e de um princípio ilógico, a vontade. Antes do início do processo do mundo, a vontade pura permanecia com a idéia numa eternidade a-temporal, livre de querer ou não-querer atualizar-se. A vontade decidiu, em seguida, sem nenhuma justificativa racional, querer. Ela engendrou, então, um "querer vazio", cheio de intenção volitiva, mas desprovido de conteúdo (é o "momento da iniciativa") e, finalmente, quando o querer vazio conseguiu se unir à idéia, o processo do mundo começou.

---

[32] Notamos, de passagem, que Dühring não se apóia sobre a infinitude *a parte ante*, para ressaltar a necessidade da repetição no sistema de Hartmann, como o fará Caspari. Ao contrário, ele vê o sistema de Hartmann como o produto mesmo deste tipo de infinitude. Isso se explica pelo fato de que Dühring encontra-se na obrigação de proteger seu *próprio* processo do mundo, sua própria teleologia, da força destrutiva da argumentação da infinitude *a parte ante*.

Desde então, a idéia só tenta corrigir o infeliz ato ilógico da vontade. Através do desenvolvimento da consciência, ela permitiu aos seres vivos compreender a impossibilidade de alcançar a felicidade no pleno desenvolvimento da vontade de vida. A história do mundo passou, assim, pelos três estágios da ilusão, até que, tendo alcançado a senilidade, ela reconheceu, enfim, a inanição de toda ilusão e deseja apenas o repouso, o sono sem sonhos, a ausência de dor como ápice da felicidade possível (cf. Hartmann, 1877, p. 478).

É neste estágio que a astúcia da idéia cumpriu sua tarefa: ela suscitou uma quantidade de "vontade do nada" suficiente para aniquilar a vontade de vida. O momento da decisão coletiva que conduzirá à destruição do universo inteiro é iminente e, quando o dia fausto chegar, a vontade retornará ao seio da "pura potência em si", ela será de novo "o que ela foi *antes* de todo querer, isto é, uma vontade que pode querer e que pode não querer"(Hartmann, 1877, p. 528). Hartmann espera, certamente, que neste momento o inconsciente terá perdido toda veleidade de produzir de novo este vale de lágrimas e que não recomece, uma vez ainda, o processo insensato do mundo.

Ao contrário, interpretar a vontade de Schopenhauer como um "não poder não querer", como um eterno querer produzindo um processo infinito no passado e no futuro, conduziria ao desespero, pois este suprimiria a possibilidade de uma liberação do impulso insensato da vontade. Mas, infelizmente, segundo Hartmann, enquanto que é logicamente possível admitir a infinitude no futuro, seria contraditório considerar o mundo desprovido de um início e, pois, infinito no passado. Com efeito, neste caso, o instante presente seria o final de uma infinitude, isto é, de uma *contradictio in adjecto* (Hartmann, 1877, p. 529). E nesta "demonstração", Hartmann utilizava – sem citar a fonte e, sobretudo, sem retomar o contexto antinômico do qual eles fazem parte – os argumentos que Kant utiliza para demonstrar a primeira antinomia cosmológica. Eis aqui a demonstração kantiana:

"Tese: O mundo tem um início no tempo e é também quanto ao espaço encerrado dentro de limites.
Prova: Com efeito, admita-se que quanto ao tempo o mundo não tenha realmente nenhum início. Neste caso, até cada instante dado decorreu uma eternidade e, por conseguinte, transcorreu uma série infinita de estados sucessivos das coisas no mundo. Ora, a infinitude de uma série consiste precisamente no fato de ela jamais poder ser acabada mediante uma síntese sucessiva. Logo, uma transcorrida série cósmica infinita é impossível e um início do mundo é, pois uma condição necessária da sua existência. Este era o primeiro ponto a ser demonstrado" (Kant, *Crítica da Razão Pura*, B 454).

Hartmann conhece a crítica que Schopenhauer havia feito sofrer a esta argumentação kantiana, demonstrando que é bem possível e não-contraditório desenvolver uma infinitude no passado a partir de um presente e, pois, que não é logicamente necessário de postular um início do mundo.

"Eis em que consiste o sofisma: no início, Kant tinha pura e simplesmente examinado o caso onde a série de estados não teria um ponto de começo; mas, deixando subitamente esta simples hipótese, ele se põe a argumentar sobre o caso onde a série de estados não teria mais fim, seria infinita; então, ele demonstra o que ninguém coloca em dúvida, a saber, que uma tal hipótese está em contradição em relação com a idéia de um todo acabado e que, entretanto, todo instante presente pode ser considerado como o fim do passado. Objetaremos a Kant, que se pode sempre conceber um fim de uma série que não tem ponto de começo, que aí não há nada de contraditório; a recíproca, aliás, é verdadeira; se pode conceber o começo de infinitude cumprida" (Schopenhauer, 1942, II, p. 93).

    Entretanto, Hartmann objeta que o movimento progressivo proposto por Schopenhauer só é possível para o pensamento: ele permanece, simplesmente, um "postulado ideal", ao qual não corresponde nenhuma realidade e ele "nada nos ensina sobre o processo real do mundo, que se desenrola em sentido inverso deste retorno para trás do pensamento". Hartmann afirma que se se admite a realidade do tempo e do processo (o que não é o caso em Schopenhauer), é necessário reconhecer, sob pena de se cair no conceito contraditório de infinitude concluída, que o processo deve ser limitado no passado e, pois, que ele deve ter tido um começo absoluto: "A infinitude, que permanece para o pensamento no seu movimento regressivo um postulado ideal, ao qual não pode corresponder nenhuma realidade, deve para o mundo, cujo processo é, ao contrário, um movimento progressivo, chegar a um resultado determinado; e aqui, vêm à luz a contradição" (Hartmann, 1877, p. 529).

    De fato, nesta passagem revela-se que Hartmann não nos concede uma demonstração, mas antes uma petição de princípio. Com efeito, no conceito de processo do mundo está contido, analiticamente, aquele de início do mundo. Eles não podem, pois, ser demonstrados um a partir do outro. Em segundo lugar, se se rejeita a idealidade do tempo em Schopenhauer, não se está, por consequência, logicamente forçado a aceitar a realidade do processo do mundo, como o sustenta Hartmann. Segundo Hartmann, se o tempo é real, então deve haver um processo do mundo com um início e um fim absolutos. Do tempo negado em Schopenhauer, Hartmann passa diretamente ao tempo orientado.

No que concerne ao fim do mundo, nós nos encontramos, segundo Hartmann, na mesma situação: nosso filósofo inconsciente demonstra o fim do mundo a partir da idéia de progresso e...vice-versa, recaíndo, novamente, numa petição de princípio:

> "Se a idéia de progresso é incompatível com a afirmação de uma duração infinita do mundo no passado, uma vez que nesta infinitude passada já se poderiam ter se produzido todos os progressos imagináveis (o que é contrário à própria idéia de um progresso atual), não podemos mais destinar ao processo universal uma duração infinita no futuro. Num caso como no outro, se suprime a própria idéia de progresso em direção a um alvo determinado; e o processo do mundo se assemelharia ao trabalho das Danaídes"(Hartmann, 1877, p. 495).

Nietzsche, citando esta passagem já na época da Extemporânea sobre a história (1874), teve a ocasião de destacar a admirável dialética deste "velhaco de todos os velhacos" que, por seus argumentos coerentes, evidencia os absurdos nos quais caí toda teleologia[33].

---

[33] Nietzsche, em seguida, releu esta obra no decorrer do verão de 1885 (ver a carta a Gast, de 23 de julho) e Dühring é citado também em 1884 e em 1885, a propósito do problema cosmológico (Frag. Póst. 26[383], Verão-Outono de 1884 – com Hartmann e Mainländer – e 14[188], Inícios de 1888).

Mas, se o processo do mundo chega, segundo Hartmann, a um estado final absolutamente idêntico ao estado inicial, isto significa que em conclusão da aventura cósmica do inconsciente, somos ainda assombrados pelo espectro de uma nova volição e de um novo início do processo do mundo. Ora, isto coloca um problema sério no interior do sistema de Hartmann, comprometendo a possibilidade de uma liberação definitiva da existência e do sofrimento. Daí porque nosso filósofo, num dos últimos capítulos de sua obra, "Os últimos princípios", se esforça cuidadosamente a calcular o grau de probabilidade de um despertar da faculdade volitiva do inconsciente. Sendo dado que a vontade é completamente livre, incondicionada e a-temporal, a possibilidade de uma nova volição é unicamente devida ao acaso (no sentido rigorosamente matemático do termo) e vale pois ½. Hartmann observa, além disso, que se a vontade estava mergulhada no tempo, a propabilidade da repetição seria igual a 1 e o processo do mundo deveria, *necessariamente*, recomeçar de novo num eterno retorno que suprimiria, completamente, a possibilidade de uma liberação definitiva (cf. Hartmann, 1877, p. 538). Felizmente este não é o caso, pois segundo a observação lógica de Hartmann, o processo do mundo se desenvolve no tempo, mas a vontade originária está fora do tempo. Ao contrário, se pode mesmo afirmar segundo uma visão totalmente hartmanniana do cálculo das probabilidades, que cada novo início diminui progressivamente a probabilidade do início seguinte: sendo n o número de vezes que a vontade se realizou, a possibilidade de uma nova realização é de ½ n. "Mas, é claro que a probabilidade ½ n diminui à medida que *n* cresce, de tal modo que ela é suficiente para nos tranqüilizar, na prática"(Hartmann, 1877, p. 540).

3.3. Dühring e Caspari: necessidade e rejeição da repetição.

Agora, nós compreendemos melhor qual era o sentido da polêmica de Caspari contra Hartmann nas páginas 444-445 de *Der Zusammenhang der Dinge*, que evocamos acima. Caspari, retomando o argumento da infinitude *a parte ante*, afirmava que na infinitude do tempo já escoado, se um estado final fosse possível, já deveria ter se fixado e todo movimento teria cessado. Mas, este não foi o caso, porque o mundo ainda se move. Com efeito, longe de diminuir a cada repetição, a probabilidade de um novo começo é sempre igual a 1 e conduz, *forçosamente*, à repetição do mesmo: assim, o processo do mundo de Hartmann, em lugar de evoluir em direção a um alvo, se move, na realidade, num círculo. Mas, este infinito movimento circular representa, segundo Caspari, a maior perversão ética e vale por ele mesmo como refutação definitiva de toda a filosofia de Hartmann. Eis aqui uma tradução da passagem central destas duas páginas de Caspari:

> "Admitamos que seja possível, graças à ajuda de um *deus ex machina*, supor a existência deste evento místico no interior da essência estúpida e inconsciente do mundo. Mas, ele é incompatível com o desenrolar efetivo da história, que no curso da eternidade o tão desejado estado final de superação de toda a estupidez e ilusão (...) Se se formula a hipótese que num processo há um *início*, então ele deverá ter também um *fim*. Mas, então, no curso da eternidade, este processo já não se tenha produzido há muito tempo ou então ter-se repetido mil vezes. Se ele se produziu até o fim, então o nada já deveria estar presente hoje. Se, ao contrário, o acaso estúpido da criação da individuação se repetisse sempre, isto é, infinitamente no curso da eternidade, então a

continuação, após infinitos enganos, o mesmo engano no futuro infinito, não é apenas provável, mas certa. Isto é, através do processo não se alcançaria nenhum verdadeiro fim no Nirvana e que ocorreria na estúpida vontade do mundo a mesma coisa que com Tântalo e sua maçã. Isso nos demonstra que esta teoria sobre o mal no mundo é *a mais absurda*, pois para tudo ter (através da eliminação de todo sofrimento, mesmo o menor), ela rejeita o universo inteiro e não ganha *absolutamente nada*".

Com estas palavras, Caspari toma posição na polêmica que opõe Eugen Dühring e Eduard von Hartmann, os filósofos alemães mais célebres da época, sobre a possibilidade de um recomeço do processo do mundo após o estado final[34]. No "esquematismo do mundo" contido no seu *Cursus der Philosophie*, Eugen Dühring tinha excluído a infinitude do espaço e a infinitude regressiva do tempo, salvaguardando apenas a possibilidade de uma infinitude do tempo no futuro (Dühring, 1875, p. 82-83). Mas, após ter traçado "a imagem real do universo", ele parou por um instante a edificação do seu sistema para esboçar a *falsa* imagem do universo, que se cria quando a "imaginação irrefletida" projeta na infinitude temporal regressiva um jogo eterno de mutações. Seria possível pensar que, do mesmo modo que se passou do estado originário indiferenciado ao movimento da matéria, se poderia retornar do futuro a um estado idêntico ao estado originário e – insinua Dühring, fazendo alusão a Hartmann – "se teria mesmo uma maneira de pensar, pela qual esta concordância de começo e fim poderia apresentar um grande atrativo" (Dühring, 1875, p. 83).

---

[34] Cf. Thomson, 1854, p. 37, ver também Thomson, 1852.

Mas, se o processo do mundo chegar a um estado idêntico ao estado originário, continua Dühring, o cálculo probabilista de Hartmann não será suficiente para fazê-lo escapar do recomeço e, em consequência das "necessidade absolutas do real", uma repetição infinita das mesmas formas deverá, necessariamente, ter lugar[35]. E aqui, Dühring faz in-

---

[35] Nietzsche encontrou uma exposição destes problemas desde 1866, lendo um capítulo da primeira edição da *História do Materialismo*, de Friedrich Albert Lange. No seu curso sobre "Os filósofos pré-platônicos" (1872), ele havia transposto à escala cósmica o vir-a-ser heraclitiano citando, segundo estas páginas de Lange, a passagem de Helmholtz consagrada à dissipação da energia e tirada da célebre conferência *Sobre a ação recíproca das forças da natureza* (cf. Nietzsche, 1994, p. 149 e nota; Lange, 1866, p. 388-389). *A antiga e nova fé*, de Strauss, lhe havia fornecido, em 1872, o exemplo de uma cosmologia materialista fundada sobre o primeiro princípio da termodinâmica. No mesmo ano, ele pode encontrar em Zöllner (*Sobre a natureza dos cometas*), um modelo de solução organicista para o problema da morte térmica, assim como uma discussão sobre a conformação do espaço (cf. Zöllner, 1872, p. 299 ss.e 313 ss.); Nietzsche emprestara este livro da Biblioteca da Basiléia em 6 de novembro de 1872 e, em seguida, em 28 de março de 1873, 2 de outubro de 1873 e em 13 de abril de 1874). Em 28 de março de 1873, emprestara o livro de Friedrich Mohr, *Teoria geral do movimento e da força* (1869), onde pode ler uma análise aprofundada dos problemas da teoria mecanicista do calor. À conservação da energia era integralmente consagrado o livro de Balfour Stewart (1875), que Nietzsche havia adquirido em 20 de janeiro e do qual ele tinha começado um resumo no caderno U III 1, durante o verão de 1875 (cf. Frag. Póst. 9[2]). No que diz respeito à antinomia cosmológica kantiana, Nietzsche encontrara uma refutação detalhada em Schopenhauer (na crítica à filosofia kantiana em apêndice ao *Mundo como vontade e representação*, depois nos *Parerga e Paraliponema*, I, § 13, p. 98 ss.) e, como eu disse mais acima, no parágrafo 9 da segunda Extemporânea (1874), ele tinha zombado dos paralogismos pelos quais Hartmann procurava demonstrar a necessidade do fim do mundo. Nietzsche po-

tervir uma objeção ética: esta "extensão colossal do intervalo temporal", conduziria a humanidade, com efeito, para uma indiferença geral em relação ao futuro, secando seus instintos vitais: "Ora, é evidente que os princípios que tornam a vida atraente, não concordam com a repetição das mesmas formas" (Dühring, 1875, p. 84). Dühring rejeita pois, o sistema hartmanniano, pois este conduz, necessariamente, a uma visão anti-vital do mundo, à repetição desoladora do mesmo num futuro infinito. O eterno retorno do idêntico é, para Dühring (como o será para Caspari), a consequência ética indesejável que torna falsa, fútil e absurda a filosofia de Hartmann. O requisitório de Dühring termina por uma severa advertência:

> "Guardemo-nos (*Hüten wir uns*), em todo caso, de fúteis desatinos; porque a existência do universo, sendo dada de uma vez por todas, não é um episódio indiferente entre dois estados de noite, mas o único fundamento sólido e luminoso a partir do qual podemos realizar nossas deduções e previsões" (Dühring, 1875, p. 85).

---

dia encontrar uma crítica similar a sua em Bahnsen (1872, p. 82) que, após ter retomado o argumento schopenhaureano, segundo o qual "tudo o que pode acontecer num tempo infinito, já poderia se ter produzido há muito tempo", colocava em evidência a *petitio principi* hartmanniana (o livro de Bahnsen havia sido emprestado por Nietzsche à Biblioteca da Basiléia, em 5 de dezembro de 1871, 26 abril e 5 de março de 1872). Além disso, Nietzsche havia adquirido, em 26 de maio de 1875, o *Cursus* de Dühring, que ele prometera ler durante o verão (cf. Frag. Póst. 8[3], de 1875). As datas dos empréstimos de Nietzsche junto à Biblioteca da Basiléia, são tiradas do catálogo publicado em 1994, por Luca Crescenzi.

A 7 de julho de 1881[36], Nietzsche solicitou a sua irmã, que lhe enviasse a Sils-Maria o *Curso de Filosofia*, de Dühring e, no seu exemplar, ele traçou uma linha e um ponto de exclamação à margem desta passagem onde Dühring advertia quanto ao eterno retorno: *hüten wir uns*. A paródia começa a manifestar-se...

3.4. A "asneira" dos átomos biológicos.

Antes de retornar a Nietzsche, é preciso ainda lembrar que, com o argumento da infinitude *a parte ante*, Otto

---

[36] Sobre a leitura de Spir nos anos de 1873, 1877, 1881, 1885, permito-me reenviar a D'Iorio, 1993. É necessário destacar que na obra de Caspari, além dos livros que ele não conhecia e que solicita a Overbeck, Nietzsche pode encontrar citadas e discutidas passagens cosmológicas de alguns livros, com os quais ele já tinha feito a mesma coisa, por exemplo as obras de Strauss, Hartmann, Dühring, Zöllner. Nas páginas 101 e 116-117, por exemplo, Caspari cita a passagem do *A antiga e nova fé*, de Strauss, como um bom exemplo de uma cosmologia antiteleológica. No ensaio "Hartmann e Dühring e Lange, os filósofos do presente", Nietzsche encontra uma refutação do dogmatismo de Hartmann e de Dühring a respeito da infinitude *a parte ante* e da origem do mundo, acompanhada da crítica de Vaihinger. À página 256 e depois, às páginas 423 e ss., Nietzsche podia encontrar uma discussão sobre a forma do espaço em quatro dimensões de Zöllner, etc. Se a esses textos acrescentamos a obra de Proctor, *Nosso ponto de vista no universo*, *A mecânica do calor*, de Mayer e o *Curso de filosofia*, de Dühring, podemos então fazer uma idéia dos temas e interlocutores de quem e com os quais Nietzsche falava durante os longos passeios próximos ao lago de Sils e à noite, em seu quarto, na tranquilidade do recanto mais fascinante do mundo, em meio a um "eterno idílio heróico" (cf. os Frag. Póst. 11[24], Início do ano-Outono de 1881, as cartas a Gast, de 10 e 16 de abril de 1881, a carta a Elisabeth Nietzsche, de 7 de julho de 1881 e a carta a Gast, de 8 de julho de 1881)

Caspari pretendia lutar contra outros tipos de hipótese, mais científicas que filosóficas, que prediziam o fim do mundo por morte térmica. Em 1874, ele publicou um pequeno livro intitulado *A hipótese de Thomson de um estado final de equilíbrio térmico no universo, esclarecida de um ponto de vista filosófico*, no qual ele atacava as cosmologias mecanicistas e materialistas de sua época, em nome de uma visão organicista e teleológica da totalidade dos fenômenos naturais. Neste panfleto, Caspari não considerava o universo enquanto um mecanismo físico (mesmo que de um tipo particular), mas como um grande organismo vivo, isto é, uma "comunidade de partes éticas". A linha de demarcação entre orgânico e inorgânico tendo sido, em princípio, abolida pelas descobertas recentes da biologia e Caspari tentava passar de uma visão do orgânico enquanto máquina à do cosmo enquanto organismo. Ele retomara, então, as objeções de Robert Mayer, Friedrich Mohr, Carl Gustav Reuschle, contra Thomson, Helmholtz e Claussius, tanto quanto a polêmica de Leibniz contra Descartes, que lhe permitia simplificar e reduzir à sua própria ótica, o debate em curso.

Hermann von Helmholtz, na sua célebre obra *Sobre a conservação da força* (1874), tinha dividido a totalidade da energia do universo em energia potencial e em energia cinética, afirmando a convertibilidade recíproca total entre as duas. William Thomson, em 1852, tinha precisado que existe um sub-conjunto da energia cinética, o calor que, uma vez gerado, não é completamente reconvertível em energia potencial ou em outra forma de energia cinética. Mas, sendo dado que a (parcial) reconversão do calor em travalho só é possível na presença de um desvio de temperatura, enquanto que o calor tende a passar dos corpos mais quentes aos mais frios, difundindo-se em temperatura uniforme no espaço, isto significa que o universo tende a um estado final de completa cessação de transformações energéticas, do movimento da vida: "Se olharmos em direção ao futuro, constataremos que o fim deste mundo, enquanto lugar da vida para o homem e para qualquer outro ser vivo ou vegetal que atualmente o habita, é, de um ponto de vista mecânico, inevitável"[37].

Contra a predição feita pelo mecanicismo de Thomson, Caspari utilizava o argumento da infinitude *a parte ante*: "não é difícil demonstrar que o universo, que existe desde a eternidade, já teria caído numa situação de completo equilíbrio de todas as suas partes" (Caspari, 1874, p. IV). Portanto, se cada mecanismo alcança um estado de equilíbrio e se o universo não o atingiu ainda na infinitude temporal já escoada, então o universo não pode ser considerado como um mecanismo, mas como uma comunidade de partes que acompanharam; no que concerne ao seu movimento, não uma lei mecânica, mas um imperativo ético. Os átomos de Caspari (que lembram aqueles da *Monadologia*, de Leibniz), se apresentam assim como espécies de mônadas biológicas, providas de estados interiores. Cada átomo obedece ao imperativo ético de participar da conservação do organismo geral e seguem, em seu movimento, não apenas a simples interação fí-

---

[37] O primeiro fragmento citado foi publicado apenas no aparato crítico alemão à *Gaia Ciência* (KSA, 14, p. 253), o outro é o Frag. Póst., 11 [265], Início do Ano-Outono de 1881. A atribuição aos átomos de estados internos e do sentido de autoconservação, é um dos fundamentos da filosofia de Caspari. Isso, na época, estava muito divulgado, por exemplo por Zöllner, Fechner, Fick (Ver Caspari, 1881, pelo menos às páginas 126-127, 287, 344, 347, 422, 441). Nietzsche, desde o Frag. Póst. 11 [108], fragmento anterior à idéia do eterno retorno, escreve de maneira lapidar, referindo-se, provavelmente, a Caspari: "Não há nenhum impulso de autoconservação!".

sica, mas também uma lei ditada a priori, através da qual o equilíbrio térmico, resultado inelutável de toda interação puramente mecânica, é evitado.

"Para resolver as dificuldades acima citadas, é preciso retornar a Leibniz, pelo menos naquilo que nos permite elevar os átomos a *átomos biológicos*, isto é, a espécie de mônadas que, de uma parte são certamente submetidas às interações físicas reais, mas que, ao lado disso, obedecem à lei de uma autoconservação atômica interna. Esta lei prescreve-lhe seguir certas direções do movimento pelas quais é impedida a formação destas tendências de movimento que, por seu crescimento ilimitado, conduziriam o universo, considerado apenas de um ponto de vista mecânico, a um estado de equilíbrio de todas as suas partes: estado ao qual o universo, esgotada em cada uma de suas partes a capacidade de conservar o movimento, seria, em seguida, condenado por toda a eternidade" (Caspari, 1874, p. V).

O universo não é, pois, um relógio que precisa ser recarregado ou uma máquina a vapor próxima do esgotamento de seu carburante. Ele é, ao contrário, segundo as palavras de Leibniz: "um relógio que se carrega por ele mesmo, semelhante ao organismo que procura seu alimento [...] O universo em si, não é um puro mecanismo, um mecanismo morto. 'Não!' exclama Leibniz contra Descartes: o universo é composto, de um ponto a outro, de uma força independente que não lhe vêm do exterior"(Caspari, 1874, p. 8-9).

Se esta última frase recebeu apenas um traço à margem, a citação precedente de Caspari se acha enriquecida, no exemplar de Nietzsche, de um grosso *"Esel"* (Asno), seguido de dois pontos de exclamação.

Com efeito, após ter lido o primeiro livro de Caspari, *A correlação das coisas*, Nietzsche quisera, igualmente, ler o seu panfleto contra a hipótese de Thomson, assim como toda uma série de estudos que ele havia encontrado citados nas páginas de *A Correlação das coisas*. Os textos e as leituras de Nietzsche nos mostram, que desde antes de 1881, sua informação sobre os fenômenos cosmológicos era suficientemente vasta[38]. Mas, durante o verão de 1881, no momento em que "surge no horizonte" de seu pensamento a idéia do eterno retorno, Nietzsche se entrega mais intensivamente, a este tipo de leitura. Do meu ponto de vista, é precisamente *A correlação das coisas*, de Caspari, que Nietzsche recebera de seu editor em St. Moritz (ver a carta a Schmeitzner, de 21 de junho de 1881), que é a fonte principal deste curso de reflexões. No capítulo intitulado "A filosofia contemporânea da natureza e suas orientações", estudo sobre as filosofias da natureza de Gustav Vogt e de Alfons Bilharz, Nietzsche tinha encontrado uma apresentação do estado atual das controvérsias cosmológicas, assim como algumas indicações bibliográficas e na carta a Overbeck, de 20-21 de agosto de 1881, ele pedira ao seu amigo o envio dos seguintes volumes, que ele havia encontrado citados em Caspari:

---

[38] Ver entre outros o Frag. Póst. 11 [201], Início do ano-Outono de 1881, o qual já tivemos ocasião de citar e outro rascunho do aforismo 109 da *Gaia Ciência*, à página 18 de M III 1 (publicado na KSA, vol. 14, p. 254). A propósito de concordâncias textuais, parece-nos interessante revelar que no Frag. Póst. 11 [148], primeira exposição do eterno retorno que se segue ao primeiro esboço, e redação preparatória do célebre aforismo 341 da *Gaia Ciência*, Nietzsche retoma o título do livro de Caspari: "E então encontrarás cada dor e cada prazer e cada amigo e inimigo e cada esperança e cada erro e cada folha de grama e cada raio de sol, a inteira conexão de todas as coisas (*den ganzen Zusammenhang der Dinge*). (Trad. de Rubens Torres Filho, *op. cit.*, p. 389-390).

Gostaria de pedir que me comprasses alguns volumes nas livrarias:
1. O Liebmann, *A análise da realidade* [citado por Caspari às páginas 215 e 223].
2. O. Caspari, *A hipótese de Thomson* (Stuttgart, 1874, Horster) [citado por Caspari às páginas 33 e 51].
3. A. Fick, "Causa e Efeito"[citado por Caspari, entre aspas, na página 39 e, como uma "obra que fez época", na página 52]
4. J. G. Vogt, *A força* (Leipzig, Haupt & Tischler, 1878) [citado por Caspari às páginas 28-29, amplamente discutido às páginas 41-48].
5. Liebmann, *Kant e seus epígonos* [citado por Caspari na página 58'. [...].

Será que na Associação de Leitura, de Zurique (ou na biblioteca) se encontram os "Philosophischen Monatshefte"? Eu precisaria do volume 9 do ano de 1873 [citado por Caspari às páginas 80, 82 e 93] e também do ano de 1875 [citado por Caspari, igualmente sem número do volume, às páginas 128 e 134]. Em seguida, a revista *Kosmos*, volume I [citada por Caspari às páginas 36,51,146,180,182 e 378].

Será que existe uma edição completa dos Discursos, de Dubois-Reymond? [citados por Caspari às páginas 20. 420 e 486].

Nietzsche pede, além disso, o livro de Afrikan Spir, *Pensamento e Realidade*, que ele relia periodicamente, quando se ocupava de questões especulativas[39].Uma vez recebidos estes

---

[39] No manuscrito, este fragmento é precedido pelo frag. póst. 11[265], Início do Ano-Outono de 1881, que citamos mais acima.

volumes, ele de dedica imediatamente à leitura do panfleto de Caspari contra Thomson e sua primeira reação, nós vimos, é de taxar de asneira a hipótese caspariana de mônadas biológicas, que estariam em condições de garantir a conservação do movimento. Reação que se encontra à margem da página de Caspari, mas que está igualmente acompanhada por um outro fragmento escrito no caderno M III 1 ("O erro mais profundo é afirmar que o universo é um organismo [...] Como! O inorgânico seria mesmo o desenvolvimento e a decadência do orgânico!? Asneira!!") e seguido por um fragmento provavelmente ainda dirigido contra Caspari:

> Seria preciso ou bem que o equilíbrio absoluto seja, por ele mesmo, uma impossibilidade ou bem que as modificações da força passem ao movimento cíclico, antes que o equilíbrio, por ele mesmo possível, intervenha. – Atribuir ao ser o "sentimento de auto-conservação"! Loucura! E aos átomos "a aspiração ao prazer e ao desprazer"![40]

---

[40] O primeiro fragmento citado foi publicado apenas no aparato crítico alemão à *Gaia Ciência* (KSA, 14, p. 253), o outro é o Frag. Póst., 11 [265], Início do Ano-Outono de 1881. A atribuição aos átomos de estados internos e do sentido de autoconservação, é um dos fundamentos da filosofia de Caspari. Isso, na época, estava muito divulgado, por exemplo por Zöllner, Fechner, Fick (Ver Caspari, 1881, pelo menos às páginas 126-127, 287, 344, 347, 422, 441). Nietzsche, desde o Frag. Póst. 11 [108], fragmento anterior à idéia do eterno retorno, escreve de maneira lapidar, referindo-se, provavelmente, a Caspari: "Não há nenhum impulso de autoconservação!".

Em 26 de agosto, nós encontramos no M III 1 um novo plano para uma obra sobre o eterno retorno: *Meio-Dia e Eternidade* (Frag. Póst., 11 [195]). Nos fragmentos imediatamente posteriores, Nietzsche retoma suas reflexões cosmológicas misturadas a um diálogo constante com Caspari e a uma severa crítica de seu organicismo. A propósito da teoria atomística de Demócrito – que, como diz Dante, *"il mondo a caso pone"* – Caspari escrevia que ela é ou bem uma teleologia mascarada ou então uma teoria contradita pela experiência (cf. Caspari, 1881, p. 124). Pois, se um mundo governado pelo acaso tivesse conseguido evitar até o presente o estado de equilíbrio máximo, não se podia dizê-lo verdadeiramente cego; ele já deveria ter sido regido por uma forma de teleologia. Se, ao contrário, nenhum princípio teleológico o tivesse guiado, ele *já* deveria ter alcançado o estado de equilíbrio máximo e de cessação do movimento; mas, então, ele estaria ainda imóvel, enquanto que a experiência nos prova exatamente o contrário.

Nietzsche se refere a estes argumentos de Caspari quando escreve, no fragmento póstumo 11 [201], que o organicismo é um "politeísmo mascarado", uma sombra moderna de Deus e retorna contra Caspari a objeção da infinitude *a parte ante*: se o cosmos tivesse podido tornar-se um organismo, ele já teria se tornado.

O complemento científico moderno à crença em Deus é a crença no *todo enquanto organismo*: isto me enoja. Assim, o que é absolutamente raro, indizivelmente derivado, o orgânico que nós só percebemos sobre a crosta da terra, fazer dele o essencial, o universal, o eterno! Isso é apenas ainda e sempre a humanização da natureza! E as mônadas, que juntas formariam o organismo do universo, são apenas um politeísmo mascarado!

Dotadas de providência! Mônadas que saberiam impedir certos possíveis resultados mecânicos, tal qual o equilíbrio das forças! Fantasmagorias! Se o universo pudesse tornar-se um organismo, ele já se teria tornado um.

Mas, objetava Caspari, se não foi a intencionalidade dos átomos, o que é que impediu até o presente (e impedirá para sempre, já que até o presente se escoou uma infinitude temporal) que um estado de equilíbrio tenha sido atingido? Se na infinitude "*todas as combinações possíveis devem ser produzidas*, mesmo a combinação que corresponde ao estado de equilíbrio poderia ter se produzido, o que está em contradição com os *fatos da experiência*" (Caspari, 1881, p. 136). Nietzsche, que no seu exemplar do livro de Caspari fez dois traços à margem desta frase, responde precisamente a esta objeção no fragmento póstumo 11 [245], distinguindo entre as configurações da força, aquelas que são apenas possíveis e aquelas que são reais. O equilíbrio das forças, a morte térmica, é um dos casos possíveis, mas ele jamais foi alcançado e jamais o será, portanto não é um caso real:

> Se um equilíbrio de forças tivesse sido alcançado alguma vez, duraria ainda: portanto, nunca ocorreu. O estado deste instante *contradiz* a admissão. Se se admite que houve uma vez um estado absolutamente igual ao desse instante, esta admissão não é refutada pelo estado deste instante. Entre as infinitas possibilidades, porém, *tem* de ter-se dado esse caso, pois até agora já passou uma infinidade. Se o equilíbrio fosse possível, teria de ter ocorrido. – E se o estado deste instante esteve aí, então também este aquele que o gerou, e seu estado prévio, e assim por diante, para trás, – de onde resulta que também uma segunda, terceira vez ele já esteve aí, – assim

como uma segunda, terceira vez ele estará aí, – inúmeras vezes, para frente e para trás. Isso significa que se move todo vir-a-ser na repetição de um número determinado de estados perfeitamente iguais [...] A cessação das forças, seu equilíbrio, é um caso pensável: mas não ocorreu, conseqüentemente o número de possibilidade é maior que o das efetividades. – Que nada de igual retorne, não poderia ser explicado pelo acaso, mas somente por uma intencionalidade posta na essência da força: pois, pressuposta uma descomunal massa de caos, o alcançamento casual do *mesmo lance de dados* é mais verossímel do que a absoluta igualdade.*

Tentemos pois, reler a página que segue o primeiro esboço do eterno retorno, de onde nossa análise começou e que inicia com a advertência: "Guardemo-nos de dizer (*Hütet euch zu sagen*) que o mundo é um ser vivo". Agora, isto ficou mais claro: *Hüten wir uns* é a fórmula que Eugen Dühring utilizava no fim de sua refutação do sistema do mundo de Eduard von Hartmann, que ele considerava como um sistema antivital, *pois* conduzia logicamente à repetição do idêntico; Dühring escreveu: "Guardemo-nos de tais fúteis desatinos". O organicismo é a resposta de Otto Caspari ao problema da dissipação da energia e da morte térmica do universo e a toda forma de teleologia. Contra Dühring e Hartmann, mas também contra a extensão ao universo do segundo princípio da termodinâmica, Caspari sustenta que o mundo não poderá jamais alcançar o estado final, porque ele é composto de uma

---

* *Nietzsche – Obras incompletas*. Tradução e notas de Rubens Rodrigues Torres Filho. São Paulo: Abril Cultural, 2ª. ed., 1978 (Coleção "Os Pensadores"), p. 388. (N.T.)

espécie de átomos biológicos. Nietzsche se associa a Caspari em sua crítica à teleologia e os argumentos que ele utiliza contra o estado final do universo coincidem com os de Caspari. Salvo que ele considera o organicismo como a última forma de antropomorfismo, como um politeísmo travestido, que ele rejeita com todas as suas forças.

Com a ajuda de uma paródia da fórmula de Dühring, *Hüten wir uns*, Nietzsche estigmatiza e refuta as falsas representações do universo, tal como o organicismo de Caspari, o mecanicismo de Thomson, o processo do mundo de Hartmann e de Dühring e tira deste debate os argumentos para sua idéia do eterno retorno do idêntico. A leitura de alguns fragmentos do caderno M III 1 nos confirma que não se trata de um acaso, mas de um sutil jogo intelectual:

> Guardemo-nos (*Hüten wir uns*) de atribuir a esse curso circular qualquer *tendência*, qualquer alvo: ou de avaliá-lo, segundo nossas necessidades, como *enfadonho*, estúpido, e assim por diante. Certamente aparece nele o mais alto grau de irrazão, do mesmo modo que o contrário: mas ele não se mede por isso, racionalidade e irracionalidade *não* são predicados para o todo. – Guardemo-nos de pensar a *lei desse círculo* como algo que *veio a ser*, segundo a falsa analogia dos movimentos circulares *no interior* do anel. Não houve primeiro um caos e depois gradativamente um movimento harmonioso e enfim um firme movimento circular de todas as forças; em vez disso, tudo é eterno, nada veio a ser: se houve um caos das forças, também o caos era eterno e retorna em cada anel. O *curso circular* não é nada que *veio a ser*, é uma lei originária, assim como a *quantidade de força* é lei originária, sem exceção nem transgressão. Todo vir-a-ser no interior do curso circular e da quantidade

da força: portanto, não empregar, por falsa analogia, os cursos circulares que vêm a ser e perecem, por exemplo os astros, ou vazante e enchente, dia e noite, estações do ano, para a caracterização do curso circular eterno. (*Fragmento Póstumo* 11 [157], Início do ano-Outono de 1881)*

Guardemo-nos (*Hüten wir uns*) de ensinar um tal ensinamento como uma súbita religião! Ele tem de embeber lentamente, gerações inteiras têm de edificar nele e nele tornar-se fecundas, – para que ele se torne uma grande árvore, que dê sombra a toda a humanidade que ainda virá. O que são alguns milênios, nos quais o cristianismo se conservou! Para o mais poderoso dos pensamentos é preciso muitos milênios, – Por *muito, muito tempo* ele tem de ser pequeno e impotente. (*Fragmento Póstumo* 11 [158], Início do ano-Outono de 1881)**

A medida da força total é *determinada*, não é nada de "infinito"; guardemo-nos (*Hüten wir uns*) de tais desvios do conceito! Conseqüentemente, o número das situações, alterações, combinações e desenvolvimentos dessa força é, decerto, descomunalmente grande e praticamente "*imensurável*", mas, em todo caso, também determinado e não infinito. O tempo, sim, em que o todo exerce sua força, é infinito, isto é, a força é eternamente igual e eternamente ativa: – até este instante já transcorreu uma infinidade, isto é, é necessário que todos os desenvolvimentos possíveis já *tenham estado aí*. Conse-

---

* Tradução: Rubens Torres Filho, *op. cit.*, p. 389. (N.T.)
** Tradução: Rubens Torres Filho, *op. cit.*, p. 390. (N.T.)

qüentemente, o desenvolvimento deste instante tem de ser uma repetição, e também o que o gerou e o que nasce dele, e assim por diante, para frente e para trás! Tudo esteve aí inúmeras vezes, na medida em que a situação global de todas as forças sempre retorna. (*Fragmento Póstumo* 11 [202], Início do ano- Outono de 1881)*

Guardemo-nos (*Hüten wir uns*) de acreditar que haveria uma tendência a adquirir certas *formas*, que se gostaria que fosse mais bela, mais perfeita, mais complicada! Tudo isso é apenas antropomorfismo! Anarquia, feiúra, forma – são tantos conceitos impróprios. Para a mecânica, não há nada imperfeito (Frag. Póst. 11 [205], Início do ano-Outono de 1881)[41].

Esta última frase parece dar uma espécie de primazia à mecânica sobre o organicismo e, efetivamente, a visão mecânica é para Nietzsche seguramente a mais plausível e menos antropomórfica que o organicismo. Mas, na realidade, face às duas imagens dominantes nas discussões cosmológicas de sua época, a máquina e o organismo, Nietzsche quer restituir

---

* Tradução: Rubens Torres Filho, *op. cit.*, p. 385. (N.T.)
[41] Ver entre outros o Frag. Póst. 11 [201], Início do ano-Outono de 1881, o qual já tivemos ocasião de citar e outro rascunho do aforismo 109 de *A Gaia Ciência*, à página 18 de M III 1 (publicado na KSA, vol. 14, p. 254). A propósito de concordâncias textuais, parece-nos interessante revelar que no *fragmento póstumo* 11 [148], primeira exposição do eterno retorno que se segue ao primeiro esboço, e redação preparatória do célebre aforismo 341 da *Gaia Ciência*, Nietzsche retoma o título do livro de Caspari: "E então encontrarás cada dor e cada prazer e cada amigo e inimigo e cada esperança e cada erro e cada folha de grama e cada raio de sol, a inteira conexão de todas as coisas (*den ganzen Zusammenhang der Dinge*)." (Tradução: Rubens Torres Filho, *op. cit.*, p. 389-390).

à natureza seu caráter polimorfo, protéiforme, não estruturado, caótico, cuja teoria do eterno retorno, enquanto princípio não-teológico e não-teleológico, é a sanção mais forte. Eis a primeira das "novas batalhas" que se inauguram diante de quem tomou consciência das consequências da morte de Deus. No terceiro livro da *Gaia Ciência*, que nos rascunhos porta o título de *Gedanken eines Gottlosen*, *Pensamentos de um sem-Deus*, após o célebre aforismo contra as sombras de Deus, o aforismo 109 resume, magistralmente, a discussão com as principais tendências da cosmologia de sua época. Ele é intitulado: *Hüten wir uns...*

Guardemo-nos! – Guardemo-nos de pensar que o mundo seja um ser vivo. Para onde se expandiria? De onde se alimentaria? Como poderia crescer e multiplicar-se? Sabemos aliás, mais ou menos, o que é o orgânico: e haveríamos de interpretar o indizivelmente derivado, tardio, raro, contingente, que é só o que percebemos sobre a crosta da Terra, como o essencial, o universal, o eterno, como fazem aqueles que denominam o todo um organismo? Isso me repugna. Guardemo-nos desde já de acreditar que o todo seja uma máquina; ele certamente não foi construído visando a um alvo, com a palavra "máquina" prestamos a ele uma honra alta demais. Guardemo-nos de pressupor algo tão perfeito em sua forma como os movimentos cíclicos de nossas estrelas vizinhas, em geral e por toda parte; já um olhar à via-láctea faz emergir dúvidas, se não há ali movimentos muito mais rudimentares e contraditórios, e igualmente estrelas com eternas trajetórias candentes em linha reta e coisas semelhantes. A ordem astral em que vivemos é uma exceção; essa ordem e a relativa duração que é condicionada por ela possibilitaram, por sua vez, a exceção das exceções: a formação do orgânico. O caráter geral do mundo é, ao contrário, por toda eternidade, o caos, não no sentido da falta de necessidade, mas da falta de ordem, de articulação, forma, beleza, sabedoria, ou como se chamem todos esses humanismos estéticos. Julgados a partir de nossa razão, os lances de dado infelizes são, de longe, a regra, as exceções não são o alvo secreto, e o jogo (*Spielwerk*) inteiro repete eternamente sua toada, que jamais poderia chamar-se uma melodia – e, por último, até mesmo a palavra "lance infeliz" já é uma humanização, que encerra em si uma censura. Mas como poderíamos censurar ou louvar o todo! Guardemo-nos de lhe imputar falta de coração e irrazão (*Herzlosignkeit und Unvernunft*) ou seus contrários: ele não é perfeito, nem belo, nem nobre (*edel*), e não quer tornar-se nada disso, nem sequer se esforça no sentido de imitar o homem! Também não tem um impulso de autoconservação nem em geral qualquer impulso; também não conhece nenhuma lei. Guardemo-nos de dizer que há leis na natureza. Há somente necessidades: nela não há ninguém que mande, ninguém que obedeça, ninguém que transgrida. Se sabeis que não há fins, sabeis também que não há acaso: pois somente do lado de um mundo de fins a palavra "acaso" tem um sentido. Guardemo-nos de dizer que a morte é oposta à vida. O vivente é somente uma espécie de morto, e uma espécie muito rara. – Guardemo-nos de pensar que o mundo cria eternamente o novo. Não há substâncias de duração eterna; a matéria é um erro tão grande quanto o deus dos eleatas. Mas quando chegaremos ao fim de nossa cautela e guarda? Quando todas essas sombras de Deus não nos toldarão mais? Quando teremos a natureza inteiramente desdivinizada? Quando nós, homens, com a pura natureza, descoberta como nova, redimida como nova, poderemos começar a nos *naturalizar?**

Inútil retornar ao "Guardemo-nos" que revém sem cessar e que estrutura este aforismo. Eu gostaria somente de assinalar alguns outros índices textuais, correspondendo aos termos alemães entre parênteses, que revelam o forte grau de intertextualidade do qual este aforismo é tecido e testemunham sua relação com o debate cosmológico contemporâneo. Nietzsche utiliza o termo *Spielwerk*, "mecanismo de uma caixa de música", "carrilhão", como bem o traduz Patrick Wotling e neste contexto trata-se, ao mesmo tempo, de uma alusão ao eterno retorno e ao termo *Räderwerk*, que significa "mecanismo", "engrenagem" e que era permanentemente utilizado por Caspari contra o esquematismo do mundo de Dühring. Para o que é insensibilidade e irrazão do mundo, um rascunho deste aforismo à página 74 de M III 1, nos explicita mais uma vez a referência a Hartmann e a Caspari:

> Guardemo-nos de denegrir o valor da existência pelo fato de que nós colocamos na essência do ser a "insensibilidade" (*Herzlosigkeit*), a ausência de piedade, a irrazão (*Unvernunft*), a falta de sentimentos nobres (*Mangel an edlem Gefühl*) etc. – como o fazem os pessimistas [Nietzsche se refere a Hartmann], mas no fundo igualmente os monâdicos [como Caspari com seus átomos biológicos], etc. Devemos nos representar o universo de maneira completamente mecânica e não racional, de tal maneira que *ele não possa ser afetado por nenhum predicado de valor estético ou moral* . – ele nada

---

* Tradução: Rubens Torres Filho, in *op. cit.*, p. 199. (N.T.)

quer, não quer tornar-se nem mais perfeito, nem mais belo, nem mais nobre, etc. – Casp<ari>, p. 288, se vale, de maneira igualmente ignominiosa, do "sentimento dissuasivo [*abmahnende Gefühl*]"![42]

A página 288 de *A conexão das coisas* a qual Nietzsche se refere, segue imediatamente a crítica dos sistemas de Dühring e Hartmann:

> A aquele que observa calmamente esses edifícios cósmicos, tal como eles são apresentados por Dühring e Hartmann, se opõe o sentimento que no próprio mundo representa um papel muito importante. É exatamente este sentimento [*Gefühl*], que o dissuade [*mahnt*] de uma voz clara e o impulsiona a distanciar-se desta suposta divindade inconsciente, que constrói mundos sem poder renunciar a elas por compaixão e, ao mesmo tempo, o dissuade [*mahnt*] de conceber o universo e suas partes como um estado comunista, governado da maneira a mais insensível possível [*herzlosester Weise*], que lança todos os seus membros aos grilhões e os obriga a seguir em *unisono* [em italiano no texto], doravante sejam desprovidos de um sentimento individual, o Moloch de uma engrenagem insensível [*gefühllosen Räderwerks*][43].

---

[42] No manuscrito, este fragmento é precedido pelo frag. póst. 11[265], Início do Ano-Outono de 1881, que citamos mais acima.

[43] A utilização de *herzlos* é muito frequente em Caspari (cinco vezes na pág. 287, duas vezes na 228, depois na 445, etc.), nas páginas 287-288, encontramos igualmente quatro vezes *gefühllos*, três vezes *werthlos* e na pág. 287 *edle Gefühl*.

Mas Nietzsche, a partir de uma estreita polêmica entre aqueles que passavam por grandes filósofos da época, soube traçar uma imagem do universo enquanto "chaos sive natura" (como ele o chamava, parodiando Spinoza), que nos faz refletir ainda hoje. Para Nietzsche, trata-se, de início, de tornar a humanidade consciente de sua própria força estruturante criadora, porque esteve na origem de todas as qualidades "reencontradas" sucessivamente na natureza: "Deveria Prometeu, primeiro ser *julgado* por ter *roubado* a luz e por isso ser castigado, – para, enfim, descobrir que ele tinha criado a luz, *na medida em que ele desejou a luz* e que não apenas o homem, mas também o *Deus* deveria ter sido a obra de *suas* mãos e do barro em suas mãos? Tudo apenas imagens de imagens?", nos diz o aforismo 300 da *Gaia Ciência*, o que nos explica o fim que o aforismo 109, que acabamos de citar, trazia ainda nos primeiros ensaios: "Prometeu ainda não se libertou do seu abutre!", isto é, ele não tinha descoberto ainda a origem humana de suas imagens do universo.

A análise dos manuscritos nos mostra como Nietzsche pode reunir, condensar, resumir, freqüentemente em uma palavra ou em um jogo de palavras, o resultado de sua discussão com todo um debate que hoje caiu completamente no esquecimento, mas que, restituído graças à análise dos manuscritos e das leituras do filósofo, nos dá a chave para compreender a gênese e o sentido do eterno retorno. A interpretação filosófica não pode dispensar este estudo genético que nos interdita, inicialmente, a utilização de compilações dos fragmentos póstumos e de falsas obras como *A Vontade de Potência*, que nos leva a utilizar uma edição confiável como a de Colli e Montinari e, sobretudo, de volta ao estudo dos manuscritos. Pois de outro modo, como mostramos no caso de um dos mais célebres e mais inteligentes intérpretes de Nietzsche, não sairemos jamais do círculo vicioso do contra-senso.

REFERÊNCIAS BIBLIOGRÁFICAS

1. BAHNSEN, Julius. *Zur Philosophie der Geschichte. Einer kritische Besprechungdes Hegel-Hartmann'schen Evolutionismus aus Schopenhauererschen Principien*. Berlin: Dunker, 1872.
2. BORSCHE, Tilman; GRRATANA, Federico. *"Centauren-Geburten". Wissenschaft, Kunst und Philosophie beim jungen Nietzsche*, Berlin-New York, de Gruyter, 1994.
3. BRUSOTTI, Marco. "Die 'Selbstverkleinerung des Menschen' in der Moderne. Studie zu Nietzsches 'Zur Genealogie der Moral'". *Nietzsche-Studien* (21), 1992, p. 81-136.
4. _____. *Die Leidenschaft der Erkenntnis. Philosophie und ästhetische Lebensgestaltung bei Nietzsche von Morgenröthe bis Also sprach Zarathustra*, Berlin-New York, de Gruyter, 1997.
5. BOLTZMANN, Ludwig. *Vorlesungen über Gastheorie*. Leipzig: Barth 1895 (I vol.), 1898 (II vol.).
6. _____. "Zu Hrn. Zermelos Abhandlung 'Über die mechanische Erklärung irreversibler Vorgänge'". *Wiedemann Annalen*, 60, 1897, p. 392-398.
7. CASPARI, Otto. *Der Zusammenhang der Dinge*. Breslau, 1881.
8. _____. *Die Thomson'sche Hypothese*. Stuttgart, 1874.
9. COLLI / MONTINARI. "Stato dei testi di Nietzsche". *Il Verri*, n. 39/40, 1972, p. 58-68.
10. CRESCENZI, Luca. "Verzeichnis der von Nietzsche aus der Universitätsbibliothek in Basel entliehenen Bücher (1869-1879)". *Nietzsche-Studien*, 23, 1994, p. 388-441.

11. DELEUZE, Gilles. *Nietzsche et la philosophie* (1962), 2. éd., Paris, PUF, 1998.
12. _____. *Nietzsche* (1965), 11. éd., Paris, PUF, 1997.
13. _____. *Différence et répétition* (1968), 9. éd., Paris, PUF, 1997.
14. DELEUZE, Gilles (ed.). *Nietzsche*. Actes du colloque de Royaumont du 4 au 8 juillt 1964, Paris, Les éditions de Minuit, 1967.
15. DÜHRING, Eugen. *Cursus der Philosophie als streng wissenschaftlicher Weltanschauung und Lebensgestaltung*, Leipzig, Koschny, 1875.
16. D'IORIO, Paolo. "La superstition des philosophes critiques. Nietzsche et Afrikan Spir". *Nietzsche-Studien*, 22, 1993, p. 257-294.
17. _____. *La linea e il circolo. Cosmologia e filosofia dell'eterno ritorno in Nietzsche*, Genova, Pantograf, 1995.
18. _____. "Cosmologie de l'éternel retour". *Nietzsche-Studien* (24), 1995.
19. GERRATANA, Federico. "Der Wahn jenseits des Menschen. Zur frühen E. V. Hartmanns-Rezeption Nietzsches". *Nietzsche-Studien* (17), 1988, p. 391-433.
20. GONCOURT, Edmond et Jules Huot de. *Journal des Goncourt. Mémoires de la vie littéraire*. Deuxième volume, 1862-1865. Paris: Charpentier, 1887.
21. GRODDECK, Wolfram. "'Vorstufe' und 'Fragment'. Zur Problematik einer traditionellen textkritischen Unterscheidung in der Nietzsche-Philologie" in Martin Stern (ed.). *Textkonstitution bei mündlicher und bei schriftlicher Überlieferung*. Tübingen: Niemeyer, 1991, p. 165-175.

22. HARTMANN, Eduard von. *Philosophie de l'Inconscient*, traduite de l'allemand et precédée d'une introduction par D. Nolen, Paris, 1877, 2 vol.
23. HELMHOLTZ, Hermann von. "Über die Erhaltung der Kraft. Eine physikalische Abhandlung" in *Wissenschaftliche Abhandlungen*, 3 vol. Leipzig: Barth, 1882, I, p. 12-75.
24. LANGE, Friedrich Albert. *Geschichte des Materialismus und Kritik seiner Bedeutung in der Gegenwart*. Iserlohn: Baedeker, 1866.
25. LEOPARDI, Giacomo. *Petites oeuvres Morales*. Paris: Allia, 1993.
26. _____. *Canti. Avec un choix de Oeuvres morale*. Paris: Gallimard, 1982.
27. MONTINARI, Mazzino. *"La volonté de puissance" n'existe pas*, texte établi et postfacé par Paolo D'Iorio. Paris: Éditions de l'éclat, 1996.
28. MOHR, Friedrich. *Allgemeine Theorie der Bewegung und Kraft als Grundlage der Physik und Chemie*. Braunschweig: Vierweg, 1869.
29. MÜLLER-LAUTER, Wolfgang. "Nietzsches Lehre vom Willen zur Macht". *Nietzsche-Studien* (3), 1974, p. 1-60.
30. _____. "'Der Wille zur Macht' als Buch der 'Krisis'". *Nietzsche-Studien*, 24, 1995, p. 223-260.
31. _____. *Nietzsche. Physiologie de la Volonté de Puissance*. Textes reunís et precedes de "Le Monde de la volonté de puissance" par Patrick Wotling, traduit de l'allemand par Jeanne Champeaux, Paris, Éditions Allia, 1998.
32. NIETZSCHE, Friedrich. KGW. *Werke. Krtische Gesamtausgabe*, Berlin-New York, de Gruyter, 1967 sq.
33. _____. KSA. *Sämtliche Werke. Kritische Studienausgabe*. Berlin-New York: de Gruyter/München DTV, 1980.

34. _____. *Oeuvres philosophiques completes*. Paris: Gallimard, 1968 ss.

35. _____. *Ainsi parlait Zarathoustra*. Tr. fr. Georges-Arthur Goldschmidt. Paris: Librairie Générale Française, 1983.

36. _____. *Oeuvres*, edition dirigée par Jean Lacoste et Jacques Le Rider. Paris: Laffont, 1993.

37. _____. *Les philosophes préplatoniciens*. P. D'Iorio et F. Fronterota (eds.). Tradução francesa: Natalie Ferrand, Paris. Combas: Éditions de l'éclat, 1994.

38. _____. *Le Gai Savoir*. Tr. Fr. Par Patrick Wotling. Paris: GF Flamarion, 1997.

39. PINTO, Louis. *Les Neveux de Zarathoustra. La réception de Nietzsche em France*. Paris: Seuil, 1995.

40. POINCARÉ, Henry. "Le mécanisme et l'expérience". *Revue de Métaphysique et de Morale*, I, 1893, p. 534-537.

41. _____. "Sur le probleme des trois corps et les équations de la dynamique". *Acta Mathematica*, 13, 1890, p. 1-271.

42. SCHOPENHAUER, Arthur. *Le monde comme volonté et comme representation*, 8. éd.. Paris: PUF, 1942.

43. _____. *Parerga und Paralipomena. Kleine philosophische Schriften* (1851) in *Sämtliche Werke*. Editado por A. Hübscher. Mannheim: Brockhaus, 1988, que reproduz a paginação da primeira edição, a qual se referem nossas citações.

44. STEWART, Balfour. *Die Erhaltung der Energie*. Leipzig: Brockhaus, 1875.

45. THOMSON, William (Lord Kelvin). "On a universal tendency in nature to the dissipation of mechanical energy" in *Transactions of the Royal Society of Edimburgh*, 19 avril 1852, 20 (1850/1853), partie 3, p. 139-142; e em *Mathematical and Physical Papers*. Cambridge: Cambridge University Press, 1882-1911, I, p. 511 ss.

46. _____. "On Mechanical Antecedents of Motion, Heat and Light" in *British Association Report*, Part II, 1854 e em *Mathematical and Physical Papers*. Cambridge: Cambridge University Press, 1882-1911, II, p. 34 ss.
47. TREIBER, Hubert. " 'Das Ausland – Die reichste und gediegenste Registratur' naturwissenschaftlich-philosophischer Titel in Nietzsches 'idealer Bibliothek'". *Nietzsche-Studien*, 25, 1996, p. 394-412.
48. VAIHINGER, Hans. "Der gegenwärtige Stand des kosmologischen Problemes". *Philosophische Monatshefte*, 11, 1875, Leipzig, p. 193-219.
49. WAGNER, Richard. "Une communication à mes amis" in *Oeuvres en prose* (13 vol.), VI, Paris Delagrave, 1910, tr. fr. de "Eine Mittheilung an meine Freunde" (1851) in *Gesammelte Schriften und Dichtungen*, IV. Leipzig: Siegel, 1907.
50. WEYEMBERGH, Maurice. *F. Nietzsche et E. Von Hartmann*. Brussel: Vrije Universiteit Brussel, 1977.
51. WUNDT, Wilhelm. "Uber das kosmologische Problem". *Vierteljahrsschrift für wissenschaftliche Philosophie*, I, Leipzig, 1877, p. 80-136.
52. ZERMELO, Ernst. "Über einen Satz der Dynamik und die mechanische Wärmetheorie". *Wiedemann Annalen*, 57, 1877, p. 485-494.
53. ZÖLLNER, Johann Carl Friedrich. *Über die Natur der Kometen. Beiträge zur Geschichte und Theorie der Erkenntnis*, Leipzig, Engelmann, 1872.

RESSENTIMENTO E VONTADE DE NADA*

Marco Brusotti

"O que significam ideais ascéticos?" A terceira dissertação da *Genealogia da Moral* enumera uma sequência de significados, em parte opostos. Já no primeiro aforismo o leitor obtém uma variedade tão grande de respostas possíveis, que a pergunta acerca de um único significado parece questionável. Isso corresponde a um princípio do método genealógico de Nietzsche: "[D] efinível é apenas aquilo que não tem nenhuma história" (GM/GM, II, §13). Este princípio é explicitado, na segunda dissertação, através da instituição do castigo. Nietzsche estilhaça o conceito aparentemente definível de maneira evidente, em uma heterogeneidade inalcançável por meio de uma clara determinação, na medida em que ele compõe uma longa lista de significados de castigo (determi-

---

* Artigo publicado em *Cadernos Nietzsche*, n. 8, 2000, p. 3-35. Uma primeira versão deste artigo foi uma conferência realizada por ocasião do Seminário Internacional Nietzsche, em homenagem a Mazzino Montinari, que teve como tema "Ler Nietzsche: a *Genealogia da Moral*" (realizado em Pisa, em 6 de Maio de 1993), com o título de "Risentimento e volantà del nulla". Muitos pontos que aqui são tocados apenas rapidamente foram exaustivamente tratados por mim em outro artigo (cf. Brusotti, 3). Tradução: Ernani Chaves.

nações, objetivos, funções) historicamente documentados. Assim, resolve-se a questão acerca *do* significado dessa instituição. Visando o objeto da terceira dissertação – o ideal ascético – isso não se procede assim, de modo tão simples. Nietzsche oscila entre o plural ("ideais ascéticos", como no título) e o singular ("o ideal ascético"). Por fim, parece preponderar a tendência uniformizadora: distanciando-se das formas inapropriadas, exotéricas, retira-se o significado apropriado, o "cerne" esotérico e constante do ideal ascético.

A dissertação se movimenta – como também o aforismo introdutório[1] – da periferia para o centro e vice-versa. Aqui, Nietzsche renuncia ao plural descomprometido e desloca-se para o singular. Ele observa, inicialmente, os artistas; neles, a resposta à questão o que significam ideais ascéticos soa simples e comovente: "*Nada absolutamente!...Ou tantas coisas, que resulta em nada!*" (GM/GM, III, §5). Mesmo aos filósofos falta uma resposta relativamente descompromissada: eles tratam de tais ideais de forma proporcionalmente pouco séria, submetendo-se a eles apenas na aparência e no melhor dos casos delegam-lhes outras funções: eles afirmam aí sua própria forma de vida, com suas condições totalmente apropriadas e/ou utilizam os ideais ascéticos simplesmente como disfarce e travestimento. O 11º capítulo da dissertação, que

---

[1] Segundo o "Prefácio" à *Genealogia*, a terceira dissertação "é precedida por um aforismo, do qual ela mesma constitui o comentário" (GM/GM, "Prefácio", 8). Mas sabe-se que este aforismo já existia antes da dissertação ter sido escrita. O aforismo é, então, mais uma síntese da dissertação do que esta, o seu comentário. Alguns intérpretes relacionam esta passagem do "Prefácio" não com o § 1, mas com a epígrafe, um verso de *Assim falava Zaratustra* (Para uma crítica desta hipótese, cf. Wilcox, 16, p. 448-462). Esta questão, entretanto, não é importante no contexto do presente artigo.

introduz a figura do sacerdote ascético, expõe uma cesura: "agora atacamos seriamente nosso problema", e Nietzsche reformula o problema na forma singular: "O que significa o ideal ascético?" (GM/GM, III, §11).

A síntese prevista no primeiro aforismo também caminha, por fim, em direção ao singular. Aqui, a passagem para o singular liga-se a uma mudança na pergunta: a pergunta "O que significam ideais ascéticos?", que possibilita e exige uma multiplicidade de diferentes respostas, é reconduzida, em última instância, a uma segunda, mais fundamental. Pois não se trata mais, neste caso, "*o que*" significam ideais ascéticos, mas sim, "*que*" o ideal ascético significou, em geral, algo – de fato, significou bastante. Por que o ideal ascético significou tanto para a humanidade? Esta pergunta é muito mais clara e fundamental do que a que serviu de ponto de partida. Isso se explica pela referência ao "dado fundamental da vontade humana": "mas, *que* o ideal ascético tenha significado tanto para o homem, se expressa no dado fundamental da vontade humana, seu *horror vacui: ele precisa de um objetivo* – e preferirá ainda *querer o nada a nada querer*" (GM/GM, III, §1). Depois que a dissertação descreveu, de maneira impressionante, a dominação geral do ideal ascético, a conclusão confirma este princípio: "o homem preferirá ainda *querer o nada*, a *nada querer*" (GM/GM, III, §28)[2]. A referência ao "*horror vacui*" do querer humano e ao seu próprio vazio não esclarece simplesmente *que* o ideal ascético signicou muito, mas responde, *ipso facto*, à questão *o que* este ideal significou,

---

[2] Segundo Werner Stegmaier "nunca se poderia interpretar corretamente" esta frase final (Stegmaier, 13, p. 207). A presente contribuição tenta uma interpretação conclusiva desta "atividade fundamental da vontade" – apesar de seu aparente paradoxo.

necessariamente: "o ideal ascético significou precisamente isto: que algo *faltava*" (GM/GM, III, §28). Faltava uma outra vontade, uma vontade contrária, "a *vontade* de homem e terra" (*Idem*) e um "*contra-ideal – até Zaratustra*" (EH/EH, "Genealogia da Moral", 1).

Por causa do ideal ascético o homem poderia "*querer* algo – não importando no momento para que direção, com que fim, com que meio ele queria: *a vontade mesma estava salva*" (GM/GM, III, §28). E, com ela, o homem. O ideal ascético "foi até agora o único sentido; qualquer sentido é melhor que nenhum; o ideal ascético foi até o momento, de toda maneira, o '*faute de mieux' par excellence*" (*Idem*). Neste sentido, a vontade de nada é, em todo caso, um *faute de mieux*, por falta de uma vontade melhor. Também a vontade de nada "é e permanece uma *vontade*!" (*Idem*). O essencial é, incondicionalmente, querer. O objetivo correspondente é secundário. O nada querer é sempre ainda querer algo. O nada é, neste sentido, esse algo em última instância e, como tal, o *faute de mieux* par excellence. Através do nada, "o monstruoso vazio", diante do qual a vontade estremece, parece "preenchido" (*Idem*). Essencial é a dinâmica interna do querer; em comparação com ela, razão, objetivo e meios são, se não indiferentes, pelo menos secundários.

Observe-se a valência ateleológica dessa interpretação dinâmica da força: essencial é descarregá-la de algum modo, a excitação descarregada que lhe é correspondente é tão boa quanto indiferente. Deste modo, a multiplicidade de significados do ideal ascético aparece, enfim, referida à indiferença originária diante de todo significado único. A vontade de nada decorre da mesma dinâmica da força e de uma semelhante necessidade, tal como o fenômeno "da 'má-consciência' animal (da crueldade voltada para trás), do "sentimento de culpa" situado "por assim dizer, em seu estado bruto"

(GM/GM, III, §20). O homem sofre aqui e ali, por uma dissolução emperrada de força[3]. A crueldade não tem nenhuma outra possibilidade de descarga, a vontade não tem nenhum outro objeto. Nos dois casos sucede uma rara modificação: a crueldade se volta para o interior, a vontade se volta para o nada. A crueldade deve, de algum modo, descarregar-se: por falta de algo melhor, para o interior, contra o próprio sujeito. A vontade deve, necessariamente, querer algo, por falta de algo melhor, o nada.

O sofrimento principal do homem foi que à sua vontade falta um objetivo: "Ele *sofria* pelo problema do seu sentido" (GM/GM, III, §28). Em comparação com este sofrimento pela falta de sentido, todo outro sofrimento é secundário. O homem precisa de um sentido, de todo modo, para poder querer algo e o ideal ascético põe um fim ao sofrimento pela ausência de sentido. O homem também precisa de um sentido, para afirmar o sofrimento como um todo; e todo ideal suprime o sofrimento sem sentido: "O que revolta no sofrimento não é o sofrimento em si, mas a sua falta de sentido" (GM/GM, II, §7)[4]. O sofrimento torna-se, então,

---

[3] Sobre o conceito de "dissolução da força" (*Auflösung der Kraft*), cf. A. Mittasch, 6, p. 110 ss., 138 ss., 150 ss.; Wolfgang Müller-Lauter, 8, p. 210 ss.; Günter Abel, 1, p. 43 ff. e Marco Brusotti 4, em esp., p. 83 ss.

[4] A segunda dissertação da *Genealogia* diferencia dois modos fundamentais de dar um sentido ao sofrimento (cf. GM/GM, II, 7). Um desses modos – sempre uma alternativa ao ideal ascético – é "a primitiva lógica do sentimento", que, todavia, sobreviveu à pré-história, mesmo que ainda de forma sublimada, oculta. Para a crueldade, o sofrimento é uma "festa"; nele, se fundam antigas Teodicéias, que justificam o sofrimento como fonte de alegria para espectadores cruéis. Os deuses homéricos ainda pertencem a este tipo de espectadores cruéis. Depois que a terceira dissertação descreveu a tirania do ideal ascético, sua conclusão já não permite mais que se dê um sentido alternativo.

realmente questionável e insuportável, se ele é desprovido de sentido. O ideal ascético dá a cada sofrimento um sentido; e se um sentido é dado a ele, o homem pode até mesmo querer e procurar o sofrimento (cf. GM/GM, III, §28). Deste modo, o ideal ascético supera, pura e simplesmente, as duas formas principais de sofrimento insuportável – o sofrimento pela ausência de sentido e a "ausência de sentido do sofrimento" (*Idem*). O homem "sofria também de outras coisas, era sobretudo um animal *doente*" (*Idem*) e o ideal ascético era também já um sistema de meios em luta contra o sofrimento. Todavia, segundo Nietzsche, esta "medicação afetiva" mitigadora tornou o doente animal-homem ainda mais doente. Mas, exatamente porque o ideal ascético colocou um fim às duas formas principais de sofrimento, o fato de que ele multiplicou e aprofundou o sofrimento, tornou-se coisa secundária. O principal foi que "a porta se fechava para todo niilismo suicida" (*Idem*).

Nietzsche pensa o sofrimento pela ausência de sentido, de acordo com o modelo de sofrimento da força que não pode se descarregar para fora. Neste caso, efetiva-se em conceitos teóricos como "força" e "vontade", essa "sedução da linguagem (e dos erros fundamentais da razão que nela se petrificam)", que "entende e mal-entende que todo atuar é determinado por um atuante, um 'sujeito', é que pode parecer diferente" (GM/GM, I, §13). A força não pode cessar; força significa atuar, pois força é apenas o nome para este ser atuante: "a ação é tudo" (*Idem*). Na primeira dissertação Nietzsche mostra esta identidade entre força e atividade, sobretudo nos homens fortes, ativos. Na segunda e na terceira, ele modifica este princípio para aquilo que ele chama crueldade (ou também instinto, correspondente ao instinto de liberdade) ou vontade. Elas não se referem mais apenas a uma análoga necessidade dinâmica. Nietzsche pensa a mesma coisa nos dois casos: trata-se de formas de força ativa que, "dito na sua linguagem" (GM/GM, II, §18), chama-se vontade de potência[5].

Sobretudo na terceira dissertação, Nietzsche utiliza, com expressa negligência, o conceito de vontade que ele já havia duramente criticado. Ele recai, novamente, em um ingênua teleologia, que na primeira dissertação parecia ter sido superada? Numa representação metafísica, segundo a qual a (consciente) vontade (que para Nietzsche, não existe) precisa, necessariamente, de uma *causa finalis*? As aparências enganam. Nietzsche concebe a atividade fundamental da vontade de tal modo que o seu ponto de vista anti-schopenhaueriano brota da maneira mais evidente. Ele ajusta seu modo de expressão à implícita confrontação com Schopenhauer.

A vontade de vida schopenhaueriana é, em última instância, desejo cego, insaciável, sem metas. Também esta vontade, a partir de sua dinâmica interna, deve querer sempre mais. Mas a oposição entre vontade e conhecimento (intuitivo) abre para os homens a possibilidade de uma negação da vontade: apenas aqui a liberdade da coisa em si torna-se visível, no mundo totalmente determinado pela causalidade, da representação. Em cada ação particular, a vontade não é livre, mas pode através do conhecido ser ultrapassada no seu todo[6]. O Entendimento dá à vontade um motivo, que lhe determina concludentemente. O conhecimento intuitivo pode dar, por seu lado, quietude à vontade: conhecimento

---

[5] Sobre a vontade de nada como vontade de potência, cf. Müller-Lauter, 7, p. 66-80, em esp., p. 74 ss.
[6] Cf. a respeito Schopenhauer, 12, Bd. II, § 8, p. 497 ss. Sobre a crítica de Schopenhauer ao conceito de liberdade em Kant e a crítica de Nietzsche a Schopenhauer, cf. Müller-Lauter 9, p. 23-73.

intuitivo na natureza ilusória do mundo como representação, que rompe o princípio de individuação. Nos santos, tal quietude conduz ao *noluntas*, ou seja, ao "nada".

Em Nietzsche, ao contrário, temos: "o homem preferirá ainda *querer o nada*, a *nada querer*" (GM/GM, III, §28). Uma tradução desta crítica, usando o conceitual schopenhaueriano, diria aproximadamente o seguinte: "A vontade conhece apenas motivos e nenhuma quietude. O próprio 'nada' é um motivo, mesmo que apenas *faute de mieux*; a vontade preferiria o 'nada' como motivo, do que superá-lo em um *noluntas*". Entretanto, esta tradução do princípio nietzschiano é inadequada. Ela permanece prisioneira do conceito schopenhaueriano de motivo. A vontade de potência em Nietzsche não conhece, em seu fundamento, nem motivo nem quietude. Nietzsche é um crítico radical do conceito de motivo e de querer consciente. Mas a crítica implícita a Schopenhauer na terceira dissertação quer, sobretudo, limpar a ascese da idéia de quietude. A vontade de nada permanece uma forma de vontade – a forma "*faute de mieux*". Mesmo que a vontade seja interpretada inteiramente de uma maneira dinâmica, ela não é mais pensável como a negação schopenhaueriana da vontade.

"Ideais ascéticos" remetem a uma multiplicidade de sujeitos. *O* ideal ascético no singular, ao contrário, é o ideal do sacerdote ascético. Este é, como aquele, um fenômeno universal (cf. GM/GM, III, §11). Nietzsche o denomina o único ideal do homem, e o mundo, a estrela ascética propriamente dita. Mas, de fato, o ideal ascético, na época de Nietzsche, sobreviveu à forma do sacerdote ascético. A crítica de Nietzsche não visa apenas à margem ultrapassada, a partir dos modernos, imposta pelos fenômenos religiosos, mas, sobretudo, às formas de vida dominantes em sua época. Isto é um dos motivos mais importantes pelos quais ele se mantém aferrado à representação de *um* ideal ascético. Apenas assim ele pode falar de um "cerne" desse único ideal, inquebrantável em seu poder e, desse modo, narrar a história passada e futura da Europa. Apenas através desse fio condutor, a história da metafísica, de Platão a Nietzsche, esses dois milênios de história da moral cristã, ganha um sentido pleno.

A "pergunta pelo significado" do ideal ascético tem um "último e frutífero aspecto": "O que significa exatamente o *poder* desse ideal, a *imensidão* do seu poder?" (GM/GM, III, §23). Com isso, Nietzsche pergunta, ao mesmo tempo, por quais motivos o ideal ascético enganou, na sua resistência contra todo ideal e contra uma vontade alternativa, contrária (aqui, vemos, a propósito, o parentesco entre "que" e "o que": quem esclarece o fato, *que* o ideal ascético tem tantos significados, esclarece, *ipso facto*, *o que* significa seu imenso poder). Nietzsche quer, conclusivamente, justificar que, contra toda aparência, o poder do ideal ascético é inquebrantável. Nessa dissertação, a pergunta pelo significado do ideal ascético alcança uma última e surpreendente formulação, que o aforismo introdutório ainda silencia. Na época, a ciência aparece como o poder que, finalmente, ultrapassou por completo a metafísica e a religião. Mas, exclama Nietzsche, falta de algum modo um ideal à ciência como um todo; e os últimos idealistas, a pequena elite científica, auto-denominada espírito livre, continuam ainda servos do velho ideal ascético. Na ciência, não sobrevive um simples "resto", mas o "cerne", despojado de todo acréscimo" (GM/GM, III, §27) do ideal ascético: a crença em um incondicional valor da verdade, a incondicional vontade de verdade. Quem extirpa as formas expressas do ideal ascético descasca, ao mesmo tempo, o seu "cerne": seu significado originariamente mais apropriado. Quando Nietzsche, precisamente, acerca da própria "veracidade cristã", por fim "coloca a questão: '*o que significa toda vontade de verdade*?" (GM/GM, III, §27), ele pergunta, mais exatamente, pelo significado deste cerne permanentemente eficaz. A questão "o que significa toda vontade de verdade?", é a forma pela qual a forma "o que significa o ideal ascético?" se colocará "nos próximos dois séculos da Europa"[7]. No fundamental, trata-se de saber se também a vontade de verdade significa uma vontade de nada – que é, por enquanto, a última que resiste ao niilismo.

Uma vontade de nada que resiste ao niilismo? A *noluntas* schopenhauriana é simplesmente impossível. Ao contrário, ela é um perigo muito concreto, que num mundo esvaziado de sentido, o homem não pode mais querer. É exatamente a vontade de nada incorporada ao ideal ascético que desvia este perigo e protege o homem diante do niilismo. Sem o ideal ascético, o homem era "um brinquedo do absurdo, do sem-sentido" (GM/GM, III, §28). Através deste ideal, "a monstruosa lacuna parecia preenchida; a porta se fechava para todo niilismo auto-suicida" (*Idem*). Isso quer dizer, todavia, que o niilismo auto-suicida foi desviado através de um não-suicida: através da vontade de nada do ideal ascético. Se este ideal decai, um novo niilismo bate à porta. É sobretudo porque o ideal ascético produziu o tipo homem, que Nietzsche pode induzir em direção a um tal niilismo. A partir do ideal vigente, o grande nojo, a vontade de nada, deveriam crescer do niilismo (cf. GM/GM, II, §24). Quando "o grande nojo diante do homem" e a "grande compaixão para com os homens" se encontram um com o outro, manifesta-se "a 'última vontade' do homem, sua vontade de nada, o niilismo" (GM/GM, III, §14; 13). Uma vontade de nada, neste senti-

---

[7] Aqui, posso apenas remeter à análise pormenorizada deste tema, que fiz em outra ocasião (cf. Brusotti 4).

do, ainda não concedeu isso. A vontade de nada 'propriamente dita' parece ter reservado um futuro possível (Nos fragmentos póstumos esse niilismo futuro é descrito pormenorizadamente). Historicamente, nós temos então uma duplicação da vontade de nada. Por um lado, a vontade de nada, o niilismo, é, no mínimo, tão antiga quanto o ideal ascético, por outro lado, o verdadeiro niilismo é, antes, um desenvolvimento futuro. Desta vontade de nada crescida do ideal ascético, o "Anti-cristo e anti-niilista", o "vencedor de Deus e do nada", salvará o homem (cf. GM/GM, II, §24).

A representação de um ideal ascético permite a Nietzsche narrar a história da metafísica e da moral cristã como uma história unitária, apesar de todas as descontinuidades destacadas por ele. Isto não é, todavia, o único motivo de uma tal hipótese. A doutrina da vontade de potência, na qual a diferenciação metódica funda uma infinita multiplicidade de funções e "sentidos" de uma instituição, como por exemplo, a do castigo, sugere um tratamento tipológico do ideal ascético. Coloca-se a questão se uma determinada forma de vontade de potência, de um determinado tipo (ou alguns tipos afins) correspondem *ao* ideal ascético. Ideais ascéticos, ao contrário, não podem conservar, de modo algum, instituições com várias funções e sentidos quando, por exemplo, artistas ou filósofos apropriam-se delas e as reinterpretam.

A resposta provisória à pergunta acerca do significado do ideal ascético diz: o ideal ascético significa uma vontade de nada. A vontade de nada é, até aqui, um indispensável "*faute de mieux*". Isto é, todavia, a incondicional atividade fundamental da vontade, mas não a característica específica da vontade de nada. Trataremos, a seguir, desta especificidade e de uma determinação conceitual da vontade de nada em sua relação com o ressentimento. E, assim como quando se trata do ideal ascético, coloca-se também a pergunta se a expressão "vontade de nada" realmente diz respeito a uma única e claramente determinada forma da vontade.

A primeira dissertação descreveu o surgimento da conhecida "moral dos escravos" nos sacerdotes (mais do que nos escravos). Por causa de seu modo de vida conjugado às suas ações, esta casta é caracterizada através de uma espécie de impotência 'fisiológica' (cf. GM/GM, I, §6). A vontade de potência impotente, inibida, torna-se uma contra-vontade. A impotência do sacerdote faz surgir um ressentimento sem igual (cf. GM/GM, I, §7). Se este ressentimento torna-se criador e cria valores, surge para Nietzsche a moral dos escravos (cf. GM/GM, I, §10). Moral dos escravos e ideal ascético são ambos meios desta vontade de potência impotente, carregada de ressentimento, eles são seus meios para a dominação. Isto quer dizer que o ressentimento também criou o ideal ascético? E se isso for assim, este ideal ainda não foi suficientemente esclarecido pelo *horror vacui* da vontade? Este *horror vacui*, a necessidade de descarregar forças e o fenômeno reativo do ressentimento – como eles se comportam um com o outro na vontade de nada? Examino essas questões em seguida. Entretanto, antes que eu me detenha no ressentimento, concentro-me, de início, na vontade de nada.

A conclusão denomina a "*vontade de nada*" como "uma aversão à vida, uma revolta contra os mais fundamentais pressupostos da vida" (GM/GM, III, §28). No sacerdote ascético, acerca de quem a pergunta sobre o significado do ideal ascético se coloca com toda a sua importância, a vontade de nada assume a seguinte forma: "O sacerdote ascético é a encarnação do desejo de ser outro, de ser-estar em outro lugar, é o mais alto grau deste desejo" (GM/GM, III, §13). A forma mais elevada deste ser outro, a qual também pertence a morte, é o "repouso no nada", a ausência de sensações e de dor dos santos (ou também dos epicuristas). "Afastamento niilista" da existência, "anseio do nada ou anseio do 'contrário', de um Ser-outro, budismo e similares" são uma coisa só (GM/GM, II, §21). Na medida em que "Deus" está em "oposição" à existência, "Deus" e "*Nada*" são sinônimos: "o anseio de *unio mystica* com Deus é o anseio budista pelo Nada, pelo Nirvana – e nada mais!" (GM/GM, I, §6); "Segundo a mesma lógica do sentimento, em todas as religiões pessimistas chama-se ao nada *Deus*" (GM/GM, III, §17). O conhecido ser verdadeiro, o mundo verdadeiro da teoria dos dois mundos é propriamente o Nada. A *Genealogia* interpreta a natureza mais profunda do Cristianismo, do Hinduísmo (Vedanta), do Budismo e do Ascetismo em geral (incluindo a filosofia de Epicuro) como vontade de nada.

A tese de que o Nada seria o objetivo comum a todas as religiões ascéticas, associa-se, como se sabe, a Schopenhauer. Schopenhauer vê o "Nada" como "o objetivo último" pairando "por trás de toda virtude e santidade" (Schopenhauer, 8, p. 508). Tal como as narrativas cristãs, também a hinduísta "reabsorção no *Brahma*, ou *Nirvana* dos Budistas" seria, contra a despretensiosa expressão "Nada", apenas "mito e palavras vazias de sentido" (*idem*). Que o mundo, uma vez alcançado o conhecimento de si, negue a si mesmo, seria também o "cerne do Cristianismo"; deve-se tirar dele apenas a vestimenta e a capa 'otimista'. No geral, Nietzsche compreende o Nada de maneira semelhante a Schopenhauer (ele rejeita, em todo caso, a diferença schopenhaueriana entre *nihil relativum* e *nihil absolutum*). Semelhante a Schopenhauer, ele reconduz o positivo das religiões ao negativo – pelo desejo de libertação do sofrimento. O desejo ascético pelo esvaziamento do sofrimento e das sensações seria uma vontade de nada idealizada. Na metafísica schopenhaueriana da vontade, o nada (e a libertação do sofrimento) é, em última instância, a simples negação da vontade. Tudo o que existe é vontade.

Negação da vontade é negação do ser. Nada e nada querer são a mesma coisa. O conceito nietzschiano de vontade de potência é a contraposição do conceito schopenhaueriano de nada querer. O nada (o ser-outro) é um objetivo possível da vontade e não a sua (auto-) negação. Nietzsche distingue entre ausência de sofrimento e negação da vontade. A ausência de sofrimento é uma possibilidade realmente existente. A negação da vontade em Schopenhauer é uma interpretação falsa.

Schopenhauer vê na santidade e na auto-negação "uma contradição da aparência consigo mesma" (Schopenhauer, 8, p. 362 e ss, 378). Nietzsche parece, de início, concordar com esta interpretação da ascese, mesmo que de uma maneira muito própria. Mas, na verdade, ele substitui a schopenhaueriana "auto-contradição da aparência" através de uma outra; e esta auto-contradição é, propriamente, a oposição em relação à representação schopenhaueriana de uma auto-dissolução da vontade: "Pois uma vida ascética é uma auto-contradição; aqui domina um ressentimento ímpar, aquele de um insaciado instinto e vontade de potência que deseja assenhorar-se, não de algo da vida, mas da vida mesma, de suas condições maiores, mais profundas e fundamentais; aqui se faz a tentativa de usar a força para estancar a fonte da força (...) Tudo isso é paradoxal no mais alto grau: estamos aqui diante de uma desarmonia que se *quer* desarmônica, que *frui* a si mesma neste sofrimento (...)" (GM/GM, III, §11). Nietzsche reinterpreta a "auto-contradição" dos ascetas em seus próprios conceitos, até que o paradoxo aparente se desfaça. A idéia de uma força que tenta destruir a si mesma, não tem nenhuma realidade: "Uma tal auto-contradição, tal como ela se manifesta no asceta, 'vida *contra* vida' é (...) fisiologicamente, não mais psicologicamente, simplesmente um absurdo" (GM/GM, III, §13).

Nietzsche diferencia entre uma perspectiva psicologicamente superficial e uma fisiologicamente profunda. Considerada do ponto de vista fisiológico, a pretensa auto-contradição se manifesta como a ruptura interna de uma vida "degenerada", na qual lutam "os instintos de vida mais profundos, permanecidos intactos" contra uma insuperável "parcial inibição e exaustão fisiológicas" (GM/GM, III, §13). Elas contrapõem o ideal ascético contra toda inibição de onde surgem "depressão, peso e fadiga" (GM/GM, III, §20): "*O ideal ascético nasce do instinto de cura e proteção de uma vida que degenera*" (GM/GM, III, §13). Diante deste "fato" fisiológico, salienta-se a idéia de uma auto-contradição "vida *contra* vida" introduzida pelos ascetas, simplesmente como um "mal-entendido psicológico" (*Idem*): "(...) ocorre, portanto, exatamente o contrário do que acreditam os adoradores desse ideal – a vida luta nele e através dele com a morte, *contra* a morte, o ideal ascético é um artifício para a *preservação* da vida" (*Idem*). Esta "luta fisiológica do homem com a morte", "a *condição doente* do tipo homem até agora existente", é o "grande acontecimento" que se expressa no poder do ideal ascético (*Idem*)[8]. "(...) [A] luta fisiológica do homem com a morte" é,

---

[8] Depois que Nietzsche reformulou o seu problema na forma do singular, "o que significa o ideal ascético?", ele considera a questão "'O que significa toda seriedade?'" como uma "pergunta mais fundamental ainda" (GM/GM, III, 11). Isso poderia surpreender, pois a questão acerca do significado do ideal ascético e, por consequência, dos ideais ascéticos, atravessa toda a terceira dissertação. Mas a seriedade é, para Nietzsche, uma característica evidente desta inibição fisiológica, segundo a qual o ideal ascético é interpretado: a seriedade é "essa inconfundível marca do metabolismo mais trabalhoso, da vida que luta, que funciona com mais dificuldade" (GM/GM, III, 25). O mesmo significado tem também o ideal ascético. As duas questões recebem, então, a mesma resposta. É,

"exatamente", uma luta "com o desgosto pela vida, com a exaustão, o desejo do 'fim'" (GM/GM, III, §13). A pulsão de vida se serve do ideal ascético, fornecendo um conteúdo ao desejo pelo fim. Segue-se um aparente paradoxo: a vontade para um ser-outro do ideal ascético, em última instância uma vontade de nada, impede o niilismo propriamente dito, a vontade de auto-destruição[9]. Nietzsche inverte, então, a interpretação schopenhaueriana. O ideal ascético não supera, de modo algum, a vontade. Ao contrário: ele lhe salva.

"O homem está farto (...) mas mesmo esse nojo, essa fadiga, esse fastio de si mesmo – tudo isso irrompe tão poderosamente nele, que se torna imediatamente um novo grilhão. O Não que ele diz à vida traz à luz, como por mágica, uma profusão de sins mais delicados; sim, quando ele se *fere*, esse mestre da destruição, da auto-destruição – é a própria ferida que em seguida o faz *viver*..." (*Idem*). Contra Schopenhauer, Nietzsche destaca esta metamorfose da negação da vida em uma multiplicidade de afirmações, frequentemente inapropriadas, em especial na figura do sacerdote ascético: "O sacerdote ascético é a encarnação do desejo de ser outro, de ser-estar em outro lugar, é o mais alto grau desse desejo (...) mas precisamente o *poder* do seu desejo é o grilhão que o

---

pois, "o grande acontecimento" – "a *condição doente* do tipo homem até agora existente" – o significado do ideal ascético? Se Nietzsche, ao final desta dissertação, retorna mais uma vez à questão de que o homem "era, sobretudo, um animal *doente*" (GM/GM, III, 28), então ele vê no fato de que "o *animal* homem não teve nenhum sentido até aqui", assim como também o seu sofrimento, o significado essencial do ideal ascético.

[9] Nas considerações históricas de Nietzsche, um pouco antes, se encontra uma outra duplicação: a vontade de nada do ideal ascético contra o niilismo auto-suicida.

prende aqui, precisamente por isso ele se torna o instrumento (...) precisamente com este *poder* ele mantém apegado à vida, todo o rebanho (...)" (GM/GM, III, §13).

Essa interpretação do ascetismo lembra também a crítica budista da ascese hindu, conhecida por Nietzsche: o último obstáculo que Buda deixa atrás de si consiste, exatamente, no desejo de salvação, objetivo extremo da ascese. O fato fundamental, de que até mesmo a vontade de nada é uma vontade, parece envolver o sacerdote ascético em uma contradição performativa. Mas esta interpretação do argumento de Nietzsche seria um mal-entendido.

A partir do momento de "afirmação da vida" que Nietzsche destaca nos procedimentos ascéticos, não se segue, de modo algum, que eles estão condenados ao fracasso. Nenhuma contradição performativa prejudica as preocupações dos ascetas. Ao contrário. Nietzsche quer reinterpretar seu efetivo "êxito". Pois "em inúmeros casos eles realmente se *livraram* daquela profunda depressão fisiológica com ajuda do seu sistema de meios de hipnose: razão por que seu método está entre os fatos etnológicos mais universais" (GM/GM, III, 17). Como antes em *Aurora*, Nietzsche justifica estes "fatos etnológicos universais" através de uma grande montagem por meio das mais diferentes leituras. Os ascetas não conseguem, realmente, uma cura realmente fisiológica do sofrimento (seus procedimentos tratam apenas dos sintomas). Mas eles alcançam aquilo a que anseiam. Nietzsche lista o seu incontestável "êxito" e examina, minuciosamente, as expressões de agradecimentos dos que foram "salvos". Só que os ascetas – e Schopenhauer – se equivocam quanto ao seu "êxito". Então, é necessário interpretar corretamente a ambos.

Para distinguir este "repouso no nada" da negação da vontade schopenhaueriana, Nietzsche apoia-se na teoria do médico inglês James Braid, cuja análise do *Hipnotismo* constitui o quadro teórico da interpretação nietzschiana dos santos (Braid, 1)[10]. Nietzsche concorda com Braid, na medida em que este não quer negar, de modo algum, a existência de fenômenos extáticos. Estes fenômenos, clara exposição da vontade, que para a interpretação schopenhaueriana da ascese como auto-negação da vontade, parecem fornecer um testemunho marcante, são esclarecidos "fisiologicamente" por Braid. Em suas "Observações acerca da catelepsia e da hibernação nos seres humanos" (Braid, 1, p. 39-93) ele reúne, inicialmente, testemunhos confiavéis acerca de iogues indianos, que, vivendo enclausurados, podem sobreviver por muito tempo. Seu "correto esclarecimento fisiológico" desse acontecimento admirável, mas documentado, diz o seguinte: "As próprias pessoas se rendem a um estado hipnótico, em uma rigidez cataléptica, em uma hibernação provisória, por assim dizer, enquanto a luz da vida, mesmo se também fraca, continua a brilhar, pois, aliás, a morte deveria ser o fim inevitável de uma tal tentativa" (Braid, 1, p. 66). Braid não entende a comparação entre hipnotismo e hibernação nem como secundária, nem metaforicamente. A tradução alemã menciona a "hibernação nos homens" também no título do seu artigo, e Braid dá a esta comparação um destaque especial. Ele afirma que os iogues "como os animais na hibernação, reduzem todas as atividades vitais ao seu grau mais baixo, as quais ain-

---

[10] Braid é o autor do conceito de Hipnotismo. Sua influência sobre Nietzsche passou até aqui, pelo menos até onde sei, despercebida. Não é possível, neste artigo, ser exaustivo acerca das relações histórico-científicas das pesquisas de Braid, tais como sua crítica do mesmerismo, sua repercussão (tardia), em especial na Alemanha, assim como sobre a recepção por Nietzsche da literatura acerca do braidismo em especial e sobre a hipnose, em geral (por exemplo, a partir das fontes francesas de Nietzsche).

da estão ligadas com a continuação da existência e da restauração da antiga mobilidade" (Braid, 1, p. 43 ss.). Próximo ao fim de uma longa observação, Braid acrescenta que esse fenômeno não acontece apenas no reino animal e que, em determinadas regiões, "como consequência de um calor elevado", "as sementes de diferentes tipos de plantas podem permanecer um tempo quase ilimitado com sua capacidade germinativa adormecida" (Braid, 1, p. 67)[11].

Nietzsche aceita a explicação de Braid. As tentativas ascéticas de vencer o sofrimento através de "meios" "pelos quais as sensações vitais como um todo são reduzidas ao seu ponto mais baixo", são caracterizadas por ele, "fisiologicamente", como "hipnotismo". Ele destaca a analogia feita rapidamente por Braid com o reino vegetal e compreende essas tentativas ascéticas como "uma tentativa de alcançar para o homem algo aproximado ao que a *hibernação* representa para muitas espécies animais, a *estivação* para muitas plantas de clima quente, um mínimo de metabolismo, no qual a vida ainda existe, sem no entanto penetrar na consciência" (GM/GM, III, §17). O último objetivo exaltado pelos ascetas – para o qual seus procedimentos cruéis são apenas meios –, é "auto-hipnotismo", uma hipnótica tranquilidade no nada, onde a vida cessa. A "própria *redenção*, aquela hipnotização e quietude total enfim alcançada" (*Idem*), "este hipnótico amortecimento geral da sensibilidade, da capacidade de dor" (GM/GM, III, §18), "o hipnótico sentimento do nada, o repouso no mais profundo sono, *ausência de sofrimento*, em suma" (GM/GM, III, §17). Nietzsche pode, então, contribuir para

---

[11] Entre os autores lidos por Nietzsche, também Semper trata da "hibernação" em climas quentes, em todo caso apenas nos animais e não nas plantas (Semper, 14, p. 272, nota).

a constatação da existência desse estado psíquico e, ao mesmo tempo, negar a possibilidade de uma negação da vontade no sentido de Schopenhauer.

O primeiro aforismo, concebido posteriormente, menciona os santos como última figura, antes que ele, enfim, refira-se à justificada "atividade fundamental da vontade": ao seu "*horror vacui*". O "repouso no nada" ("Deus") dos santos é aqui a passagem lexicalmente ideal para a vontade de nada. O símbolo da negação da vontade – a mais ascética de todas as formas de vida ascéticas – conclui a seqüência das figuras ascéticas. Com isso, Nietzsche sublinha seu ponto antischopenhaueriano. Todavia, o aforismo afasta-se, desse modo, do encaminhamento da dissertação. Efetivamente, o *horror vacui* da vontade – a "atividade fundamental", que a vontade deve, necessariamente, querer – justifica-se muito mais claramente pelo ressentimento introjetado, "dirigido para trás", do que pelo ascético repouso no nada. É desse modo que a dissertação procede. Nietzsche mostra como a vontade é salva pela mudança de direção do ressentimento: na má-consciência moral.

O sacerdote ascético, que muda a direção do ressentimento, aparece, neste contexto, não como o asceta em estado hipnótico, mas como "mago" e hipnotizador. Nietzsche compara as pessoas que ele enfeitiça com "uma galinha em torno da qual foi traçada uma linha. Ele não consegue sair do círculo: o doente foi transformado em 'pecador'..." (GM/GM, III, §20). Nietzsche descreve então, por toda parte, há dois mil anos, "o olhar hipnótico do pecador, movendo-se sempre na mesma direção (na direção da 'culpa', como a *única* causa do sofrer)" (*Idem*). O nexo entre as duas imagens – a da galinha prisioneira e o do petrificado olhar hipnótico – se esclarece na medida em que se recorre à explicação de Braid, "de que se pode deixar um galo imobilizado, se se mantém seu bico no chão ou sobre uma mesa e isso, necessariamente, através de um círculo ou de um papel colorido com listas colocadas para serem vistas, diante da sua cabeça" (Braid, 1, p. 99-100). Braid descreve então, a técnica dos faquires, "que se transportam através disso, em um estado de êxtase, na medida em que eles fixam, imóveis, a ponta de seu nariz ou uma outra parte do seu corpo ou um objeto inanimado qualquer, como por exemplo, uma imagem dos seus deuses (...) Trata-se, essencialmente, de um estado de abstração espiritual e de concentração da atenção, no qual as capacidades espirituais, excetuando-se determinadas representações e seqüência de idéias, são monopolizadas de tal modo que as pessoas que se encontram em tal estado não percebem, absolutamente, nenhuma outra impressão ou muito menos são claramente conscientes das suas conseqüências" (*idem*). A galinha prisioneira do círculo[12] e o faquir são, para Braid, exemplos da

---

[12] "O traço de giz enfeitiça a galinha; o ato cometido enfeitiçou sua pobre razão; é o que eu chamo de loucura *após* o ato" (Za/ZA, I, "Do pálido criminoso"). Já na época do *Zaratustra*, Nietzsche entendia a loucura após o ato do pálido criminoso e sua loucura conseqüência simbólica do traço de giz, como um fenômeno hipnótico. Em *Assim falava Zaratustra*, de acordo com o estilo da obra, o termo técnico "hipnose" não aparece nenhuma vez, mas a seguinte anotação mostra que Nietzsche já em 1882 entendia o efeito do traço de giz na galinha como hipnótico: "Criminosos são tratados pelos homens moralistas como instrumentos de um único ato – e eles próprios se tratam assim, quanto mais esse ato único fosse a exceção do seu ser: ele age como o traço de giz em torno da galinha. – Há no mundo moral, hipnotismo bastante" (Frag. Póst., Verão-Outono de 1882, 3 [1] 96; cf. a respeito, Brusotti 3, p. 557 ss.). No período entre o verão de 1886 e o outono de 1887, Nietzsche também anotou, pelo menos uma vez, entre outros títulos, "Braid, Hipnotismo, tradução alemã de Preyer" (Frag. Póst., Verão de 1886-Outono de 1887, 5 [110]). Também o fato de que os dois exem-

mesma técnica hipnótica (no faquir, auto-hipnótica). Também Braid conduz seus pacientes a um estado hipnótico, enquanto os faz fixar um objeto e se concentram nele. O "olhar hipnótico" do pecador tornou-se em Nietzsche, uma metáfora; mas, a representação da "culpa", "como a *única* causa do sofrimento" não tem para ele uma natureza hipnótica, simplesmente como metáfora. Ela é, como para Braid, "representação e seqüência de idéias", uma idéia fixa que desgasta tanto a consciência, que ela, embora não completamente, continua a reprimir o sofrimento.

Tal como os procedimentos ascéticos em geral[13], os procedimentos anti-hipnóticos dos faquires giram em torno de uma idéia fixa. Durante a "auto-hipnose à maneira dos

---

plos no capítulo 20 da 3ª Dissertação da *Genealogia*, da mesma maneira que em Braid, se seguem imediatamente um ao outro, sugerem que Nietzsche antes da redação desse escrito polêmico lera a coletânea de artigos de Braid. Mas ele já o teria lido na época exata em que anotou o título Hipnotismo? Se não, então a citada consideração, feita um ano antes, acerca do hipnotismo no mundo moral (incluindo o exemplo do traço de giz), ou não possui nenhuma fonte determinada ou possui uma outra, desconhecida, que, apesar de tudo, faça referência às teorias de Braid ou que se construa a partir dela. O organizador dos escritos de Braid, W. Preyer, na época Professor de Fisiologia em Jena, refere-se, no seu "Prefácio" (Braid 2, p. X), à concisa apresentação que publicara, um ano antes, dos resultados alcançados por Braid, sob o título *A Descoberta do Hipnotismo* (Berlin, 1882).

[13] Na 2ª Dissertação, Nietzsche considera os procedimentos ascéticos como procedimentos mnemotécnicos e destaca seu caráter hipnótico. Eles constroem, a partir de algumas poucas idéias fixas, representações permanentemente presentes, inesquecíveis, que hipnotizam todo o sistema nervoso e intelectual: "Em certo sentido isso inclui todo o ascetismo: algumas idéias devem se tornar indeléveis, onipresentes, inesquecíveis, 'fixas', para que todo o sistema nervoso e intelectual seja hipnotizado por essas 'idéias fixas' – e os procedimentos e modos de vida ascéticos

faquires e brâmanes", o Brama "é usado como botão de vidro e idéia fixa" (GM/GM, I, §6). Estes são os meios para a hipnose, descritos por Braid: fixa-se algo, de preferência um objeto luminoso, para se entregar a um estado hipnótico e, então, uma idéia fixa domina, hipnoticamente, todo o sistema psíquico. O "amortecimento geral da sensibilidade, da capacidade da dor" (GM/GM, III, §18) – ou seja, o "repouso no nada" dos santos – e a direção invertida para trás do ressentimento aparecem então, *ambos*, como procedimento hipnótico, através dos quais o homem se separa da sua depressão.

Mas exatamente por que o fenômeno da má-consciência moral justifica a "inversão para trás" do ressentimento, o *horror vacui* da vontade?[14]. Porque a má-consciência moral preenche a monstruosa lacuna, diante da qual a vontade se horroriza. Esta consciência é, para Nietzsche, um fenômeno complexo, o resultado posterior de reflexões feitas em diferentes fases de elaboração do seu pensamento e de interpretações contraditórias. Inicialmente, a má-consciência, em uma situação brutal, nada mais é do que um fenômeno da psicologia animal: ela surge quando a crueldade é inibida e não pode mais se descarregar para fora. Ela se dirige e se descarrega, desse modo, para dentro. Ela produz "o sofrimento do homem *com o homem, consigo mesmo*" (GM/GM, II, §16) fundamentado fisiologicamente. Ao mesmo tempo, em pri-

---

são meios para livrar tais idéias da concorrência de todas as demais, para fazê-las 'inesquecíveis'" (GM/GM, II, 3). O mesmo acontece com as idéias fixas do pecador. Uma anotação posterior menciona a respeito a "'idéia fixa' do pecador, a hipnotização da galinha através do traço 'pecado'" (Frag. Póst., Inícios de 1888, 14 [179]).

[14] Acerca do ressentimento e da "inversão para trás" de sua direção, tratei exaustivamente em outro lugar (cf. Brusotti, 4).

meiro lugar, com esta interiorização originária da crueldade se forma, pouco a pouco, a consciência. Então, uma descarga posterior é exigida, que liberte a consciência da dor causada pela primeira descarga – a crueldade interiorizada. Esta segunda descarga é o ressentimento. Este é, essencialmente, uma desordem de sentimentos. O ressentimento não é, por conseguinte, uma descarga que quer a descarga. Ele não deve aliviar a força de nenhum excesso. Ele surge, muito mais e rigorosamente, tomado pela fraqueza e até mesmo por causa dela. A economia do ressentimento se diferencia então, estritamente, tanto daquela das forças ativas quanto do *horror vacui* da vontade.

A brutal má-consciência animal está aqui na origem do ressentimento (e não o contrário), ela é idêntica a ele. Ele é uma reação frustrada contra a atividade da má-consciência – frustrada, porque mantém o sofrimento físico e porque não pode manter, permanentemente, nenhuma reação distante da consciência. Como dor necessariamente endógena, este profundo sofrimento físico é o protótipo de um sofrimento que não se pode evitar. O homem que sofre de uma tal dor procura, sem entender sua natureza endógena, uma causa fora de si para o seu sofrimento, para descarregar contra ela o seu próprio ressentimento e mitigar a dor através de uma intensa reação. O ressentimento precisa de um objeto sensível à dor, no qual ele possa se descarregar, pelo menos *in efigie*. O desconhecimento consciente de um tal sofrimento fisiológico acerca de suas causas e do sentido de sua tortura topa com o suposto saber do sacerdote ascético. Este interpreta o sofrimento físico como "sofrimento da alma" e vê sua causa no "pecado". Através deste conceitos, o sacerdote "utiliza o *sentimento de culpa*" (GM/GM, III, §20), ele interpreta o sentimento de culpa e a má-consciência como fenômenos morais, até que eles assumam a sua forma conhecida até hoje.

Semelhante ao médico hipnotizador de Braid, esse "mago" fornece ao sofredor apenas um primeiro sinal: ele deve procurar a causa do seu sofrimento físico em si mesmo, em sua pecaminosidade. O "pecador", desse modo, concentra toda a sua atenção nisso, suas representações tornam-se idéias fixas, ele dirige seu olhar hipnoticamente imobilizado, constantemente contra si mesmo. Ele se considera como responsável pelo seu próprio sofrimento e dirige seu ressentimento inversamente, contra si mesmo. Desse modo, crueldade *e* ressentimento são, em igual medida, dirigidos para dentro e, contrapostos, se fortalecem. Crueldade, vontade *e* ressentimento recebem, no sistema de interpretação ascético, um sentido e uma direção. O ressentimento mitiga o sentimento de desprazer, do qual surge uma inibição não-curada. O ressentimento – e, com ele, a crueldade, em todo caso invertida – produz tantos novos sofrimentos, que devem, de todo modo, ser mitigados. A vontade deve, nesse remoinho de crueldade e ressentimento, querer sempre mais. Encontra-se cada vez mais um novo "interesse". A má-consciência salva, enfim, a vontade. O "pecador" não superou, de fato, sua inibição fisiológica, mas ele pode, apesar disso, querer, ele ganhou uma direção e um "interesse".

Na vontade de ser-outro do sacerdote ascético e na má-consciência moral, devem se diferenciar os mesmos dois momentos. Por um lado, o *horror vacui* da vontade de potência, a pura dinâmica da força, a necessidade de descarregar as forças, o querer a descarga; por outro lado, a necessidade de libertar a consciência da dor, a confusa descarga das forças com o objetivo de mitigar os sentimentos: o ressentimento. O *horror vacui* é a atividade fundamental da vontade enquanto tal (como vontade de potência), ou seja, também da vontade de nada. A vontade de potência impotente, inibida (fisiologicamente) e a consciência devem se libertar desse sofrimento.

A vontade, que recebeu do ideal ascético a sua direção, faz justiça às duas necessidades – *horror vacui* e necessidade de libertação do sofrimento. Todavia, por um preço muito alto.

O amortecimento geral da sensibilidade e a direção invertida para trás do ressentimento são ambos puros sintomas dos efeitos dos procedimentos hipnóticos, através dos quais o homem abandona sua depressão. Ao mesmo tempo, eles são afins. Mas, como se comportam, um com o outro, estes procedimentos hipnóticos com seus resultados – repouso no nada e má-consciência?

Eles combatem a profunda dor física de modos completamente diferentes.

Os "*sportsmen* da santidade" combatiam "este desprazer dominante através de meios que diminuíam até o seu ponto mais baixo, os sentimentos vitais em geral" (GM/GM, III, §17). Finalmente, eles alcançam uma hipnótica ausência de dor. Alcançam um "mínimo de utilização e mudança de matéria, nas quais a vida ainda persiste, sem propriamente adentrar na consciência". Eles ultrapassaram o limiar de sua consciência através de um anestesiamento. Esta foi então quase apagada e, em sua hipnótica hibernação, inacessível para a dor. Também o ressentimento visa ao alívio da dor. Uma desordem de sentimentos ocupa a consciência e, então, reprime a dor. Mas, durante o estado hipnótico dos santos, este meio se torna supérfluo. Nenhuma dor alcança mais a consciência. Nenhuma desordem de sentimentos, nenhum ressentimento deve repeli-lo.

O sacerdote ascético anseia, apaixonadamente, por um ser-outro. O santo conseguiu isso: o "repouso no nada ('Deus')" (GM/GM, III, §1). Trata-se de um caminho possível da vida, mesmo se tal sacerdote ou asceta não tenha condições de se tornar um santo? A vida ascética é dominada por um "ressentimento sem igual", por um ressentimento "insaciável de instinto e vontade de potência", que gostaria de tornar-se senhor da própria vida e de suas condições mais fundamentais (GM/GM, III, §11). Os procedimentos hipnóticos dos ascetas visam a um alívio da dor, mas não através de uma permanente desordem de sentimentos, não através do ressentimento. O asceta utiliza estes procedimentos até atingir, enfim, uma situação de repouso hipnótico, a função mitigadora da dor do seu "ressentimento sem igual" e este se torna supérfluo na consciência adormecida.

Segundo este modo de ler o texto de Nietzsche, desenvolve-se a auto-contradição (aparentemente fisiológica), com a qual Nietzsche caracteriza o sacerdote ascético, em casos escolhidos até um repouso no nada. Trata-se, por conseguinte, tanto nos santos quanto no sacerdote ascético, que entrelaça seu ressentimento impulsionado pelo desejo de ser-outro na vida e no seu rebanho, da mesma coisa, mesmo se também em diferentes momentos dos caminhos de suas vidas? A dissertação não esclarece isso; e o aforismo introdutório formula, sobretudo, uma essencial diferença topológica. Logo, ideais ascéticos têm, nos sacerdotes e nos santos, um outro significado. Os sacerdotes fazem dos ideais ascéticos "seu melhor instrumento de poder"; para os santos, ao contrário, esses ideais significam, no essencial, um "repouso no nada"[15]. Mas, na própria dissertação, a diferença topológica entre santos e sacerdotes não é importante. Em vez de tipos de pessoas, o que são diferenciados aqui são os meios na luta ascética contra o sofrimento. O sacerdote ascético é, neste caso, o único que oferece *todos* os meios e assegura, assim, a dominação. O "amortecimento geral do sentimento de vida"

---

[15] Todavia, a "novíssima *gloriae cupido*" (GM/GM, III, 1) dos santos, também é uma forma de vontade de potência.

(GM/GM, III, §19), reservado a uma pequena elite de sacerdotes, o "repouso no nada", ligado ao santo no primeiro aforismo, é apenas o primeiro dos muitos "meios *inocentes*" na "luta contra o desprazer"[16]. A "*desordem de sentimentos*" – o ressentimento – é a característica essencial e geral de todo "culpado", porque é um meio extremamente prejudicial à saúde. Ele impregna o sacerdote ascético e o seu "pecador".

O significado desta diferença salta aos olhos, quando se compara a *Genealogia* com o *Anticristo*, que lhe é posterior (cf. AC/AC, 20 ss. e EH/EH, "Porque sou tão sábio", 6)[17]. O *Anticristo* (como também o *Ecce Homo*) diferencia rigorosamente entre um Cristianismo que arruina a saúde, dirigido pelo ressentimento e o Budismo, que Nietzsche, ao contrário, considera como uma forma de higiene racional. O Nietzsche das últimas obras salienta no budismo a proibição do ressentimento e assinala, desse modo, a oposição entre duas formas principais de religiosidade niilista. Budismo e cristianismo são ambas profundamente niilistas, são ambas religiões da *décadence*, mas, em relação ao ressentimento, antitéticas. A serenidade, o apaziguamento e a ausência de desejo budistas são o oposto do ressentimento cristão (da mesma forma com que o próprio Jesus é diferenciado do cristianismo paulino).

---

[16]Assim diz a terceira dissertação. A primeira, entretanto, nega, implicitamente, que a auto-hipnose seja, realmente, um meio 'inocente', ou seja, que causa pouco prejuízo à saúde. Aqui, Nietzsche vê no "auto-hipnotismo à maneira dos faquires e brâmanes" uma causa de seu cansaço da vida. O "Não" hipnótico é, ao mesmo tempo, uma "cura radical" contra "o muito compreensível enfado geral" (cf. GM/GM, I, 6).

[17] Os aspectos diferentes na *Genealogia* e no *Anticristo* correspondem a diferentes objetivos. No *Anticristo* domina o ponto de vista de isolar o cristianismo, para estigmatizá-lo como a mais condenável de todas as religiões niilistas.

A *Genealogia* não dá a essa diferença nenhum destaque. O essencial é: o "repouso no nada" não é *nem* negação da vontade no sentido schopenhaueriano, *nem* ressentimento no sentido de Dühring. Dühring considera o ressentimento o fundamento da justiça: o sentimento de vingança é, no essencial, um ressentimento. Ele funda sua ética no ressentimento. Mas ele critica a filosofia de Schopenhauer como uma metafísica da vingança. É exatamente o modo de vida dos santos e ascetas que representa, para ele, uma forma injusta e ilegítima de ressentimento. Muito antes da redação da *Genealogia*, Nietzsche concorda com a crítica de Dühring a Schopenhauer, mas defende os ascetas e santos, nas suas anotações do livro de Dühring, *O Valor da Vida*. Em seu "Evangelho" conclusivo, Nietzsche introduz o conceito de uma vingança interiorizada, que se volta contra si própria. Através dessa vingança interiorizada, ele esclarece sua própria posição acerca de um auto-conhecimento dilacerado, acerca de um auto-conhecimento compreendido e cravado no coração pelo Cristianismo e por Schopenhauer. Schopenhauer faz retornar a negação da vontade ao auto-conhecimento, a negação da vontade de vida pode se efetuar, inicialmente, no alcançar o auto-conhecimento. Nietzsche interpreta este auto-conhecimento negador como vingança interiorizada, dirigida contra o próprio sujeito. Mas ele considera a própria vingança contra si mesmo como uma fase temporária, que o próprio sujeito supera, finalmente, em um ato de "auto-indulto". Logo, o que o sujeito deixou atrás de si é o auto-conhecimento negador da vida e não a vontade de viver. A negação da vontade seria impossível. A vida continua após este auto-indulto[18].

---

[18] Sobre vingança, auto-conhecimento e "auto-indulto" no "Evangelho" nietzschiano, cf. Brusotti 3, em esp. p. 3 e ss. Sobre a crítica a Dühring

Nesta perspectiva, Nietzsche também associa, a partir de meados dos anos 70, vingança e ressentimento com Schopenhauer. Muito antes da *Genealogia*, ele vê em Schopenhauer o representante da metafísica da vingança e interpreta o schopenhaueriano auto-conhecimento negador da vida como vingança dirigida para dentro, contra si próprio. Mas Nietzsche vê de fato, em Dühring, o seu principal opositor no que se refere à essência do ressentimento assim como à da justiça, sua essência e sua genealogia, mas se se trata do ressentimento voltado para si próprio, do auto-conhecimento e da vontade de verdade, deve-se então contrapor a *Genealogia*, principalmente a Schopenhauer. Como já no anterior "Evangelho" de Nietzsche, a *Genealogia* entende também o auto-conhecimento negador como vingança interiorizada. A *Genealogia* ostenta a direção invertida para trás do ressentimento, por meio da qual surge a má-consciência moral do "pecador". Nos santos, todavia, Nietzsche não encontra nem ressentimento (em oposição a Dühring), nem auto-conhecimento (em oposição a Schopenhauer). Nada mais se fala a respeito do auto-conhecimento no raramente ainda consciente "repouso no nada" hipnótico. A vontade não é, de fato, superada nos santos – mesmo através do auto-conhecimento. O "repouso no nada" não é nenhuma *noluntas* schopenhaueriana. Ele não é, ao mesmo tempo, nenhum ressentimento, nenhuma mitigação da dor através de uma desordem de sentimentos.

Diferentemente das suas primeiras anotações sobre Dühring, Nietzsche não utiliza mais, na *Genealogia*, uma defesa dos santos inspirada em Schopenhauer. Ele precisa muito mais de um espaço conceitual, para poder pensar em for-

---

na *Genealogia*, cf. Brusotti 4. Sobre a leitura nietzschiana de Dühring, cf. Venturelli, 15. Sobre o "Evangelho", cf. ainda Heller 5, especialmente p. 445 e ss.

mas ativas de vida. Trata-se de destacar o primado geral da atividade, que esclarece o esquema conceitual diferenciado exposto na dissertação.

Contra a presumida necessidade universal da reação, segundo Dühring, Nietzsche opõe a necessidade da ação. Para Dühring, a uma ofensa segue-se uma reação mecanicamente necessária: a vingança, o ressentimento, pelo qual o sentimento de direito é reintroduzido. Nietzsche nega a necessidade da reação. Nem o ressentimento é uma simples reação, nem surge, necessariamente, a partir de uma ofensa. Nos "homens fortes, ativos", "o ressentimento aparece apenas temporariamente ou nem mesmo aparece. Ele não aparece nem mesmo em decadentes típicos como os santos. Não é a reação que é necessária, mas a ação. Isso é claro no tipo forte: ele deve agir, ser efetivo, descarregar sua força" (GM/GM, I, §13)[19]. Esta mesma necessidade Nietzsche não encontra apenas neste tipo. O *horror vacui* da vontade humana *é* a necessidade da ação. Este *horror vacui* é a atividade fundamental da vontade em geral, incluindo a vontade de nada.

Os argumentos apresentados contra Schopenhauer e Dühring dizem respeito, no fundo, à mesma coisa, tal como a rigorosa crítica de Nietzsche ao modelo de explicação reativo dos historiadores ingleses da moral[20]. Nesta explicação, Nietzsche vê uma tendência ascética em obra na auto-diminuição do homem. A "auto-diminuição do homem, sua *von-*

---

[19] Acerca das reflexões de J. J. Baumann no seu livro *Handbuch der Moral nebst Abriss der Rechtsphilosophie* (Leipzig, Hirzel, 1879) sobre a "maldade dos fortes" e seu significado para a *Genealogia*, cf. Brusotti, 3, p. 71 e ss.

[20] Deverei investigar, em outra ocasião, até que ponto a crítica de Michel Foucault à psicanálise em *A Vontade de Saber* depende desta perspectiva central da *Genealogia* de Nietzsche.

tade de auto-diminuição" (GM/GM, III, §25), que Nietzsche compreendia como um "avanço irresistível desde Copérnico" (*Idem*), é essencialmente afim do auto-equívoco da consciência cristã. Esta "*vontade* de auto-diminuição" é uma forma contemporânea da vontade de nada. Neste caso, o ideal ascético continua a dominar. Um tal "familiar, malicioso, vulgar, seu próprio talvez inconfessável instinto de diminuição do homem" (*Idem*), impulsiona também os historiadores morais ingleses. Eles explicam cada comportamento humano através de mecanismos reativos e negam a precedência das forças ativas. Como em toda ciência, este instinto persegue seus objetivos também na história da moral, para converter a atenção até agora do homem diante de si em um auto-desprezo: "(...) temos aí 'a utilidade', 'o esquecimento', 'o hábito' e por fim 'o erro', tudo servindo de base a uma valoração da qual o homem superior até agora teve orgulho, como se fosse um privilégio do próprio homem. Este orgulho *deve* ser humilhado, e esta valoração desvalorizada (...)" (GM/GM, I, §2). A atenção do homem sobre si e não o "*pathos* da distância" é já o alvo de sua maior ou menor animosidade. Certamente estes historiadores da moral, como os "espíritos livres" como um todo, mostram uma decisiva animosidade contra o cristianismo – animosidade que, segundo Nietzsche, não está totalmente livre de um ressentimento certamente inconsciente – e se separam da interpretação cristã do homem. Mas isto não é para Nietzsche, nenhuma objeção contra a afinidade entre a sua compreensão do homem e de si mesmos com a ascética mudança de direção do ressentimento (mesmo o auto-desprezo do homem é uma forma de ressentimento). Como psicologia do ressentimento, esta psicologia leva até o fim o auto-desprezo ascético do homem. A vontade de verdade destes historiadores da moral e psicólogos é ainda aparentada da vontade de nada do pecador.

REFERÊNCIAS BIBLIOGRÁFICAS

1. ABEL, G. *Die Dynamik der Wille zur Macht und die ewige Wiederkehr.* Berlin/New York: Walter de Gruyter, 1984.
2. BRAID, J. *Der Hipnotismus. Ausgewälthe Schriften.* Deutsch hrsg. von V. W. Preyer. Berlin: Brockhaus, 1882.
3. BRUSOTTI, M. *Die Leidenschaft der Erkenntnis. Philosophie und ästhetische Lebensgestaltung bei Nietzsche von Morgenröthe bis Also sprach Zarathustra.* Berlin/New York: Walter de Gruyter, 1998.
4. _____. "Die Selbstverkleinerung des Menschen in der Moderne". *Nietzsche-Studien*, 21, 1992.
5. HELLER, P. *Von den ersten und letzten Dingen. Studien und Kommentar zu einer Aphorismenreihe von Friedrich Nietzsche.* Berlin/New York: Walter de Gruyter, 1872.
6. MITTASCH, A. *Nietzsche als Naturphilosoph.* Stuttgart, 1952.
7. MÜLLER-LAUTER, W., *Nietzsche. Seine Philosophie der Gegensätze und die Gegensätze seiner Philosophie.* Berlin/New York: Walter de Gruyter, 1971.
8. _____. "Der Organismus als innerer Kampf. Der Einfluss von Wilehlm Roux auf Friedrich Nietzsche". *Nietzsche-Studien*, 7, 1978.
9. _____. "Nietzsches Auf-lösung des Problems der Willensfreiheit" in Bauschunger, S., Cocalis, S. L. und Lennox, S. (Hrsgs.). *Friedrich Nietzsche Heute. Die Rezeption seines Werkes nach 1968.* Bern-Stuttgart, 1988.
10. NIETZSCHE, F. *Kritische Studienausgabe*, Berlin/München: Walter de Gruyter/DTV, 1982.

11. _____. *Genealogia da Moral*, 2ª. ed. São Paulo: Cia. das Letras, 1998. Trad. de Paulo César Souza.
12. SCHOPENHAUER, A. *Die Welt als Wille und Vorstellung*. in: *Zürcher Ausgabe*, 10 Bde. Zürich, 1977.
13. STEGMAIER, W. *Nietzsches "Genealogie der Moral"*. Darmstadt: Wissenschaftliche Buchgesellschaft, 1994.
14. SEMPER, K. G. *Die natürliche Existenzbedingungen der Thiere*, 2. Bde. Leipzig, 1880.
15. VENTURELLI, A., "Asketismus und Wille zur Macht. Nietzsches Auseinandersetzung mit Eugen Dühring". *Nietzsche-Studien*, 14, 1985.
16. WILCOX, J. T., "That Exegesis of an Aphorism in Genealogie III: Reflection on the Scolarship". *Nietzsche-Studien*, 27, 1998.

SOBRE OS AUTORES

Giuliano Campioni, ex-aluno da *Scuola Normale Superiore* de Pisa, diplomou-se em Filosofia na Universidade de Pisa. Atualmente leciona nessa mesma universidade, tendo já ensinado filosofia na Universidade de Lecce. É diretor do "Centro 'Colli/Montinari' de pesquisa sobre Nietzsche e a cultura européia" (www.centronietzsche.net/). Faz parte do colégio de docentes do Doutorado de pesquisa internacional na Forma e História dos Saberes filosóficos. Dirige, com Sandro Barbera e Franco Volpi, a coleção "Nietzscheana" (ETS, Pisa). Dando prosseguimento ao trabalho de Mazzino Montinari, é curador e responsável pela edição italiana Colli/Montinari das obras e da correspondência de Nietzsche. Elaborou em particular estudos sobre a filosofia e a cultura alemã e francesa do século XIX e XX. No âmbito da história da filosofia italiana, ocupou-se com a crise do atualismo e com algumas figuras do movimento positivista. Pesquisou momentos e figuras da reflexão francesa e européia sobre unidade e diversidade, etnocentrismo, racismo, nacionalismo, cosmopolitismo. Abordou momentos centrais da filosofia de Nietzsche e de sua fortuna, em particular na cultura alemã, austríaca e francesa.

Marco Brusotti é professor de História da Filosofia Contemporânea na Universidade de Lecce e livre-docente em Filosofia na Universidade Técnica de Berlim. Fez seus estudos de Filosofia na Universidade de Gênova, seu doutorado e livre-docência na Universidade Técnica de Berlim; recebeu o prêmio Tiburtius em 1995. No quadro da edição crítica das obras de Friedrich Nietzsche, foi co-editor dos comentários de *Aurora*. Organizou *Friedrich Nietzsche, Tentativo di Autocritica 1886-1887* (Gênova: Il Melangolo, 1992). Dentre as numerosas publicações em particular sobre Nietzsche, contam-se: "Die 'Selbstverkleinerung des Menschen' in der Moderne. Studie zu Nietzsches *Zur Genealogie der Moral*", in *Nietzsche-Studien* 21 (1992), p.81-136; *Die Leidenschaft der Erkenntnis. Philosophie und ästhetische Lebensgestaltung von Morgenröthe bis Also sprach Zarathustra* (Berlin/New York: de Gruyter, 1997).

Mazzino Montinari (1928-1986) foi aluno de Giorgio Colli no liceu em Luca de 1942 a 1945. Ex-aluno da *Scuola Normale Superiore* de Pisa, diplomou-se em filosofia da história na Universidade de Pisa. Lecionou, a partir da década de 70, nas Universidades de Urbino, Pisa e sobretudo Florença e, como professor convidado, na Universidade Livre de Berlim. Nos anos de 1950, exerceu atividades de caráter político-cultural junto a editoras em Roma e Berlim Oriental, tendo por campo de trabalho a cultura alemã. Fez parte do comitê de redação da edição italiana das *Obras completas* de Marx e Engels. Colaborou com Giorgio Colli, editando, comentando e traduzindo vários volumes da "Enciclopédia de autore clássicos Boringhieri". Na década de 60, com ele empreendeu o trabalho da edição crítica das obras e da correspondência de Nietzsche. A partir de 1967, editou 21 volumes das obras e, a partir de 1975, 16 da correspondência, responsabilizando-se ainda por comentários e aparatos críticos de muitos deles. Pela sua atividade de editor e germanista, recebeu o prêmio Gundolf. A partir de 1968, trouxe a público muitos artigos e ensaios em revistas especializadas italianas, alemãs e inglesas sobre Nietzsche, seus problemas e métodos de edição, Goethe, Thomas Mann, Wagner, Lou Salomé, Lukács, Baeumler, Cantimori e até Heine. Publicou *Nietzsche* (Roma: Ubaldini, 1975); *Su Nietzsche* (Roma: Editori Riuniti, 1981), *Nietzsche lesen* (Berlim: de Gruyter, 1982), dentre outros. Coordenou a pesquisa italiana sobre "A biblioteca e as leituras de Nietzsche". Foi co-diretor desde a sua fundação em 1972 dos *Nietzsche-Studien* e da coleção *Monographien und Texte für die Nietzsche-Forschung* (de Gruyter).

Paolo D'Iorio, ex-aluno da *Scuola Normale Superiore* de Pisa, doutor em filosofia, detentor do prêmio Sofja Kovalevskaja da Fundação Humboldt (Bonn), é pesquisador junto ao ITEM (CNRS/ENS Paris) e ao Oxford Internet Institute. Especialista em Nietzsche, trabalha sobre a gênese dos textos filosóficos e também se interessa pela utilização da Internet para a pesquisa em ciências humanas. Dirige o Nietzsche News Center (www.nietzsche-news.org) e os projetos HyperNietzsche (www.hypernietzsche.org) e Discovery (www.discovery-project.eu). Suas principais publicações são *La linea e il circolo. Cosmologia e filosofia dell'eterno ritorno in Nietzsche* (Gênova: Pantograf, 1995); editor e comentador, com Francesco Fronterotta, dos cursos de Nietzsche sobre os filósofos pré-platônicos (Combas: L'éclat, 1994); co-autor de *Nietzsches persönliche Bibliothek* (Berlin-New York: De Gruyter, 2003); editor de *HyperNietzsche* (Paris: PUF, 2000); co-editor de *Bibliothèques d'écrivains*. (Paris: éditions du CNRS, 2001); co-editor de *Nietzsche. Philosophie de l'esprit libre*. Paris: éd. rue d'Ulm, 2004; co-editor de *Nietzsche et l'Europe*. Paris: éd. MSH, 2006.

Scarlett Marton é professora titular de Filosofia Contemporânea da Universidade de São Paulo. Formou-se em Filosofia pela USP; prosseguiu os estudos na Sorbonne; defendeu o doutoramento e a livre-docência em Filosofia na USP; fez pós-doutorado na École Normale Supérieure de Paris. Escreveu *A irrecusável busca de sentido* (São Paulo: Ateliê Editorial/ Ed. Unijuí, 2004); *Extravagâncias: Ensaios sobre a filosofia de Nietzsche*. (São Paulo: Discurso Editorial, 2ª ed., 2001); *Nietzsche, das forças cósmicas aos valores humanos*. (Belo Horizonte: Editora da UFMG, 2ª ed., 2000); *Nietzsche. A transvaloração dos valores* (São Paulo: Moderna, 4ª ed., 1996), dentre outros. Publicou ainda artigos em livros e revistas especializadas no Brasil, na Alemanha, na Áustria, na Espanha, na França, nos Estados Unidos, na Colômbia, na Venezuela, na Bolívia, no Chile e na Argentina, dentre eles dois ensaios nos *Nietzsche-Studien*. Fundou o GEN – Grupo de Estudos Nietzsche, que atua junto ao Departamento de Filosofia da Universidade de São Paulo; é editora-responsável dos *Cadernos Nietzsche* e da Coleção de livros Nietzsche, Sendas & Veredas.

Sendas & Veredas

Ensaios

Extravagâncias:
ensaios sobre a filosofia de Nietzsche (2a ed.)
Scarlett Marton

Nietzsche e a dissolução da moral (2ª ed.)
Vânia Dutra de Azeredo

Conhecer é criar:
Um ensaio a partir de F. Nietzsche (2ª ed.)
Gilvan Fogel

O Crepúsculo do sujeito em Nietzsche
ou como abrir-se ao filosofar sem metafísica
Alberto Marcos Onate

Nietzsche contra Darwin
Wilson Antonio Frezzatti Junior

Nietzsche: estilo e moral
André Luís Mota Itaparica

A maldição transvalorada:
O problema da civilização em O Anticristo *de Nietzsche*
Fernando de Moraes Barros

A filosofia perspectiva de Nietzsche
António Marques

Niilismo, criação, aniquilamento:
Nietzsche e a filosofia dos extremos
Clademir Luís Araldi

Sobre o suposto autor da autobiografia de Nietzsche:
Reflexões sobre Ecce Homo
Sandro Kobol Fornazari

Nietzsche e a música
Rosa Maria Dias

As máscaras de Dioniso: Filosofia e tragédia em Nietzsche
Márcio José Silveira Lima

Em busca de um lugar ao sol: Nietzsche e a cultura alemã
Ivo da Silva Júnior

Recepção

Nietzsche na Alemanha
Scarlett Marton (org.)

Nietzsche abaixo do Equador. A recepção na América do Sul
Scarlett Marton (org.)